# 中央苏区革命史
## 调查资料汇编

### 卷八

吴永明 / 主编

黄伟英 / 编

江西人民出版社
Jiangxi People's Publishing House
全国百佳出版社

# 本卷说明

　　《中央苏区革命史调查资料汇编》卷八由两部分内容组成，第一部分"长溪村民间文献的收集与整理"，第二部分"塘石村苏区史资料的收集与整理"。

　　第一部分"长溪村民间文献的收集与整理"包括以下三个方面的内容：1. 长溪村史；2. 长溪村契约；3. 谱序。此部分的内容由黄志繁收集整理。

　　之所以收集和整理长溪村的村落文献，主要是基于该村在土地革命时期的特殊地位。该村位于中央苏区的核心县份之一——石城县屏山乡，赖氏在此地聚族而居。1931 年 10 月至 1932 年 1 月，红军在该村附近进行了一场历时较长、规模较大、影响较广的拔除白色据点的战斗——红石寨战斗。鉴于土地革命时该区域的赤化难度之大非同一般，我们收集和整理了该村自清光绪年间至民国时期的典、卖或更换田、土、塘、山、树、房屋、地基、灰寮、粪湖等的150 多份契约，以及《长溪赖氏族谱》（1939 年修）。长溪赖氏在石城影响颇大，代表了被我党镇压的劣绅家族。研究中央苏区史，不仅要研究中央红军和革命群众的历史，还要研究这些被"打倒"的民国军政家族的历史，这样我们的中国革命史的研究才会更丰满、更立体，也更深入。因此，我们收集与整理出该村的村落文献，以便学界对该村落革命前后的社会结构、阶级关系、经济关系、血缘关系、家族制度、社会内部矛盾、乡村权力网络等展开多角度研究，探寻苏区革命的内在机制，希望能对学界深化中央苏区史的研究有所帮助。

第二部分"塘石村苏区史资料的收集与整理"包括以下内容：1.塘石村苏区史简介；2.塘石村族谱中的苏区史资料；3.塘石村碑刻、契约文书中的苏区史资料；4.公藏机构中的塘石村苏区史资料。此部分的内容由黄伟英收集整理。

之所以收集和整理塘石村苏区史资料，同样是基于该村在土地革命时期的特殊地位。塘石村位于兴国县长冈乡。中央苏区时期，兴国县有"模范兴国"之誉，长冈乡则有"模范乡"之称，塘石村是苏区时期的模范村。据统计，该村在土地革命中牺牲的有名有姓的烈士有180多位，是有名的"烈士村"。中华人民共和国成立后，该村成长起3位将军，是有名的"将军村"。因此，我们系统地收集了该村族谱、碑刻、契约文书中的苏区史资料，以及保存在民政局、档案馆、党史办等公藏机构中的该村苏区史资料。这些资料，较为系统地反映了土地革命在该村是如何兴起和发展、土地革命结束后该村是如何进行艰难的游击战争、中华人民共和国成立初期新政权是如何处理土地革命时期遗留问题的等，希望有利于苏区史研究者突破1934年、1949年的分水岭，对苏区史开展系统研究，寻求对苏区革命的总体性理解。

在资料录入过程中，有些资料是手写体且字迹潦草，课题组成员反复细致地加以辨认、考证，尽管作了最大努力，但由于客观上存在的困难及水平之欠缺，错误与不足仍在所难免。现不揣谫陋，将资料汇编成册，向学界作一汇报，既希望有助于深化中央苏区史研究，也希望能得到各界的指正。

本卷资料的查询、搜集、整理、录入和校对工作，主要由黄志繁、黄伟英和南昌大学历史系李敏博士共同完成。

编者

2022 年 10 月

# 目　录

一、

长溪村民间文献的
收集与整理

# （一） 长溪村史

在赣州东南与福建武夷山脉中段毗连的崇山峻岭之区，有一片地势相对平缓的沿河谷地，这里以丘陵地貌为主，日照充足，四季温和，雨量充沛，除了种植稻米，还盛产烟叶、油茶，收获竹木，是赣南开发较早的区域之一[①]。这块沿河谷地叫石城盆地，行政上归属于江西省赣州市石城县。发源于石城县东北的琴江就从石城盆地自北往南穿过，并在屏山镇与陈坊、横江等水汇合后，又折西往宁都与梅江合流，最终汇入赣江。在以水运为重要交通条件的历史时期，奔向赣江的琴、横二江既是承载漕运的重要航道，也是沟通闽、赣两省商旅往来的水上通道之一。

本书所讲长溪村，就坐落在石城县西南部的琴、横二江交汇之地，它东邻宁化，西连宁都，南毗瑞金，北接广昌，"为瑞、石、长汀通衢"[②]。这里依山带水，人们过去春水方生之际泊舟经此，随处可见"桃花夹岸"[③]胜景。古时地名石城县陂阳乡龙上里；民国属石城县屏山区（第三区）；1958 年为屏山公社长溪大队；1984 年改制后的全称为屏山镇长溪村委会，驻地长溪村。作为自然村的长溪

---

① 黄志繁、廖声丰：《清代赣南商品经济研究——山区经济典型个案》，北京：学苑出版社，2005 年 12 月第 1 版。

② （清）刘骥：《河西渡亭记》，1939 年《长溪赖氏族谱》卷末，第 17a—17b 页。

③ （清）黄大埧：《长溪赖氏六修族谱原序》，1939 年《长溪赖氏族谱》卷首，第 33a—33b 页。

村，与附近的陂下、莲塘下、大坪下、官湖下、灌头陂和小溪背①等村有共同的系谱，皆为赖氏宗族所居住。据族谱记载，唐武宗时期赖慎（809—893）从宁都先是迁到莲塘下，再迁居灌头陂。至南唐开运二年（945），慎之四世孙赖滔（923—998）再自灌头陂迁到长溪村，至明初十二世孙赖守常生叔瑾、叔瑛、叔璆、叔珂四子，遂在长溪村衍生出四房，清中后期再开枝散叶，自长溪村发脉形成官湖下、小溪背与大坪下诸村。

长溪村的历史其实是以南宋为起点的，淳祐年间，官至大理寺评事的长溪村人赖碧潭"持其先五代祖为南唐御前都指挥大将军讳滔之行实求志于"同僚江西弋阳人吴安裕②，借助吴安裕的笔，才有了上述南唐开基成村的传说。不过，因为文献缺乏，今天看来，长溪村的历史只有进入明代以后才比较清晰。明代到民国长溪村的历史有非常明显的两条线索：一是伴随着山地开发和商品经济发展，长溪村逐渐成为区域经济中心；一是家族组织发展越来越制度化。

赖氏是以明初的赖守常（1374—1434）为中心建构起宗族组织的。赖守常是洪武二十五年（1392）生员，受石城教谕杨士奇③的帮助"因入北监"，授太学生。至守常孙辈赖伯伦，不仅出资建桥，主持地方公务，还在成化二十二年（1486）饥荒后输银备赈，"例授冠带"④，此事后来还被方志所记载。明初长溪村赖氏已经是地方上有影响力的家族，但尚处在自然村落发展阶段。

明中后期赖氏家族组织趋向成熟。明清鼎革之际，赖氏遭劫，

---

① 按照今天的行政建制，长溪、陂下、莲塘下、大坪下和官湖下等自然村同属于屏山镇长溪村委会，灌头陂和小溪背二村属于屏山镇河东村委会。参见邱锋等编：《石城县地名志》，1985 年 12 月版，第 95—107 页。

② 吴安裕还在给赖滔所撰墓志中说赖滔安葬在长溪村"后龙山之埠塘"，似表明赖碧潭为证实赖滔身世还探访了传说为赖滔的墓地。参见（宋）吴安裕：《五代祖滔翁墓志》，1939 年《长溪赖氏族谱》卷末，第 1a—1b 页。

③ 明代著名的政治人物杨士奇曾经在石城县担任过训导一职。

④ （清）赖昌言：《伯伦公传》，1939 年《长溪赖氏族谱》卷末，第 4a—4b 页。

"族众避村后灯笼寨，流寇猖獗，环困数月"，幸好族人赖玉辉（守常之七世孙）出钱与官兵周旋，举族才得保全，后来族人将玉辉拥戴"至祠"，并合议将各房田租、合族之学堂地基，以及祭祀守常的祀田谢之。因材料限制，明代赖氏宗祠的建制情况尚不清楚，但明清赖氏都是把田产登记在守常名下[①]，这点很值得注意。事实上，赖氏正是以赖守常为核心来建构起宗族的，这点在其妻余氏身上也有鲜明反映。按清人追溯，守常有两任妻子，前妻黄氏，生叔瑾、叔瑛；继娶余氏，"讳住娘，金陵人氏"，生叔璙、叔珂。余氏虽非正室，却备受尊崇，今天矗立在村首的余氏婆太楼阁就是清代赖家人为她所建，楼阁楹联中余氏"敦睦四支"的功德被大加赞颂；直到清代后期，守常的九世孙还在以村口的洗衣石板"亦自金陵载归者"[②]为荣耀。

顺、康年间，赖氏走向宗族化，叔珂房的五世孙赖允尊（1612—1701）在此过程中功不可没。生员出身的赖允尊也是明清世变的亲历人，他深感崇儒育人、敬宗收族的必要，先是顺治七年（1650）于村后灯笼寨构筑书室，"率子弟读书其上"[③]；后又于顺治十年（1653）联宗统系，"草创"[④]赖氏宗谱。康熙四十四年（1705），赖氏"有志建祠"，由叔璙房的昌显、昌镇、显培、显康等人所主导，昌镇不仅将已有房基一处归众，还捐出鱼塘一口"以作本祠丹

---

① 清代石城生员黄德辅在给赖玉辉所撰墓志中对此记载说：族人为谢玉辉救命之恩，将"祖太守常公位下河背寨祭租九十五石并庄屋酬公"。参见（清）黄德辅：《赖公玉辉先生墓志铭》，1939年《长溪赖氏族谱》卷末，第18a—19b页。
② （清）赖昌言：《二十一代祖文庠入北监升上书舍人罕翁原记》，1939年《长溪赖氏族谱》卷末，第3a—3b页。
③ （清）潘某：《品岩原记》，1939年《长溪赖氏族谱》卷末，第11a—11b页。注：作者是赖允尊的侄婿。
④ （清）赖文仁：《长溪赖氏三修族谱原序》，1939年《长溪赖氏族谱》卷首，第24a—25a页。注：本文撰写于乾隆五十年（1785）。

墟"①，使得赖氏宗祠（即今天的赖氏总祠）成为清初长溪村中最具标志性的建筑物。

乾、道之后赖氏进一步乡绅化，这个过程也与科举制对地方的渗透、宗族的进一步制度化，以及山林、渡口等地方商业资源的控制相伴。入清以后，族谱发生了两方面的显著变化：一是清代长溪村总共诞生了〈约〉70 多位生员，据对族谱不完全统计，叔璆房有 43 人、叔珂房为 27 人。二是至乾、道年间，赖氏族谱不仅"规训条约款曲而严明"②，而且"茔兆、详厥、舆图、祭业备载"，彰显出清中叶这个山区之地已完全融入礼教秩序之中。这于乡村治理上的表现，反映在两个方面：一是长溪赖氏在地方公共事务中作用越来越大。乾隆三年（1738），叔璆房的赖运钰就是捐助祭祀父亲的祀田谷米修堤③，从而形成了长溪村"二排塘，三线屋，合抱双塘墟"的建筑布局；五十七年（1792），赖体舒"更输田二坵、租四石"在"闽广通衢"之地的鄢家墩修建石亭④；后到道光年间，赖上选又在该地捐资建桥，并另外"捐租十石"在县城修建育婴堂，受到督抚赐匾表彰⑤。二是宗族整合进一步加强。道光年间，赖氏已发展成"丁男数以千计"的地方大宗族⑥。长溪村崇祀的福主神（"宋

---

① （清）赖昌言：《昌镇公助地基碑记》《昌镇公立助鱼塘碑记》，1939 年《长溪赖氏族谱》卷末，第 10a—10b 页。

② （清）刘骥：《长溪赖氏三修族谱原序》，1939 年《长溪赖氏族谱》卷首，第 26a—26b 页。注：本文撰写于乾隆五十年（1785）。

③ （清）赖克成：《运钰助下社堤墟序》，1939 年《长溪赖氏族谱》卷末，第 12a—12b 也。注：作者为赖运钰之弟。

④ （清）赖运阶：《继善亭记》，1939 年《长溪赖氏族谱》卷末，第 15a—15b 页。注：本文撰写于乾隆五十七年（1792），作者为赖体舒之孙。

⑤ （清）孔庆长：《义士贡生光宇翁传》、（清）陈大文：《长溪义士贡生赖光宇公捐造鄢家墩永济石桥记》，1939 年《长溪赖氏族谱》卷末，第 24a—27a 页。注：作者均为赖上选（字光宇）姻亲。

⑥ （清）黄炜：《长溪赖氏四修族谱原序》，1939 年《长溪赖氏族谱》卷首，第 29a—30b 页。注：本文撰写于道光五年（1825）。

仁宗赵太子"）每年正月都会被抬出来巡游，行走的路线是：长溪→官湖下→小溪背→灌头陂→陂下→大坪下→长溪，这样的游神安排，不仅使当地展现出以长溪村为中心的"一体化"的格局，也彰显出文化整合意义。清中叶以后，三房的叔璆公祠，四房的叔珂公祠、浤公祠，以及灌头陂村的贞一公祠等也都陆续建立起来。

清中后期，传统耕读齐家的经营模式已经不能适应商品经济发展的大潮，赖氏中的部分人开始踏上行走江湖的旅程，他们致富后返乡，投身到宗族建设的活动中。赖显林四十二岁"客贸南京"，故而"往来江淮闽浙间历二十余年，家渐饶裕"，父亲死后，他回乡奉母，不仅捐钱建桥修城，还捐献祭田帮扶贫弱，并替乡人解忧[1]。咸丰七年（1857）组建团练的赖上选，就是个早先放弃举子功名而专营"家政"的人，到"粤寇"打来时，他已是"富甲一乡"。这样的社会转变，太平天国运动以后更为明显。赖友璋（？—1904）也曾"弃儒业贾"，后"不十数年手制万金"，回乡后他不仅主修琴江、屏山二书院，还为扩充"赖氏之大小祭产、祖堂、祠宇"之规模尽力[2]。光绪十三年（1887）他主持了最大规模的宗祠扩建活动，完成了赖氏祠堂"三栋八井、两舍五十间"的整体格局。

与此同时，长溪所辐射的区域经济也有进一步发展，表现在两个方面：其一，清代中后期山地开发和商品交易活动呈现繁荣局面，主要反映在同治四年（1865）至光绪二十五年（1899）两次修谱活动之间，赖氏族内不断提出细化祖山开垦租金、售价、转让和

---

[1] （清）孙绪煌：《义士会材翁传》，1939年《长溪赖氏族谱》卷末，第22a—23b页。注：作者为石城知县，撰文时间在乾隆三十二年至五十五年（1767—1790）之间。

[2] （清）黄锦瀛：《赖翁友璋先生夫妇墓志铭》，1939年《长溪赖氏族谱》卷末，第32a—33a页。

登记规则的诉求①。其二，由于山地加速开发，竹木成为赖氏重要的输出商品。处在横江进入琴江交汇点上的灌头陂村，就是木材初级市场和集散地②，赖氏就是以当地渡口为依托，在将竹木扎成排后，送入琴江、赣江，乃至长江流域贩卖，由此使得赖氏在清民之间产生了许多经营木材生意的富商，灌头陂村的赖德丰（1873—1931）就是"壮岁业木商，往来于赣江上下游"的行业翘楚，今天长溪村所存百余份民国年间的山地交易契约，大多数都是以其名为落款，反映出清民时代赖氏乡绅阶层对于山地开发的控制，使赖氏宗族组织获得了贸易发展的经济资源。

事实上，赖氏正是在民国走向鼎盛，"文官武将蝉联而起"，堪称"巨族"③，担任国民革命军第十四军少将的赖巨川正是赖德丰次子，而担任第十四军军长的赖世璜（1889—1927，大坪下村人）按辈分则是赖德丰的"房侄"。赖德丰不仅热衷于学校、宗祠事务，并时常"输财以济"，而且还与赖巨川共同为赖世璜"运筹辅翊，资以成其伟业"，可以说，赖世璜走向将军之路，与清民时代赖氏基于山地开发、竹木贸易而获得的财力支持密不可分。赖世璜是北伐名将，他率领部队北伐期间征战广东、江西等地，立下了汗马功

① 具体来说，同治四年（1865）赖上选主持第五次修谱时，增补了第五条家规，强调祖山田土开垦时的族内流转规则，以及族人"应纳（守常）祖太租钱租谷"之义务。光绪二十五年（1899）第六次修谱时，对上述开垦规则作了三点细化：一、族人开垦时要"来祠"将开垦个人情况及所垦地名、方位、时间等"详载于存祠簿内"；二、将所垦祖山田土的性质进一步区分为"田亩"和"土墩"，对二者的"租钱"和"售价"分别做出规定，并强调对于收祖、转让时的"承顶"程序均要在"祠簿"登记，这些转变表明清中叶以后山地开发的日渐深广。参见《（五修族谱）续补家规》《六修族谱续议规条》第2—4条，1939年《长溪赖氏族谱》卷首，第89a—91b页。
② 江西省赣州市地区志编纂委员会：《赣州地区志》，北京：新华出版社，1994年版，第1442页。
③ （民国）赖国华：《长溪赖氏七修族谱新序》，1939年《长溪赖氏族谱》卷首，第14a—15a页。

劳，军威大震，与此同时，赖世璜也成为江西军政界数一数二的人物。

随着赖世璜的影响力扩大，赖氏家族自然也就成为当地有控制力的家族。随着赖世璜的飞黄腾达，他提拔了大量宗族子弟担任军队高官和地方长官。据不完全统计，赖氏家族在民国担任北伐军团长以上职务的就有赖华波等5人，其中赖巨川还晋升为少将，而担任过县长职务的就有赖克权等5人，其中赖肇唐还担任了石城县县长。可以说，这一时期，赖氏家族已经高官云集，将星闪耀，达到了极其强盛的阶段。

民国十六年（1927），由于卷入了国民党的派系斗争，赖世璜被白崇禧在南京枪毙。赖世璜的去世对赖氏家族影响是巨大的，赖氏家族影响力逐渐不如以往。赖世璜去世后，他部分部队镇守石城县，在屏山设立乡保卫团，赖德丰及其长子赖守谦相继担任团总，"地方纠纷每以片言解之"[1]，由于与政商两界的关系，赖氏宗族成为本地区的经济、政治和文化中心，还全面掌握了该地区的行政管理权。民国二十七年（1938），赖巨川退休返乡，"首倡"义捐[2]，使得延宕近两年的建祠修谱活动得以重启，不过，虽然此时的赖氏仍以故家"巨族"自居，但财力已大不如前了，不仅昔日繁忙的竹木贸易荡然无存，政治中心的辉煌也将不复存在。尽管如此，赖氏依然是当地财力雄厚的家族，赖巨川还和其他乡贤倡导捐修扩大了石城县当时唯一的中学——石城中学，表明赖氏家族依然维系着巨大的影响力。但是，随着红军的到来，以赖氏家族为核心的当地士绅武装逐渐走向红军的对立面，赖氏家族被列入反革命地主武装受到镇压，其家族所占有的巨额财富也在土改中被重新分配，赖氏家族从

① （民国）瑞麟：《德丰公传》，1939年《长溪赖氏族谱》卷末，第34a—35a页。另见廖业平《屏山镇志》，2005年1月第1版，第46页。
② （民国）赖国华：《长溪赖氏七修族谱新序》，1939年《长溪赖氏族谱》卷首，第14a—15a页。

清中期以来维系了一百多年的辉煌至此基本结束。

综合看来，赖氏家族经历了两个重要的转变：清代中期从传统的农耕家族向以竹木贸易为主的商业家族转变；民国初年从山区传统家族向接受新思想投身革命的民国军政家族转变。正是基于赖氏家族历史的认识，我们认为，长溪赖氏家族对研究中央苏区史具有非常重要的价值，因为长溪赖氏代表了被镇压的士绅家族，而我们研究中央苏区史，不仅要研究中央红军和革命群众的历史，还要研究这些被"打倒"的民国军政家族的历史，这样我们的中国革命史的研究才会更丰满，更立体，也更深入。特别幸运的是，我们还收集到了长溪赖氏比较完整的 157 份契约文书和民国二十八年（1939）重修《长溪赖氏族谱》。为了更好地方便学术界展开研究，我们特将 157 份契约文书整理出来，配合所有的民国《长溪赖氏族谱》中的序言，希望能对学界深化中央苏区史的研究有所帮助。

# （二）长溪村契约①

## 1.

　　立永退皮田字人灌头陂②赖利洪，今因要银使用，自愿将祖父分授早皮田一处，坐落土名擎群垅，皮田大小六坵，又土墌二块并果树等项，谷田拾二石，原载陈宅租壹石。其田界至，东至云鹭庵田为界，南至禹疏田为界，西至塘为界，北至世成田为界，四界分明。其田要行出卖与人，进问亲支人等，俱各不愿承交，自托中人送至本房赖德丰君名下，向前承买为业。当日凭中公议，时值永洋银□□正③。其银及字即日两不欠分文。所作交易二比甘允，非相贪图逼勒、准折债货等情。自卖之后，任凭承买人永远掌业，出卖人不得生端异说等。如有来历不明以及重行典退，不涉承买人之事，俱系出卖人一力之当④。今欲有凭，立永卖皮田字为照。

　　内批明其田价银当日一足收清，不欠分文，未另立收字。

民国七年拾月初七日

立永卖皮田字人：赖利洪

说合中人：德贤

代笔：礼明

---

① 本书刊入赖氏田土契约155件，契中数量词的使用并不规范、统一，本文遵从原文刊入。

② 后有契约亦称"灌头坡"。

③ 此处的"正"用法同现在的"整"，全书如此，不复指出。

④ 后有契约亦称"支当"。

见交银人：利三

永远掌业

## 2.

立永退皮骨及皮田字人赖惠民，今因要银正用，自愿将父分授旱田一户，坐落土名官湖下门首塘坎下灰寮背，皮骨田壹坵，原载门首鱼塘分水灌荫；又门首路坎下上蒲芦坵皮骨田一坵；又连中蒲芦坵皮骨田一坵；又蒲芦坵坎下下栏干塘田一坵。载本宅正租壹石二斗伍升，其谷田二十八石正。其田要行出与人，进问亲支人等，俱各不愿承交，自托中人送至本族家德丰君名下为业。当日凭中公议，时值退价洋银□□正。其银及字即日两不欠分文。所作交易二比甘允，非相贪图逼勒、准折债货等情。自退之后，任凭承买人永远掌业，出卖人不得生端异说等情。如有上手来历不明，涉承买人之事，俱系出卖人一力之当。今欲有凭，立永卖皮骨及皮田字为照。

内批明其田粮米应该承退人照依弓口丈册收回完纳，不涉出退人之事。

又批明其田老字与别处相连未检，只凭新字为据。

民国十二年腊月吉日

立永退皮骨及皮田字人：惠民

在场：兄主民

说合中人：品芳、聘盈

见交银人：德才

代笔人：后垂

永远益后

## 3.

　　立永卖皮田塘字人尚兴之妻孔氏，今因要银正用，愿将祖父分授皮田塘一处，坐落土名下垅直圫，田一大圫，谷田七石，鱼塘一口，灌荫养鱼，其田原载本族正租二石。其田界至，东至圳坎为界，西至远思田为界，北至承买人田为界，南至承买人田为界，四界分明。其田塘要行出卖与人，进问亲支人等，俱各不愿承交，自托中人送至本房家德丰君名下承买为业。当日凭中公议，时值永价洋银□□正。其银及字即日两明，不欠分文。所作交易二比甘允，非相贪图逼勒承交，亦非准折债货等情。自卖之后，任凭承买人永远掌业，出卖①不得生端异说等情。如有上手来历不明，不涉承买人之事，俱系出卖人一力之当。今欲有凭，立永卖皮田塘字为照。

　　内批明其退价洋银当日一足收清，不欠分文，未另立收字。

　　又批明其田老字先检承退人手。

民国二年十二月二十二日

立永卖皮田塘字人：尚兴妻孔氏

在侧：男亮星、礼明

说合中人：兴标

代笔人：礼明

永远益后

---

① "卖"字后疑缺"人"字。

## 4.

立永卖皮田塘字人亮升，今因要<sup>①</sup>正用，自愿将父手分授皮田塘一大处，坐落土名屋背垅墩子上，田大小十二坵，鱼塘一口，其田贰拾石正，原载伯循公正租五石。其田界址，东至焕南、焰江田为界，北至配湖田为界，西至塘为界，南至山脚及律和田为界，四界分明。其田塘要行出卖与人，进问亲支人等，俱各不愿承交，自托中人送至本族家德丰君名下向前承买为业。当日凭中公议，时值退价洋银□□正。其银及字即日两明，不欠分文。所作交易二比甘允，非相贪图逼勒承交，亦非准折债货等情。自卖之后，任凭承买人永远掌业，出卖<sup>②</sup>不得生端异说等情。如有上手来历不明以及重典当，不涉承买人之事，俱系出卖人一力之当。今欲有凭，立永卖皮田塘字为照。

内批明其塘轮流养鱼，四股得三。

又批明其田价银当日一足收清，不欠分文。

宣统三年八月十五日

立永卖皮田塘字人：亮升

在场：母孔氏

说合中人：兴标、配湖、亮星

代笔人：理明

永远掌业

---

① "要"字后疑缺"银"字。

② "卖"字后疑缺"人"字。

## 5.

立永卖皮骨田字人蓄容，今因要银正用，自愿将父手分授旱田一处，坐落土名上社垅里节坵子，田一大坵，东至承买人田为界，南至出卖人田为界，西至圳坑为界，北至水圳为界，四界分明。其田要行出卖与人，进问亲支人等，俱各不愿承交，自托中人送至本房家德丰君名下向前为业。当日凭中公议，时值卖价洋银□□正。其银及字即日两明，不欠分文。所交易二比甘允，非相贪图逼勒承交，亦非准折债货等情。自卖之后，任凭承买人永远掌业，出卖人不得生端异说等。如有上手来历不明，以及重行典当，不涉承买人之事，俱系出卖人一力之当。今欲有凭立，永卖皮骨田字为照。

民国十二年十二月吉日

立永卖皮骨田字人：蓄容

在场：母陈氏

说合中人：配湖

代笔人：卓云

永远掌业

## 6.

立永卖旱皮田字人赖鸿儒，今因要①正用，自愿将父手授旱皮田一处，坐落土名大禾坑，一连大小四坵，谷田十二石，原载本宅正租三石。其田要行出卖与人，进问亲支人等，俱各不愿承交，自托中人送至本家德丰血叔名下承买为业。当日凭中公议，时值永价

---

① "要"字后疑缺"银"字。

洋银□□正。其银及字即日两明，不欠分文。所作交易二比甘允，非相贪图逼勒承交，亦非准折债货等情。自卖之后，任凭承买人永远掌业，出卖人不得生端异说等情。如有上手来历不明以及重行典当，不涉承买人之事，俱系出卖人一力之当。今欲有凭，立永卖皮田字为照。

民国十三年十二月吉日

立永卖皮田字人：赖鸿儒
说合中人：德才、得成、日初
代笔人：蔚章
永远掌业

## 7.

立永卖早皮骨田塘字人赖理明，今因要银正用，自愿将祖父遗存早皮骨田塘一处，坐落土名本处牛栏场，田大小七坵，谷田三十二石，灌荫鱼塘一口。其田界至，东至辉明公田为界，北至会英之田为界，南尔福之田为界，西至隆万田为界，四界分明。其田塘要行出卖与人，进问亲支人等，俱各不愿承交，自托中人送本房家德丰兄名下向前承买为业。当日凭中公议，时值卖价洋银□□正。其银及字即日两明，不欠分文。所作交易二比甘允，非相贪图逼勒承交，亦非准折债货等情。自卖之后，任凭承买人永远掌业，出卖①不得生端异说等情。其田粮米，照依弓口丈册收回完纳。如有来历不明以及重行典当，不涉承买人之事，俱系出卖人一力之当。今欲有凭，立永皮骨田塘字为照。

内批明其田价银当日一足收清，未另收字。

民国十二年十二月吉日

---

① "卖"字后疑缺"人"字。

立永卖皮骨田塘字人：赖理明

在场：母孔氏

在场：侄德贤

在侧：男世邦

说合中人：兴标、品芳、达明

代笔人：九沍

永远益后

## 8.

立永卖早皮骨田及皮田塘字人赖良臣、绍箕等，今因要银正用，自愿将父手回赎置早田塘壹处，坐落土名上村塅上拱前垅外，内早皮田二坵，谷田卅石，原载本族垄田之正租十石；又同处早皮骨田三坵，谷田廿石；又河弦边土塅三块，灌荫鱼塘一口，四股得三，轮流养鱼荫水。其田塘要行出卖与人，进问亲支人等，俱各不愿承交，今托中人说送至本族家德丰君名下，向前承买为业。当日凭中公议，时值卖价洋银□□。其银及字即日两明，不欠分文，并未另立收字。所作交易二比甘允，非相贪逼勒债货等情。自卖之后，任凭承买人永远掌业，出卖人不得反悔异说。如有来历不明并重行典当，不涉承买人之事，俱系出卖人一力之当。今欲有凭，立永卖早皮骨田及皮田字为照。

内批明其田粮米照依弓口丈册，买人收回本户完纳。

又批明其田界至详载老契，前不复赘。

民国十二年二月吉日

立永卖皮骨田及皮田塘字人：赖暐昭、涌涛、良臣、绍箕、体纯、正钦

说合中人：道宏、达儒、奉嗜、晃尧

见交银人：美垚

秉笔：品芳

永远掌业


## 9.

立永卖皮骨田字人致轩，今因要银正用，自愿将祖父分授早田一处，坐落土名桥子垅，田大小六坵，谷田八石，又土塅四块。其田界至，东至承买人田为界，南至梦兴田为界，西至世连田为界，北至圳坑为界，四界分明。其田要行出卖与人，进问亲支人等，俱各不愿承交，自托中人送至家德丰君名下向前承买为业。当日凭中公议，时值卖价洋银□□正。其银及字即日两明，不欠分文。所作交易二比甘允，非相逼勒贪图、准折债货等情。自卖之后，任凭承买人永远掌业，出卖人不得生端异说等情。如有上手来历不明以及重行典当，不涉承买人之事，俱系出卖人一力之当。今欲有凭，立永卖皮骨田字为照。

内批明其田价银当日一足收清，不欠分文，未另立收字。

民国十一年十月廿日

立永卖皮骨田字人：致轩

在场人：燕辉妻陈氏

说合中人：茂清、瑞元

代笔人：而聪

永远掌业

**10.**

立永卖早皮骨田塘字人德贤兄弟等，今因要<sup>①</sup>正用，愿将父手续置早皮骨田塘一处，坐落土名灌头坡鹭鹚坑，早皮骨大小十二坵，谷田十贰石，灌荫鱼塘一口，请同戚族说合，将此田归并与三弟德丰名下承买为业。当日凭众公议，时值永价洋银□□正。其银及字即日两明，不欠分文，并未另<sup>②</sup>收约。所作交易俱各甘允。自卖之后，任凭承买人永远掌业，余兄弟不得生端反悔异说等情。今欲有凭，立永卖皮骨田塘字为照。

内批明当检老字一纸。

民国三年十月吉日

立永卖皮骨田塘字人：德贤、德迁

在场：血叔宝周

在场戚族：陈德纯、刘宝荣、赖朝光、达儒、焕南

见交银人：达明、兴标

代笔人：品芳

永远益后

**11.**

立永卖皮田塘字人赖德求，今因要银正用，自愿将分授父手和氏婆太名下大禾坑龟背上河弦边四股之一田一处，坐落土名大禾坑，龟背上田贰坂，河弦边一坵；福周叔田墈上一坵，共谷田五

---

① "要"字后疑缺"银"字。
② "另"字后疑缺"立"字。

石。原载屏山新桥墩桥会下正租四石，四股之一核纳一石。其田要行出卖与人，进问亲支人等，俱各不愿承交，自托中人送至家德丰兄名下承买为业。当日凭中公议，时值卖价洋银正。其银及字即日两明，不欠分文。所作交易二比甘允，非相贪图逼、准折债货等情。自卖之后，任凭承买人永远掌业，出卖人不得反悔异说等情。如有上手来历不明以及重典退，不涉承买人之事，俱系出卖人一力之当。今欲有凭，立承买皮田塘字为照。

内批明其田价银当日一足收清。

光绪廿七年十二月元日

立永卖皮田塘字人：德求
说合中人：德荣
自笔
永远掌业

## 12.

立永卖皮骨田塘字人赖尉登，今因要钱正用，自愿将祖父分授早皮骨田塘一处，坐落土名灌头坡寨脚下乌鸦垅，田大小二十六坵，灌荫鱼塘一口及土墩一应在内。其田界至，东至寨脚为界，北至义助祭正安田为界，西至本村后龙为界，南至义助祭及承买人并珍廷、福廷、卯聪之田为界，四界分明。其田要行出卖与人，进问亲支人等，俱各不愿承交，自托中人送至本族德丰名下向前承买为业。当日凭中公议，时值卖价洋银正。其银及字即日两明，不欠分文。所作交易二比甘允，非相贪图逼勒、准折债货等情。自卖之后，任凭承买人永远掌业，出卖人不生端异说等情。如有来历不明以及重行典退，不涉承买人之事，俱系出卖人一力之当。今欲有【凭】，立永卖皮骨田塘字为照。

内批明其田价银当日一足收清，不欠分文，所收是实，未另立收字。

　　　　　　　　　　　　　　　　民国三年冬月吉日

　　立永卖皮骨田塘字人：赖尉登
　　在场胞兄：达登
　　说合中人：兴标、为东、达明
　　见交银人：宝周
　　代笔人：克昌
　　永远掌业

## 13.

　　立永退早田字人赖瑞轩，今因要银正用，自愿将自手续置早皮田一处，坐落土名上石门首外禾塘，早田一坵；又土名栏垅坵坵坎下窝子里，早田一坵，载陈宅正租壹斗五升；又土名上石窝子里晒谷坪，早田一坵，谷田三石，载叔璆之正租九斗。其田要行出卖与人，进问亲支人等，俱各不愿承交，今托中人送至本族德丰君名下向前承买为业。当日凭中公议，时值退价洋银□□正。其银及字即日两明，不欠分文。所作交易二比甘允，非相贪图逼勒、准折债货等情。自卖之后，任凭承买人永远掌业，出卖人不得反悔异说等情。如有上手来历不明，以及重行典退，不涉承买人之事，俱系出卖人一力之当。今欲有凭，立永退早皮田字为照。

　　内批明当检老字一纸为据。
　　又批明其田价银一足收清，未另立收字。

　　　　　　　　　　　　　　民国十一年十二月吉日

　　立永退早皮田字人：赖瑞轩
　　说合中人：朝珠、兴标、德才
　　自笔
　　永远益后

## 14.

　　立永卖皮田字人赖鉴明，今因要银正用，自愿将父□□分授旱皮田一处，坐落土名洪石山脚下大塘垅，皮田十二坵，谷田正，原载本宅租四石正。其田要行出卖与人，进问亲支人等，俱各不愿承交，自托中人送至灌头坡家德丰君名下承买为业。当日凭中公议，时值卖价洋银□□正。其银及字即日两明，不欠分文。所作交易二比甘允，非相贪图逼、准折债货等情。自卖之后，任凭承买人永远掌业，出卖人不得生端异说等情。如有上手来历不明以及重典退，不涉承买人之事，俱系出卖人一力之当。今欲有凭，立永卖皮田字为照。

　　内批明其田价银当日一足收清，不欠分文，未立收字。

民国十一年九月吉日

立永卖皮田字人：赖鉴明
说合中人：海东、为东、兴标
具交银人：玉从
自笔
永远益后

## 15.

　　立永退皮田字人量容，今因要银正用，自愿将祖太朝爵之位下分授旱皮田一处，坐落土名洪石岩下上沙垅里，皮田一大坵，谷田六石，原载陈宅正租壹石五斗。其田界至，东至昌荣田为界，西至水圳脚为界，南至承买人田为界，北至来万之田为界，四界分明。其田要行出退与人，进问亲支人等，俱各不愿承交，自托中人送至家德丰君兄名下向前承买为业。当日凭中公议，时值退价洋银□□正。其银及字即日两明，不欠分文。所作交易二比甘允，非相贪图逼勒、准折债货等情。自退之后，任凭承买人永远掌业，出退人不得生端异说等情。如有上手来应不明以及重行典退，不涉承买人之事，俱系出退人一力之当。今欲有凭，立永退皮田字为照。

内批明其田老字与别处相连未检，只凭新字为据。

又批明其田价银当日一足收清，未另立收字。

民国十一年润五月十七日

立永退皮田字人：量容

说合中人：聘桃、理荣

具交银人：梦云

代笔人：焰生

永远益后

## 16.

立永退早皮田字人虔口村张拱辰，今因要银正用，自愿将自己续置早皮田三处，坐落土名乌石头石胜前坝角上皮田大小三坵，东至曾姓石塂为界，西至圳坑为界，又松茶树木在内；又土名鲤子塘口上，皮二坵，上至刘姓田塂为界，下至赖姓田塂为界；又土名鲤子塘中垅，皮田三坵，上至圳坑为界，下至刘姓田塂为界，四界分明。皮田三处，共谷田二十四石，原载刘姓正租□□正。其田要行出退与人，进问亲支人等，俱各不愿承交，自托中人送至灌头坡赖德丰君名下向前承买为业。当日凭中公议，时值退价洋银□□正。其银及字即日两明，不欠分文。所作交易二比甘允，非相贪图逼勒、准折债货等情。自退之后，任凭承买永远掌业，出退人不得生端异说等情。如有上手来历不明以及重行典退，不涉承买人之事，俱系出卖人一力之当。今欲有凭，立永退皮田字为照。

内批明其田价当日一足收清，不欠分文，未另立收字。

民国十一年十二月吉日

立永退皮田字人：张拱辰

说合中人：程作春、危树椿、赖世有

秉笔：男仕珍

永远掌业

## 17.

立永退旱皮田塘字人日彰、景荣之位下嗣孙志轩，今因要银正用，自愿将日彰祖太位下遗存旱皮田塘一大处，坐落土名桥子垅，田大小二坵，鱼塘一口，其塘灌荫养鱼，三股得二，谷田十二石，原载伯循公正租四石八斗正。其田界至，东至连登田为界，西至列丘公田为界，南至列五公田为界，北至圳坑为界，四界分明。其田塘要行出卖与人，进问亲支人等，俱各不愿承交，自托中送至本村家德丰君名下承买为业。当日凭中公议，时出退价洋银□□正。其银及字即日两明，不欠分文。所交易二比甘允，非相贪图逼勒、准折债货等情。自卖之后，任凭承买人永远掌业，出退人不得生端异说等情。如有上手来历不明以及重行典退，不涉承买人之事，俱系出卖人一力之当。今欲有凭，立永卖皮田塘字为照。

内批明其田价当日一足收清，不欠分文，未另立收字。

民国拾贰年腊月吉日

立永退旱皮田塘字人：志轩、祈辉妻陈氏

说合中人：兴才、为东、兴标

代笔人：海东

永远益后

## 18.

立永卖房屋字人第红胞叔福周，缘因要银正用，自愿将继男德明与三侄德丰二人共造房屋一所，坐落土名头坡厅堂右边第四值，楼厅一只，房屋二间，厝子一只，仓二只。以上之屋，二股平分。其德明位下一半，要行出卖与人。合室商议，自托中送至三侄德丰名下承买为业，当日凭中公议，时值卖价洋银□□正。其银及字即日两明，不欠分文。所交易二比甘允，非相贪图逼勒、准折债货等情。自卖之后，任凭承买人永远掌业，出卖人不得生端异说。如有上手来历不明以及重行典当，不涉承买人之事，俱系出卖人一力之当。今欲有凭，立永卖房屋字为照。

内批明其屋价银当日一足收清，不欠分文，未另立收字。

又批明其屋新造，未有老字存照。

光绪三十二年十二月吉日

立永卖房屋字人：福周

说合中人：为东、张海东、兄果才、达明

代笔人：焕天

丁财两盛

## 19.

立永退骨租字人亨田潮山下黄景崇位下嗣孙汉波等，今因要银公用，愿将本祖位下遗存骨租一处，坐落土名虔口小坝塅上赖宅九族祠下，佃正租七斗五升；又同处上角堂陈宅真君名下，佃正租七斗五升二料。其租要行出退与人，进问各房人等，俱各不愿承交。今托中送至长溪灌头坡赖德丰名下，向前承买为业。当日凭中公议，时值退洋银□□正。其银及字，即日不欠分文。所作交易二比甘允，非相贪图逼勒、准折债货等情。自卖之后，任凭承买人永远掌业，出卖人不得生端异说等情。如有上手来历不明以及重行典当，不涉承买人之事，俱系出卖人一力之当。今欲有凭，立永卖骨租字为照。

内批明其骨租粮米照依弓口丈册，应该承买〔人〕收回完纳。
又批明其骨租老字年远失落未检，后日寻出，永为废纸再照。
又批明其租价银当日一足收清，不欠分文，未另立收字。

民国九年十月吉日

立永卖骨租字人：崇太位下嗣孙黄礼行、立中、汉波、品隆

说合中人：黄衍丰

代笔人：黄于贤

永远益后

## 20.

立永退山皮松茶等项字人亨田潮山下黄景崇公位下嗣孙汉波等，今因要银公用，缘因合房商议，愿将祖太位下遗存山皮松茶等项一大嶂，坐落土名虔口沙背燕湖阔山一大嶂，上至长窝里凹上大路为界，又笼谷水大河为界，西至赖姓田为界，又老会渡砂湖圳坑为界，又陈先田为界，又张宅田为界，又岭顶腾崇分水为界，界至分明。其山要行出退与人，进问合房人等，俱各不愿承交。今托中送至长溪灌头坡赖德丰君名下承买为业，当日凭中公议，时值卖价洋银□□正。其银及字即日两①，不欠分文。所作交易二比甘允，非相贪图逼勒、准折债货等情。自卖之后，任凭承买人永远掌业，出卖人不得生端异说等情。如有上手来历不明以及重行典退，不涉承

---

① "两"字后疑有缺字。

买人之事，俱系出卖人一力之当。今欲凭，立永卖山皮松茶等项字为照。

内批明其山每年尚纳黄宅山租合五十文，至冬交兑。

又批明其山老字未检，年远失落，日后寻出永为废纸。

又批明其山价银当日一足收清，不欠分文，未另立收字。

民国九年十月吉日

立退山皮松茶等项字人：黄景崇位下嗣孙黄礼行、立中、汉波、品隆、德涵

说合中人：张拱辰、黄玉辉、龚守仁

众命笔：黄声杨

永远益后

## 21.

立更换地基及土墈字人贞一祖太位下房长达行等，缘因位下遗存土名灌头坡香伙堂右手老早皮骨谷田壹坵，为人居稠密荒芜，现在德丰在旁竖造房屋，此田既成余坪。今德丰父子请众商议，愿将手续土名洪石寨脚下坽上早田贰坵，计谷田肆石正，载四方塘、连塘三坵灌荫；又田坎上土墈壹块，载净福寺正租；又土名贞一祖祠门首对面塘墈上截土墈壹丈贰尺，为合众公有闲地，不得竖造。二处田土换归①祖太位下永远掌业，其余坪永归德丰掌业。自今更换之后，二比不得反悔生端异说等。恐口无凭，立永远更换田土字为照。

又批明二比老字未检再照。

民国拾四年三月吉日

立更换地基及土墈字人：贞一祖房长达儒

_____

① "归"字后疑有缺字。

竭士：而聪、远才、为东、进才、美南、享万、寿山

在场：永玉、达聪、锦文、配宣、佩垂、圣传、而容、兴标、焕天

达儒自笔

## 22.

立永退早皮骨田字人赖瑞轩，今因要银正用，自愿将父手分授早皮田一处，坐落土名上石门首，早田六坵；又五竹蓬下早田一坵；又嘴上早田一坵，载旨千公正租壹石七斗伍升正；又栏垅坵早田一坵，载正租五斗；又欺人①孝子早田二坵，载正租五升；又土名走马坵，早皮骨田一连二坵，原载粮米弓口丈尺再照。以上六处之田，一共壹拾叁坵。其田要行出退与人，进问亲支人等，俱各不愿承交，自托中送灌头坡家德丰君名下向前承买为业。当日凭中公议，时值退价洋银□□正。其银及字即日两交明白，不欠分厘，未另立收字再照。所作交易二比甘允，非相逼勒承交，亦非准折债货等情。自退之后，任凭承买人永远掌业，出退人不得反悔异说。如有上手来历不明并重行典退，不涉承买人之事，俱系出退人一力支当。今欲有凭，立永退早皮田字为照。

内批明其田价当日一足收清，不欠分文，未另立收字再照。

民国拾一年十二月吉日

立永退早皮田字人：赖瑞轩

在场侄：赖惠昭、创垂

说合中人：赖德轩、翠轩、兴标、朝柱、德材

代笔人：赖惠昭

永远益后

---

① 原文如此。

## 23.

立永退山苗松茶树木字人赖利红、利三，今因要银正用，自愿将祖分授松茶树木壹大块，坐落土名大面里松茶树一块，东至石间里为界，北至栋上为界，西至蛇罗里口上为界，南至河为界，四向界址俱照老字。其山要行出退与人，进问亲支人等，俱各不愿承交。今托中送至本族德丰君名下，向前承买为业，当日凭中公议，时值退价铜钱□□正。其钱及字即日两交明白，不欠分文。所作交易二比情允，非相逼勒承交，亦非准折债货等情。自退之后，任凭承退人永远栽种掌业，出退人不得反悔异说。如有上手来历不明并重行典退，不涉承买人之事，俱系出退人一力支当。今欲有凭，立永退山苗字为照。

光绪贰拾三年正月吉日

立永退山苗字人：赖利红、利三

说合中人：刘宝荣

依口代笔人：亮星

永远掌业

## 24.

立永卖皮骨田字人赖致轩，今因要银使用，愿将祖父分授皮骨田一处，坐落土名灌头坡上禾塘，田一大坵，东至大路为界，北至达明田为界，西至塘为界，南至承买人田为界，四界分明。其田要行出卖与人，进问亲支人等，俱各不愿承交，自托中送至本房德丰君名下向前承买为业。当日凭中公议，时值永价洋银□□正。其银及字即日两明，不欠分文。所交易二比甘允，非相贪图逼勒承交，亦非准折债货等情。自卖之后，任凭承买人永远掌业，出卖人不得反悔异说。如有上手来历不明并重行典退，不涉承买人之事，俱系出卖人一力支当。其粮米照依弓口丈尺，买人收回。今欲有凭，立永卖皮骨田字为照。

内批明其永价银当日一足收清，未立收约再照。

民国陆年十二月吉日

立永卖皮骨田字人：赖致轩

在场：侄媳陈氏

说合中人：赖兴财

代笔人：赖泰湖

永远掌业

## 25.

立永卖松茶杂木山毛字人赖大成，今因要银正用，愿将自手续置山毛壹处，坐落土名回子石、葛石坑、莲花形张天窝山寮里、和尚寨脚下、桐树窝等处松茶杂木山毛壹大面，与本族远才公二人平分，各折一半。其山骨原系守常祖太位下掌业。其山毛要行出卖与人，进问亲支人等，俱各不愿承交，是以托中说合，送至家德丰君名下向前承买为业。当日凭中公议，时值卖价洋银□□正。其银及字即日两明，不欠分厘，并未另立收约。所作交易二比甘允，非相图谋逼勒、准折债货等情。自出卖之后，任凭承买人永远掌业，或蓄植或斫伐，均听自便，出卖人不得反悔生端异说等情。今欲有凭，立永卖松茶杂木山毛字为照。

中华民国拾贰年四月廿七日

立永卖松茶山毛字人：赖大成

说合中人：发英

见交银人：日初

依口代笔人：品芳
草木畅茂


## 26.

立永卖菜土果树字人赖致轩，今因要银正用，愿将祖父遗下果树菜土壹大块，坐落土名灌头坡门首案上，东至大塘为界，北至达江公秆堆场为界，西至理明田为界，南至连登田为界，四界分明。其菜土要行出卖与人，进问亲支人等，俱各不愿承交，自托中送至本房德丰君名下向前承买为业。当日凭中公议，时值永价洋银□□正。其银及字即日两明，不欠分厘。所作交易二比甘允，非相逼勒承交，亦非准货等情。自卖之后，任凭承买人永远掌业，出卖人不得生端异说等情。如有上手来历不明并重行典退，不涉承买人之事，俱系出卖人一力支当。今欲有凭，立永卖菜土字为照。

内批明其菜土老字未检，新字为据，日后寻出，应检承买人执掌再照。

又批明其永价当日一足收清，不欠分文，并未另立收字。

民国七年十二月吉日

立永卖菜土果树字人：赖致轩

在场：侄媳陈氏

说合中人：赖兴财

代笔人：赖泰湖

永远掌业


## 27.

立永卖山皮字人赖万波之妻李氏，今因家食困乏，要银正用，愿将祖太位下山一处，坐落土名吊水岭山壹大嶂，南至田垅水圳为界，东至广才山为界，北至腾高、万兴山为界，西至万兴山为界，四界分明。其山要行出卖与人，进问亲支人等，俱各不愿承交，自托中送至本房德丰君名下向前承买为业。当日凭中公议，时值永价银□□正。其银及字即日两明，不欠分厘。所作交易二比甘愿，非相逼勒承交，亦非准货等情。自卖之后，任凭承买人栽种蓄植，出卖人不得反悔异说等情。今欲有凭，立永卖土字为照。

内批明其永价当日一足收清再照。

又批明无老字，新字为据。再照。

民国元年八月吉日

立永卖山字人：赖门李氏

说合中人：配湖

代笔人：泰湖

永远掌业


## 28.

立永卖塈土及果树字人赖寿坤，今因要银正用，愿将父手掌业塈土果树壹处，坐落土名陂下塈，塈土壹大块，东至拔宜塈为界，南至配纯塈为界，西至隆万塈为界，北至桥会下塈为界，四界分明。其塈要行出卖与人，请问亲支人等，俱各不愿承交，自托中送至本房德丰君名下向前承买为业。当日凭中公议，时值卖价洋银□□正。其银及字即日一足收清，未另立收字。所作交易二比情允，非相逼勒承交，亦非准折债货等情。自卖之后，任凭承买人掌业，出卖人不得生端异说。如有上手来历不明，不涉承买人之事，俱系出卖人一力支当。今欲有凭，立永卖塈土果树字为照。

洪宪元年正月吉日

立永卖塈土及果树字人：赖寿坤

说合中人：赖配湖、汉宜、达聪

代笔人：卓云

永远掌业

## 29.

立永退房屋字人赖德求，今因要钱正用，自愿将父手分授房屋壹间，坐落土名灌头陂西边第四直第贰间横屋壹间，上至桁椽瓦桶，中至楼梯棚乘，下及窗子门壁地基以及厝子出路，四至分明。其屋要行出退与人，自托中送至本家德丰名下向前承买为业。当日凭中公议，时值永价铜钱□□正。其钱及字即日两交明白，不欠分文。所作交易二比甘愿，非相逼勒承交，亦非准折债货之类。其屋未退之先，并无重行典退。既退之后，任凭承买人永远掌业居住，出退人不得生端异说。如有上手来历不明，不涉承买人之事，俱系出退人一力支当。今欲有凭，立永退房屋字为照。

内批明其屋价钱当日一足收清，未另立收字。

光绪叁拾年四月廿二日

立永卖房屋字人：德求

说合中人：焕天

代笔人：廖华荣

永远益后

## 30.

立永卖皮骨田塘字人赖后昆，今因要银正用，愿将祖父分授皮骨田塘壹处，土名小溪背员岭子社公背，皮骨田贰坵，计谷田五石；又鱼塘一口，灌荫养鱼，四股得一。其界至，东至体中公田为①，南至山脚为界，西至本塘塝为界，北至社公为界，四界分明。其田要行出卖与人，进问亲支人等，俱各不愿承交，今托中送至本族家德丰君名下向前承买为业。当日凭中公议，时值永价洋□□正。其银及字即日两明，不欠分厘。所作交易二比甘允，非相贪图逼勒承交，亦非准折债货等情。自卖之后，任凭承买人永远掌业，出卖人不得反悔异说等情。如有上手来历不明并重典退，不涉承买人之事，俱系卖人一力支当。今欲有凭，立永卖皮骨田塘字为照。

　　外批明其田塘老字未检，日后寻出，应检承买人执照。

　　又批明其永价洋银当日一足收清，未另立收字再照。

民国柒年三月吉日

立永卖皮骨田塘字人：赖后昆

说合中人：远源

见交银人：荣金

自笔

永远掌业

## 31.

　　立更换塘基字人家本求，自愿将自手续置土名灌头坡贞一公太门首塘上截，更换与德丰叔名下，成就方员，结成余坪，横直。当日二比甘允，非相贪图逼勒。自更换之后，永归德丰叔名下永远掌业，出换人不得反悔异说，另生枝节等情。恐口无凭，立更换塘基字为据。

民国十二年十月十二日

立更换塘字人：本求

在场：清女

---

① "为"字后疑有缺字。

说合中人：日初

代笔人：日初

永远掌业


## 32.

立永卖旱皮骨田字人赖会澄之妻陈氏，今因要银正用，自愿将自手续置旱田一处，坐落土名上沙垅，田壹坵，计谷田六石。其田要行出卖与人，进问亲支人等，俱各不愿承交，自托中人送至本房德丰叔台名下承买为业。当日凭中公议，时值卖价洋银□□正。其银及字即日两明，不欠分厘。所作交易二比甘允，非相贪图逼勒、准折债等情。自卖之后，任凭承买人永远掌业，出卖人不得生端异说等情。如有上手来历不明以及重行典当，不涉承买人之事，俱系出卖人一力之当。今欲有凭，永卖旱皮骨田字为据。

内批明老字未检与别处相连。

又批明完粮照依弓口丈尺买人收回。

民国十二年十二月吉日

立永卖旱皮骨田字人：赖会澄之妻陈氏

说合中人：日初、名生、列思、日生、法才

代笔人：蓄容


## 33.

立永退皮田字及塥上果树字人陈天福，今因要银正用，自愿将祖父分授旱皮田及塥土果树壹处，坐落土名乌石头各中塥，田玖坵，塥土壹块及果树一应在内；又庙背禾塘，壹连两坵，共计谷田贰拾贰石，载陈宅正租伍斗正；又载赖宅正租伍斗正；又载神会下正租□□石正；又载孔宅正租壹斗五升；又载菜芹租壹石。界至详载老契。其田要行出退与人，进问亲支人等，俱各不愿承交，今托中送灌头坡赖德丰老爷名下承买为业。当日凭中公议，时值退价洋银□□正。其银及字即日两交明白，不欠分文。所作交易二比甘允，非相贪图逼勒、准折债货等情。自退之后，任凭承买人永远掌业，出退人不得生端异说等。恐口无凭，立永退皮田及塓土果树字为据。

内批明当检老字两纸为据。

又批明其退价洋银当日一足收清，未另立收字。

再批明如有上手来历不明，不涉承买人之事，俱系出卖人一力支当。再照。

民国拾叁年十二月吉日

立永卖皮田及塓上果树字人：陈天福

说合中人：赖日初、陈德纯、赖德材

见交银人：程先女

代笔人：胞兄陈子兴

永远益后

## 34.

立永卖皮田及房屋地基灰寮粪湖字人契叔福良父子，今因要银正用，将契父赖样波位下拨与土名灌头陂上社垅里，折田皮计谷田陆石正；又名灌头陂右边四直横屋头上算起第三房屋，一连贰间，上至桁条瓦桷，中至楼梯棚栋，下至窝子门壁地基一应在内；又同处右边灰寮粪湖地基一间。其业要行出卖与人，请问亲支人等，俱各不愿承交，今托中送至灌头坡赖德丰君名下向前承买为业。当日凭中公议，时值卖价洋银□□正。其银及字即日两明，不欠分厘。所作交易二比情允，非相贪图逼勒承交，亦非准折债货等情。自卖之后，任凭承买永远掌业，出卖人并无寸土相连，不得反悔生端异说等情。如有上手来历不明以及重行典退，不涉承买人之事，俱系出卖人一力之当。今欲有凭，立永卖皮田及房屋地基灰寮粪湖字为照。

外批明其永价银当日一足收清，未另立收字为照。

光绪二十八年十二月吉日

立永卖皮田及房屋地基灰寮粪湖字人：契叔福良妻李氏

在侧：男阳亲、金发、陈茂丛、黄鹤成

说合中人：赖朝光、宝周、履成、配胡、刘德荣

代笔人：赖德恭

永远益后

## 35.

立永退早皮骨田字人亨田潮山下黄景崇位下嗣孙汉波等，今因要银公用，缘因合房商议，愿将祖太遗存义田、谷两祭早皮骨田壹处，坐落土名虔口大垅脚下溪子里，早皮骨田大小伍坵，上至张姓田为界，下至吴姓田为界，左边小溪为界，右边塈土壹大块，内有杂木壹应在内。其田及塈土要行出退与人，进问亲房人等，俱各不愿承交，今托中送至长溪村灌头坡赖德丰君名下向前承买为业。当日凭中公议，时值永价洋银□□正。其银及字即日两明，不欠分厘。所作交易二比甘允，非相贪图逼勒承交，亦非准折债货等情。自卖之后，任凭承买人永远掌业，出卖人不得生端异说。如有上手来历不明并重行典退，不涉承买人之事，俱系出卖人一力之当。今欲凭，立永退早皮骨田字为据。

内批明其老字未检，日后寻出，永为废纸。

又批明其价银当日一足收清，未另立收字为照。

又批明其骨田粮米照依弓口丈册，买人收归户内完纳。

再批明其田原载赖宅租壹石贰斗伍（升）正，应该买人完纳。

民国十年九月吉日

立永卖皮骨田及塈土字人：亨田黄景崇公位下嗣孙黄声杨、礼行、立中、汉波、品隆、德涵、荣德、显仁

说合中人：黄玉辉、张拱辰、龚守仁

众命笔：黄于锣

永远掌业

## 36.

立永卖皮骨田字人本求，今因要银正用，自愿将祖父分早皮骨田一处，坐落土名屋背赖垅，垅上皮骨田一坵，谷田□□正。其田界至，东南至祭田为界，北至嘉祥田为界，西至正安田为界，四界分明。其田要行出卖与人，进问亲支人等，俱各不愿承交，自托中人送至本房德丰叔名下向前为业。当日凭中公议，时出永价洋□□正。其银及字即日两明，不欠分文。所作交易二比甘允，非相贪图逼勒、准折债货等情。自卖之后，任凭承买人永远掌业，出卖人不得生端异说等情。如有上手来历不明以及重行典当，不涉承买人之事，俱系出卖人一力之当。今欲有凭，立永卖皮骨田字为照。

内批明其田粮米承买收回完纳。

又批明其田老字与别处相连未检，新字为据。

民国九年九月吉日

立永卖皮骨田字人：本求

在场：母张母

说合中人：泰湖、克昌

代笔人：泰湖

永远掌业

## 37.

立永退皮田及埧土果树构松字人达桂等，今因要银正用，自愿将祖父分授早皮田及埧土壹处，坐落土名赖头石下埧脑，皮田及埧一连，原载耀还公正租乙石六斗。东至克新公田为界，南至河为界，西圳坑为界，北至礼光公田为界，四界分明。其田埧要行出卖与人，进问亲支人等，俱各不愿承交，自托中人送至本房德丰君名下承买为业。当日凭中公议，时值卖价洋银□□正。其银及字即日两明，不欠分文。所作交易二比情允，非相贪图逼勒、准折债等情。自卖之后，任凭承买永远掌业，出卖人不得生端异说等情。如有上手来历不明以及重行典退，不涉承买人之事，俱系出卖人一力之当。今欲有凭，立永退皮田及埧土松构字为照。

内批明其田及埧土老字未检，日后寻出，永为废纸。

民国四年十二月吉日

立永退皮田及埧土松构果树字人：达桂

在场：胞兄松根、中元、程河

说合中人：朝光、达祥

代笔人：松根

永远掌业

## 38.

立永卖皮田及皮骨田塘字人洋溪赖聚天等，缘因韦辉祖太位下原遗坪山屏风尾等处早田一大处，近年本支子孙将此田私向人上典当质借，体仁父子所得之银甚巨，无力抵还，自愿出祭无分其余诸人所得之款合计一千余金，又难以筹价。是以合众商议，愿将土名坪山屏风尾岗上遇路坵皮骨田一大坵；又脑坵皮骨田一大坵；又银锭坵皮骨田一大坵；又屏风坵塘坎上皮骨田一大坵；塘角上皮骨田贰小坵；又羊子坵皮骨田一坵；又相子岗及条坵皮骨田三坵；又边坵田一大坵，载陈宅净租三石五斗。又犁嘴坵田一坵，载李宅正租壹石五斗；又湾坵田一坵，载花灯会下净租贰石，原载牛路垅尾塘分水灌荫；又月坵田一大坵，载陈宅净租陆石正；外路坎下皮骨田一小坵，计上皮骨田及皮田，共壹拾五坵，共计谷田壹百贰拾石正。以上田界详载老契。又屏风尾灌荫鱼塘一口。其田塘要行出卖与人，进问亲支人等，俱各不愿承交，自托中人送至长溪宗德丰君名下向前承买为业。当日凭中公议，时值卖价洋银□□正。其银及字即日两明，不欠分文。所作交易二比情允，非相贪图逼勒、准折债等情。自卖之后，任凭承买人永远掌业，出卖人位下子孙不得生端异说等情。如有上手来历不明以及重行典当，不涉承买人之事，俱系出卖人一力之当。今欲有凭，立永卖早皮田及皮骨田塘字为照。

内批明其田原载粮米贰斗壹升三合三勺七抄。再照。

民国十三年十二月吉日

立永卖皮田及皮骨田塘字人：赖聚天、履仁、秉仁、福尧、瑞元、镇坤、学文、永昌

在场：体仁

说合中人：赖品芳、陈福高等

代笔：德昌

## 39.

立永退皮田字人赖钦明，今因要银正用，自愿祖父分授早皮骨田壹处，坐落土名友湖下下塘塘墈下，田一坵，湾坵田一坵，斗头菜土一块，塅里田一坵，共计田大小三坵，谷田八石正，载贞一公

正租□□石正。其田界至，东至□明田为界，西至疑思田为界，北至友璋田为界，南至出退人田为界，四界分明。其田要行出退与人，进问亲支人等，俱各不愿承交，自托中人送至本族家德丰兄名下向前承买为业。当日凭中公议，时值退价洋银陆拾陆两正。其银及字即日两明，不欠分文。所作交易二比甘允，非相贪图逼勒、准折债等情。自退之后，任凭承买人永远掌业，出退人不得生端异说等情。如有上手来①不明以及重行典退，不涉承买人之事，俱系出退人一力之当。今欲有凭，立永退早皮田字为照。

外批明其田老字与别处相连未检，新字为据。再照。

又批明其田赎回之日照依字内原价收赎。再照。

又批明中资笔礼银三两三钱正，赎日补还无利。再照。

又批明其田不限年月，只限对期。再照。

民国十年十二月念〔廿〕六日

立永退皮田字人：赖钦明

说合中人：赖镕金、运昌、日初

代笔：赖庄严

## 40.

立永卖早皮骨田字人赖辉荣，今因要银正用，自愿将祖父分授早田一大处，坐落土名麦寮里塘堪下，一连大小三坵，左边嘴上一连大小七坵，右边嘴上田一坵，共大小田拾壹坵，计谷田拾伍石正。载鱼塘分水灌荫。其田界至详载老契。其田要行出卖与人，进问亲支人等，俱各不愿承交，自托中人送至长溪灌头坡宗德丰君名下承卖为业。当日凭中公议，时值退价洋银□□正。其银及字即日两交明白，不欠分厘，并未另立收约。所作交易二比甘允，非相贪

---

① "来"字后疑有缺字。

图逼勒承交，亦非准折债货等情。自卖之后，任凭承买人过耕，另召别价，出卖人不得生端异说。如有上手来历不明以及重行典退，不涉承买人之事，俱系出卖人一力支当。今欲有凭，立永卖早皮骨田字为据。

内批明其田粮米分载二升。

民国十四年三月吉日

立永卖早皮骨田字人：赖辉荣

在场：母氏彭〔彭氏〕

说合中人：巫干卿、赖兴居、恒明

见交银人：陈德纯

依口代笔人：赖翠松

永远掌业

## 41.

立永卖灰寮字人及粪湖步云，今因要银正用，自愿将祖父分授灰寮一间、粪湖一只，坐落土名垅子上，东至滴水为界，南至兴才地基为界，西至德千灰寮为界，北至兴才灰寮为界，内桥子门壁一应在内，四界分明。其灰寮要行出卖与人，进问亲支人等，俱各不愿承交，自托中人送至本家德丰君名下向前承买为业。当日凭中公议，时值卖洋银□□正。其银及字即日两明，不欠分文。所作交易二比甘愿，非相贪图逼勒、准折债货等情。自卖之后，任凭承买人永远掌业，出卖人不得生端异说。如有上手来历不明，不涉承买人之事，俱系出卖人一力之。当今欲有凭，立永卖灰寮字人及粪湖字为照。

内批明以新字为据。再照。

又批明其卖价银当日一足收清，未另立收字。再照。

宣统元年腊月吉日

永卖灰寮粪湖字人：步云
说合中人：兴标、兴才
自笔
永远掌业

## 42.

立逊让坣基字人赖积贮，今因本房福隆公之妻身故，未得吉地，托中相与商议，愿将自手续置祖山土墩地名连水塘，坐北向南坣基一穴，北向靠祖山，东南西皆愿逊让土墩为界，其坣龟背左右阔贰丈贰尺，前向碑石外壹丈伍尺止，界至分明。愿将此坣基逊让归福隆公妻永远安葬。又蒙族房说合，当得酬补开耕价银□□正。当日收足，不欠分厘。自逊让之后，任凭福隆公子孙照字内丈尺修整安葬积贮，子孙不得反悔异说等情。恐口无凭，立逊让坣基字为照。

光绪廿九年十一月吉日
立逊让坣基字人：赖积贮
说合中人：达儒、长茂、兴隆、焰辉、德恭、发英、福周、宝周
见交银人：张延迪
依口代笔人：继昌
富贵绵远

## 43.

立永卖皮骨田字人岳尊之妻邓氏，今因要银正用，自愿将父手分授早皮骨田壹处，坐落土名陂下芋篱圫，田一大圫，计谷田十二

石正。其田要行出卖与人，进问亲支人等，俱各不愿承交。今托中送至本房家德丰君名下承典为业，当日凭中公议，时值永价洋银□□正。其银及字即日两交明白，不欠分厘，未另立收字。今欲有凭，立永卖皮骨田字为照。

内批明当检老字一纸。

民国七年二月吉日

立永卖皮骨田字人：赖岳尊妻邓氏

说合中人：兴标

代笔人：德材

永远掌业

## 44.

立永卖皮田塘字人亮星，今因要银正用，自愿将祖父分授早皮田塘壹处，土名下坑田坵，计谷田拾柒石，载本宅租□□正。其界至详载老契。其田要行出卖与人，进问亲支人等，俱各不愿承交，自托中送至本房家德丰君名下承卖为业。当日凭中公议，时值卖价洋银□□正。其银及字，即日两交明白，不欠分厘，并未另立收字。所作交易二比甘允，非相逼勒、准折债货等情。自卖之后，任凭承买人永远掌业，出卖人不得反悔、生端异说。当今欲有凭，立永卖皮田塘字为照。

光绪贰拾捌年腊月吉日

立永卖皮田塘字人：赖亮星

说合中人：兴标

代笔人：亮升

永远益后

## 45.

立永卖皮骨田塘字人赖德千，今因要银正用，自愿将祖父分授早皮田塘壹处，土名茜坑子，田十二石，大小□□坵。其田要行出卖与人，进问亲支，自□□托中送至德丰弟名下向前承买为业。当日凭中公议，时值永价洋银正。其银及字，即日两交明白，不欠分厘，并未另立收字。所作交易二比甘愿，非相贪图逼勒、准折债货等情。自卖之后，任凭承买人永远掌业，出卖人不得反悔异说等情。今欲有凭，立永卖皮骨田塘字为照。

民国元年十二月吉日

立永卖皮骨田塘字人：赖德千

说合中人：达明

自笔

永远掌业

## 46.

立永卖早皮骨及皮田塘字人赖瑞元，今因要银使用，愿将父手续置早田塘壹处，坐落土名岭脑石分坑长溪岭背，皮骨早田大小贰拾陆坵，土塅拾叁块，上至行九公田为界，下至锡光君田为界，左右山脚为界，四界分明。又灌荫鱼塘四口，其田塘要行出卖与人，进问亲支人等，俱称不愿承交，自托中人说合送至长溪宗德丰叔名下向前承买为业。当日凭中公议，时值卖价洋银□□正。其银及字即日两明，不欠分厘，并未另立收字。所作交易二比甘允，非相贪图逼勒、准折债货等情。自出卖之后，任凭承买人过耕永远掌业，出卖人不得生端反悔异说。如有上手来历不明并重行典退，不涉承人之事，俱系卖人一力之当。今欲有凭，立永卖旱皮骨田塘字为照。

内批明其田老字与别处相连未检，只凭我字为据。再照。

又批明其田原载粮米壹斗叁升六乙合四勺，应该承买人完纳。再照。

民国拾肆年冬月吉日

立永卖旱皮骨田塘土块字人：赖瑞元

说合中人：陈德成、陈至纯、陈凤山、赖辑△、赖△尧、赖兆英

见交银人：赖体仁

代笔：品芳

永远益后

## 47.

立永退旱皮骨田字人徐锡朋，今因要银正用，愿将亲手所置旱皮骨田一处，坐落土名柞下塘右边细塘子坎上，旱皮骨田一坵，计谷田四石正。原载松山脑大塘分水灌荫，轮流养鱼。其界址，上至陈姓田为界，下至龚姓田为界，左边圳坑为界，右边细塘子坎为界，四界分明。其田坎上梨树、枣树一应在内。又柞下塘垅口右边向垅上，旱皮骨田大小十一坵，谷田七石，上向灌荫鱼塘一口。其界址，上至赖宅田为界，下至圳坑为界，左至大路为界，右至龚宅田为界，四界分明。原载粮米贰升贰合正。又柞下塘右边垅上细塘子坎下旱皮骨田一坵，原载里白沙垅门首鱼塘分水灌荫，轮流养鱼。又柞下塘右向圳坑坎边皮骨田一坵，共计谷田四石正，原载粮米一升五合三勺。又柞下塘右向墓窝子旱皮骨田一坵，谷田三石，原载龚宅正租贰斗五升。以上共计谷田拾八石正。其田塘要行出退人，进问亲支人等，俱各不愿承交，今托中人送至灌头坡赖德丰名

下承退为业。当日凭中公议，时值退价洋银□□两。其银及字即日两明，不欠分文。所作交易二比甘允，非相逼勒承交，亦非准折债货等情。自退之后，任凭承退人借耕掌业，出卖人不得生端异说。如有上手来历不明，不涉承退人之事，俱系出卖人一力支当。今欲有凭，立永退早皮骨田塘字为照。

　　内批明当检老字三纸。再照。

　　又批明其田粮米应该承退人收回完纳。再（照）。

　　又批明其田价当日一足收清，另未立收字。再照。

民国十四年十二月吉日

立永退早皮骨田塘字人：徐锡朋

说合中人：黄冰如、龚守仁

代笔人：黄冰如

永远掌业

## 48.

　　立永退皮骨田字人赖会三，今因要银正用，自愿将祖父分授早田一处，坐落土名鸿石垅垅子上，田一坵，计谷田四石，及枣子树一应在内。又垅里皮田一坵，计谷田伍石正。以上一共大小贰坵，原载求公太正祖一石伍斗正。其田要行出退与人，进问亲支人等，俱各不愿承交，自托中人送至德丰兄名下向前承买为业。当日凭中公议，时值退价银□□。其银及字即日两明，不欠分厘。所作交易二比甘允，非相逼勒、准折债货等情。自退之后，任凭承退人永远掌业，出退人不得生端异说。如有上手来历不明以及重行典退，不涉承买人之事，俱系出退人一力支当。今欲有凭，立永退皮骨田字为照。

　　内批明老字未检与别处相连。

　　内批明灌荫鱼塘一口公共。

内批明其田价银当日一足收清。

民国拾肆年拾贰月元日

立永退皮骨田字人：会三

说合中人：名宝、△清

代笔人：正南

永远掌业

## 49.

立永卖早皮骨田及皮田塘字人赖聘盈，今因要银正用，自愿将祖父分授早皮骨田及皮田塘壹处，坐落土名油草垅下分，早田大小捌坵，计谷田叁拾伍石正，载本宅正租肆石贰斗正。其田塘要行出卖与人，进问亲支人等，俱各不愿承交，今托中人送至本族家德丰相公名下向前承买为业。当日凭中公议，时值永价洋银□□正。其银及字即日两交明白，不欠分厘。所作交易二比甘允，非相贪图逼勒承交，亦非准折债货等情。自卖之后，任凭承买人永远掌业，出卖人不得生端异说。如有来历不明以及重典退，不涉承买人之事，俱系出卖人一力之当。其田愿〔原〕载粮米捌斗柒合六勺贰抄，应该承买人收归本户完纳。今欲有凭，立永卖早皮骨田及皮田塘字为照。

内批明其田老字与别处相连未检，只至新字为处〔据〕。

又批明其田价当日一足收清，未另立收字，再照。

民国十肆年冬月吉日

立永卖早皮骨田及皮田塘字人：赖聘盈

在场：兄复重

说合中人：赖运文、△惠、翠纯

自笔

永远掌业

## 50.

立永退早皮田及皮骨田正租字人姜体诚，今因要银正用，自愿将自手续置早皮骨田壹大处，坐落土名高背坑姜家祠堂门首禾塘骨田一大坵，谷田拾贰石；又右边小塘子田一坵，谷田二石；又塘子窝过路坵骨田一大坵；又塘坎上坑子骨田四坵，谷田十石；又塘子窝墈上皮田四坵，谷田十八石，载寄本太祖五石；又料马墩田一坵，承佃租二石五斗；蛇尾塘坑里高坎上至塘下骨田六坵；地门过路坵田二坵，东边了坑子田三坵，谷田三十石；蛇尾塘口上骨田三坵，谷田十二石；西边土墈二块，灌荫鱼塘二口，梅子窝皮田三坵，谷田七石，载姜宅租壹石、土墈一块、鱼塘二口，马牯中坑骨田二坵，河子背田一坵，谷田二拾四石；牛子山马精坵坎上过路坵骨田壹坵，谷田四石；又土名黄柏冈上坝窝骨田一大坵，外角上田一坵，外河弦边骨四坵，谷田四十石，载雷宅租一石；又土名高田坑上骨田二大坵，谷田十六石；桥头路边骨田一坵，谷田九石；上高田坑墈屋侧角骨田一坵，谷田五石；高田坑门首禾塘骨田一坵，谷田十三石；上高田坑门首骨田八石；侧角田一坵，谷田二石；中墈骨田一坵，谷田六石；上高田坑门首猪肚坵骨田一坵，谷田二十五石；坎上骨田三坵，谷田五石。以上等处之田要行出退与人，进问亲支人等，俱各不愿承交，自托中人送至长溪村赖德丰先生名下向前承退为业。当日凭中公议，时值退价洋银□□正。其银及字即日两明，不欠分文，未另立收约二字。二比甘允，所作交易非相逼勒承交，亦非准折债货等情。自卖之后，凭任承退人永远掌业，出退人不得反悔异说。如有上手来历不明以及重行典退，不涉承退人之事，俱系出退人一力支当。今欲有凭，立永退早皮骨田字为据。

内批明其田粮米照依弓口丈册，应该承退人收回完纳。再照。

又批明其田界址，照依老字为据。再照。

民国十五年腊月吉日

立永退早皮田及皮骨田正租字人：姜体诚

说合中人：董茂椿、姜志山、陈玉池、巫干卿

见交银人：陈德纯、陈友松、陈遇才、赖达成

代笔人：陈东生

永远益后


## 51.

立永退皮骨田塘字人赖世邦，今因要银正用，自愿将祖父早骨田一处，坐落土名灌头坡门首案上摇前骨田一坵，谷田四石；灌荫鱼塘一口，塘塎菜土塅及田塎菜土、果树一应在内。又土名下垅口上皮田一坵，谷田叁石，载本宅租□□正。其田塘要行出卖与人，进问亲支人等，俱各不愿承交，自托中送至本房家德丰叔名下承买退为业。当日凭中公议，时值退价洋银□□正。其银及字即日两明，不欠分文。所作交易二比甘允，非相贪图逼勒、准折债货等情。自退之后，任凭承退人永远掌业，出退人不得生端异说。如有上手来历不明以及重行典退，不涉承退人之事，俱系出退人一力之当。今欲有凭，立永退皮骨田塘字为据。

内批明其田价银当日一足收清，未另立收约二字。再照。

又批明其田粮米照依弓口丈尺册，承退人收回完纳。再照。

民国十五年十二月吉日

立永退早皮骨田塘字人：赖世邦

说合中人：赖步梯、日初

自笔

永远益后

## 52.

立永退皮骨田及皮田字人五里塅曾起新，今因要银正用，自愿将自己续置早田壹处，坐落土名店前坵，田大小七坵，谷田五十石。其田要行出退与人，进问亲支人等，俱各不愿承交，自托中人送至灌头坡赖德丰先生名下承买为业。当日凭中公议，时值退价洋银□□正。其银及字即日两明，不欠分文。所作交易二比甘允，非相贪图逼勒、准折债货等情。自退之后，任凭承买人永远掌业，出退人不得生端异说等情。如有上手来历不明以及重行典退，不涉承买人之事，俱系出退人一力之当。今欲有凭，立永退皮骨田及皮田字为据。

内批明其田界址，上至刘宅田为界，下至刘宅、曾宅为界，左至大迳塅为界，右至宁宅田为界，四界分明。此照。

又批明相车水及水圳公共。此照。

又其田粮米照依弓口册上买人收回完纳。此照。

内批明其田价银当日一足收清，不欠分文。此照。

民国十五年十一月吉日

立永退皮骨田及皮田字人：曾起新

说合中人：赖体贤、曾德泰、盛昌、盛才、赖日初、黄蔚星、巫干卿

代笔人：曾显隆

永远掌业

## 53.

具禀国民赖德丰，年□□岁，住长溪村，距城四十里，业商。

为汇编契簿、便于稽考，请求核准盖印、给资保证而昭信守事。缘民家所置田山地屋各种产业均已立有契券为凭，并投税在案。惟念民本营商，常游异地，而子弟青年亦均执事他邦，所有家务全赖家人。而业契为家务命脉，若不汇编簿据，诚恐契纸纷牒，或中有散佚失窃情事均无从稽考，故特将所有产业契据分别买、典两种，汇抄簿据贰本，拟求加盖县印，批示立案，发还执据，籍资信守，以便稽考，亦登记法之法义欤。为此，检呈原簿贰本，禀叩县长台前，俯准核盖印信，批示立案，俾得执为家考而保业务自由，实不胜铭感沾惠之至。

谨呈县长台前。

计呈契簿贰本。

## 54.

立永退皮田字人虔口村张仕珍，今因要银正用，愿将父手续置早皮田一处，坐落土名上沙坵，田一大坵，又土名社背墩子田一坵，又土名窑空上田一坵，又及山塘一口，原载黄宅正租四斗二升正。其田要行出卖与人，进问亲支人等，俱各不愿承交，今托中人说合送至灌头陂赖德丰君名下向前承退为业。当日凭中公议，时值退价洋银□□正。其银及字即日两交明白，不欠分厘。所作交易二比甘允，非相贪图逼勒、准折债货等情。自退之后，任凭承退人起耕掌业，出退人不得端异异说等情。如有上手来历不明以及重行典当，不涉承退人之事，俱系出退人一力之当。恐口无凭，今欲立永退皮田字为照。

内批明其田价粮米贰合。

又批明其田价洋银当日一足收清。

又批明桐车及当一应在内。

又批明河墩为界，及树木一应在内。

民国拾三年十二月吉日
立永退早皮田字人：张仕珍
说合中人：吴泰安
自笔
永远掌业

## 55.

立永退皮田塘字人张仕珍，今因要银正用，愿将祖父分授早皮田塘贰处，坐落土名虔口潮里，田一坵，谷田七石，原载赖宅正租一石四斗正；又小圳河弦上，田一坵，谷田十二石，原载黄宅正租贰石四斗正。灌荫鱼塘一口，界至详载老契。其田塘要行出退与人，进问亲支人等，俱各不愿承交，自托中人说合送至灌头陂赖德丰先生名下承买为业。当日凭中公议，时值退价洋银□□正。其银及字即日两交明白，不欠分厘。所作交易二比甘允，非相贪图逼勒、准折债货等情。自退之后，任凭承买人永远掌业，出退人不得生端异说等情。如有上手来历不明以及重行典当，不涉承买人之事，俱系出退人一力之当。恐口无凭，今欲立永退皮田塘字为照。
内批明其田价银当日一足收清。
又批明载赖宅塘租五斗。
民国十三年十二月吉日
立永退皮田塘字人：张仕珍
说合中人：赖子美、吴泰安、赖日初
代笔：胞弟张仕荣
永远掌业

## 56.

　　立永卖皮骨田字人赖正璜，今因要银正用，自愿将祖父分授早皮骨田一处，坐落土名大溪背炉汪塅漕里前，皮骨田大小贰坵，计谷十五石。东至庆端田为界，南至继光、敬和田为界，西至秀荣田为界，北至圳坑为界，四界分明。其田要行出卖与人，进问亲支人等，俱各不愿承交，自托中人送至本族灌头陂家德丰君名下向前承买为业。当日凭中公议，时值退价洋银□□正。其银及字即日两交明白。所作交易二比甘允，非相贪图逼勒等情。自卖之后，任凭承买人永远掌业，出卖人不得反悔异等情。如有来历不明以及重行典当，不涉承买人之事，俱系出卖人一力之当。其田粮米，照依弓口丈册买人收回轮纳。今欲有凭，立永退田字为照。

　　内批明其田价银当日一足收清，不欠分厘，所收是实。此照。

民国十二年十二月吉日立

永卖皮骨田字人：正璜

在场：继母黄氏

在场：伯父济民

说合中人：庆瑞、朝光、品芳

见交银人：钦承

代笔人：伯父广思

永远益后

## 57.

　　立永卖皮骨田字人陂下远繁兄弟，今因父身故要钱使用，愿将祖父分授原典土名陂下上漕皮骨田一坵，东至张升如田为界，南至灌头陂渡会下田为界，西至听思之田为界，北至友璋田为界，四界分明。其田要行出卖与人，进问亲支人等，俱各不愿承交，自托中人送至本族德丰君名下向前承买为业。当日凭中公议，时值永价铜钱□□正。其钱及字即日两明，不欠分文，并未另立收约。所作交易二比甘允，非相逼勒、准折债货等情。自卖之后，任凭承买人永远掌业，出卖人不得生端异说。如有上手来历不明，不涉承买人之事，俱系出卖人一力之当。

今欲有凭，立永卖皮骨田字为照。

内批明其田粮米照依弓口丈尺，买人收回轮纳。

光绪二十八年十月吉日

立永卖皮骨田字人：远繁、禄繁

在场：伯父德恭

说合中人：福周、朝光、志轩

见交钱人：璧如

代笔：堂兄达邦

永远益后

## 58.

立永退早皮田字人虔口村吴显波，今因要银正用，自愿将祖父分授早皮田一处，坐落土名虔口村洞子脑，田大小□□坵，谷田八石，原载本村渡会下正租贰石斗正。其田要行出退与人，进问亲支人等，俱各不愿承交，自托中送至灌头陂赖德丰君名下承买为业。当日凭中公议，时值退价洋银□□正。其银及字即日两明，不欠分文。所作交易二比甘允，非相贪图逼勒、准折债货等情。自退之后，任凭承买退人永远掌业，出退人不得生端异说等情。如有上手来历不明以及重行典当，不涉承买退人之事，俱系出卖人一力之当。恐口无凭，今欲立永退皮田字为照。

内批明老字未检与别处相连。再照。

又批明其田界至，上至吴涉陉田为界，下至吴配贞过路水田坎上为界。

民国十四年三月吉日

立永退皮田字人吴显波

说合中人：赖达聪、吴泰安、赖德才

自笔

永远掌业

## 59.

立永卖骨皮字人会材太位下嗣孙植华、佩垂、配宜、远程等，今因要钱正用，合房商议，将猪头石田大小三坵，正租壹石二斗正，要行出卖与人。进问亲支人等，俱各甘允送至德丰君名下，向前承买为业。当日凭中公议，时值卖价铜钱□□正。其钱及字即日两明，不欠分文。所收是实，并未另收约。所作交易俱各甘允，非相逼勒、准折债货等情。自卖之后，任凭承买人永远掌业，出卖人等不得生端异说等情。如有来历不明以及重行典退，不 [①] 承买人之事，俱系出卖人一力之当。今欲凭立卖骨字为照。

光绪三十二年二月吉日

立永卖骨租字人：远程、植华、佩垂、寿山

在场：房长达儒

说合中人：列和、为东、朝光、兴标

代笔人：植华

永远掌业

---

① 疑"不"字后有缺字。

## 60.

立永卖皮田塘字人亮升，今因要银正用，自愿将父手分授早田壹处，坐落土名屋背垅，早<sup>①</sup>大小三坵，其田塘要行出卖与人。进问亲支人等，俱各不愿承交，自托中送至本房德丰君名下向前承买为业。当日凭中公议，时值退价洋银□□正。其银及字即日两明，不欠分文。所作交易二比甘允，非相贪图逼勒、准折债货等情。自卖之后，任凭承买人永远掌业，出卖人不得生端异说等情。如有上手来历不明以及重行典当，不涉承买退人之事，俱系出卖人一力之当。恐口无凭，今欲立永卖皮田字为照。

内批明其原载本□□正租五石。

又批明其田灌荫鱼塘一口，四股得三。

又批明土墩一应在内。

又批明其田价银当日一足收清，不欠分文。

光绪卅二年十月初二日

立永卖皮田塘字人：亮升

在场：母孔氏

说合中人：兴标、记光、亮星

依口代笔人：焰明

永远益后

## 61.

立永退皮骨田及皮田土墩字人谢周南，今因要银正用，自愿

---

① 疑"早"字后缺"田"字。

将祖父分授早田壹大处，坐落土名乾岭背中垅，皮骨田七坵，谷田二十四石，土断四块，塘一口，分水灌荫；又浦监子田九坵，谷田五石，载赖租壹石；又大石湾皮骨田三坵，谷田六石；又石嘴背屋侧角田壹大坵，谷田四石。以上之田界至，详载老契。其田要行出退与人，进问亲支人等，俱各不愿承交，自托中人送至灌头坡赖德丰先生名下承买为业。当日凭中公议，时值退价洋银□□正。其银及字即日两明，不欠分文，另未立收约二字。二比甘允，非贪图逼勒、准折债货等情。自退之后，任凭承买人永远掌业，出退人不得生端异说等情。如有上手来历不明以及重行典退，不涉承买退人之事，俱系出退人一力之当。今欲有凭，立永退皮骨田及皮田土塅字为照。

内批明其田粮米照依弓口册上买人收回完纳。此照。

又批明其田老字□□纸为据。此照。

民国十五年十二月吉日

立永退皮骨田及皮田土塅字人：谢周南

说合中人：谢取玲、德光、赖日初

代笔人：谢明女

永远掌业

## 62.

立永卖皮骨田字人赖利洪，今因要银正用，愿将祖父分授早田壹处，坐落土名灌头坡门首案脚下，田壹大坵，四至分明，其田塘要行出卖与人。进问亲支人等，俱各不愿承交，今托中人送至本房德丰兄名下向前承买为业。当日凭中公议，时值价银□□正。其银及字即日两交明白，不欠分文。所作交易二比情愿，非相贪图逼勒承交，亦非准折债货等情。自卖之后，其田任凭承买人永远掌业，出卖人不得霸耕异说。如有上手来历不明以及重行典当，不涉承买人之事，俱系出卖人一力之当。今欲有凭，立永卖皮骨田字为照。

　　内批明其田价银当日一足收清，未另立收约字。再照。

　　民国十六年三月吉日

　　立永卖皮骨田字人：赖利洪

　　说合中人：赖瑞源、道周

　　代笔人：赖子通

　　永远掌业

## 63.

　　立永退皮骨田及庄屋、松茶、竹木山字人大猷坪曾兆安之妻，因继子振万不肖，盗卖口食之田，自愿将夫祖遗存口食之田绝卖，坐落土名鞯安峡，庄屋一所及横屋及灰寮茶山一樟竹木，上至山顶，下至山脚，大路为界，左右潘吕昭祖坟为界。又山脚下田四坵；又荒田垅山一块，上至山顶左右田为界；又土名鸡心嵊山一块，俱系田为界；又山脚下田四坵，载蔡宅山租钱壹百贰拾文；又土名鱼背上山一块，四趾田坎溪子为界；又载塘内山租钱贰拾文；又土名山上土墩数块在内；又土名杨尾垅灌荫山塘一口，贰股得一；又土名禾塘坎下成盘坵正垅里田大小拾坵；又三坵；又左边直圳田一坵；又圳坎下田贰坵，载曾万祥太正租五石；又右边墩子上田大小叁坵，上至禾塘为界，左右蔡宅山脚为界，下至成盘坵田为界，又大路坎下灰寮地基一块；又土名杨梅垅坑子里皮骨田一连大小柴坵；又垅骨田一坵；又中分骨田贰坵。以上之田，共计谷田伍拾伍石。又土名鞯安峡牛角坑口上晚田壹处，大小五坵，上山脚为界，下兆祥田为界；又土名到坑里下边，田大小捌坵，上山田为界，下兆祥田为界；又土名长坑里口上茶山一樟，上山顶，下光宇田坎为界，里至陈群林山为界，外陈作林山为界；又土名长坑里松茶里松茶山一块，上山顶，下山脚，裹破嵊，外破窝为界，共谷田伍石；又土名古子坑土塅皮骨田大小六坵；又土名反坑子皮骨田大小六坵；又土名杨梅垅左边皮骨田一坵，界趾［址］照老契，共谷田拾柒石正，载粮米壹升壹合；又土名大猷坪小猪条坪坎下塅裹高坎下皮骨早田一坵，谷田拾贰石；又土名新石桥上河弦边皮骨田大小六坵，谷田拾六石。其田要行出退并山庄屋一应在内，出退与人先问亲支人等，俱各不愿承交，自托中送至长溪灌头坡赖德丰先生名下承买为业。当日凭中公议，时值永退价洋银□□正。其银及字即日两交明白，不欠分厘。所作交易亦非贪图逼勒、准折债货等情。自出退之后，任凭承买退人永远掌业，出退人不得生端异说。如有上手重行典当以及来历不明，不涉承买人之事，俱系出退人一力之当。今欲有凭，立永退皮骨田及庄屋、茶山、松竹木一应字为照。

内批明其塅里之田贰处，共贰拾捌石，载粮米壹斗贰升正。

又批明杨梅垅之田伍拾伍石之田，内载粮米五升正。

又批明新字土名未详细，照依老字内为据。此照。

又批明古子坑早田，载大猷坪书院租叁石正。再照。

内批明其田价银未另立收约字，当日一足收清。再照。

民国□□年□□月□□日

立永卖早田庄屋、晚田、茶竹、木松山字人曾兆安妻雷氏

说合中人：曾圣奇、赖发林、曾典谟、曾翠荣、曾霭堂、巫干卿、赖世邦、赖秀峰、赖永清

代笔人：曾翠荣

永远益后

## 64.

立永退皮骨田及皮田字人谢广仁，今因要银正用，自愿将自手续置早田三处，坐落土名乾岭背垅上皮骨田一处，计谷田拾贰石

正；又土名坳上田一处，计谷田九石正，皮田内黄宅正租两石贰斗正；又土名归形脚下禾塘一大坵，几〔计〕谷田拾石正，皮田内有赖宅正租贰石七斗五①正。其田要出卖与人，进问亲支人等，俱各不愿承交，今自托中人送至灌头坡赖德丰名下承买为业。当日凭中公议，时值永退价洋银□□。其银及字即日两交明白，不欠分厘。所作交易二比甘允，非相贪图逼勒承交，亦非准折债货等情。自卖之后，任凭承买人永远掌业，出卖人不得生端异说等情。如有上手来历不明以及重行典退，不涉承买人之事，俱系出卖人一力之当。立永退皮骨田及皮田字为照。

又批明其田粮米照依弓口丈册。此照。
又批明其田价银当日一足收清，未另立收字。再照。
民国□□年吉日
立永卖皮骨田及皮田字人：谢广仁
说合中人：谢德光、干卿、朝荣、翠林
在场：男谢聚珍
代笔人：谢明女
永远掌业

## 65.

立永退皮骨田及皮田字人谢聚珍，今因要银正用，自愿将父手分授早田一处，坐落土名乾岭背屋则角园坵，一连贰坵；又土名乾岭背沃尚坑田唐成上田一处。计田四坵，计谷田八石、土断一块。其田界至祥〔详〕载老字。自其圆坵田内黄宅正租两石七斗正。其田自托中人送至灌头坡赖德丰名下向前承买退为业。当日凭中公议，时值退价洋银□□。其银及字即日两交明白，不欠分厘。所作

---

① 疑"五"字后缺"升"字。

交易二比甘允，非相贪图必〔逼〕勒、准折债货等情。自退之后，任凭承退人永远掌业，出退人不得生端异说等情。如有上手来历不明以及重行典退，不涉承卖人之事，俱系出退人一力之当。今欲有凭，立永退皮骨田及皮田字为照。

又批明其田价银当日一足收清，另未立收字。再照。

又批明其田粮早米三升，承退人收回本府完纳。再照。

又批明当检老字两纸。

民国□□年□□吉日

立永退皮骨田及皮田字人：乾岭背谢聚珍

说合中人：谢干卿、德光、朝荣

代笔人：谢明女

永远掌业

## 66.

立永卖皮田及皮骨田字人赖道清，今因要银正用，自愿将父手遗下分授早田数处，坐落土名上石嘴走马坵皮骨田一处大小六坵，计谷田贰拾肆石正，上至观澜田为界，下至温宅田为界，左至河为界，右至温宅田为界；又灌荫塘一坵；又土名上店仔田乙处乙拾叁坵，计谷田肆拾叁石正，原载楼梯岭琉璃会下正租陆石正，上至石桥头为界，下至陈宅田为界，左至大路塝下为界，右至河圳塅仔为界；又灌荫鱼塘一坵；又土名白石坑仔皮田一处大小九坵，计谷田乙十八石正，原载赖会材公正租乙石正，上至示民公田为界，下至示民公①为界，左右山脚为界；又土名礁仔下皮田一处，谷田叁拾石正，原载温宅时粮租四石正；又坹上田载屏山陈宅时租贰石正，每年每石折小洋陆毛正；又载秋溪赖宅租乙斗五升正，上至梓乔田

---

① 疑"公"字后缺"田"字。

为界，下至永实田为界，左右山脚为界，四址分明。其田数处，要行出退与人，先问房亲伯叔兄弟人等，俱各不愿承交，今托中人送至灌头坡宗德丰先生名下向前承买退为业。当日凭中公议，时值永退价洋银□□正。其银及字即日两交明白，不欠分厘。所作交易二比甘愿，非相贪图逼、勒准折债货之类。自退之后，任凭承顶人永远掌业耕作，出退人不得生端异说。如有上手来历不明以及租税不结并重行典当，不涉承买人之事，俱系出卖退人一力支当等情。今欲有凭，立永退皮田及皮骨田字为照。

一批明其田价洋银当日一足收清，未另立收字。此据。

又批明土名走马圻田，实有粮米乙斗乙升九合五勺正，其田粮米照依弓口丈册承买人割回本户完纳。再据。

又批明其走马圻田老字未检，以新字为据。此照。

民国十六年八月吉日

立永卖皮田及皮骨田字人：赖道清

说合中人：巫干卿、赖达才、李瑞芳、余汗波、聚槐、赖列为、郁明、焰轩、思俦、道隆

代笔人：赖君逢

永远益后

## 67.

立永退皮骨田字人赖理存，今因要银正用，自愿将祖父分授早田二处，坐落土名也湖垅，田壹处，大小陆圻，计谷田拾贰石正。其田界址，东至荣东田为界，南至圳坑为界，西至圳坑为［界］，北至必轩田为界，四界分明。其田要行出退与人，进问亲支人等，俱各不愿承交，自托中人送至家德丰名下向前承买为业。当日凭中公议，时值退价洋银□□正。其银及字即日两交明白，不欠分厘。所作交易二比甘愿。其田自退之后，任凭承买退人永远掌业，出退

人不得生端异说。如有上手来历不明以及重行典当，不涉承买人之事，俱系出卖人一力之当。今欲有凭，立永退皮骨田字为照。

内批明塅上田壹处，计谷田叁石正。其田界址，东至福祥田为界，南至圳坑为界，西至圳坑为田［界］，北至慎思田为界，四界分明为照。

又批明其粮米照依弓口丈册买人收纳。

又批明其田价银当日一足收清，未另立收字。再照。

民国拾陆年十二月吉日

立永退皮骨田字人：赖理存

说合中人：赖焰轩

代笔人：赖会荣

永远掌业

## 68.

立永退皮骨田字人横江村荣东之妻赖氏，今因要银正用，愿将夫手名下续置早田，坐落土名丹阳江背塅早田一处，东至锡明、德音田为界，南至运交、德音田为界，西至运交、锡明田为界，北至上边运交田为界，下至何坎为界，以及桐车一应在内。其田要行出退与人，进问亲支人等，俱各不愿承交，今托中人送至灌头坡赖德丰先生名下向前承买为业。当日凭中公议，时值价洋银□□正。其银及字即日两交明白，不欠分厘。所作交易二比甘愿，非相贪图逼勒承交，亦非准折债货等情。如有上手来历不明以及重行典退，不涉承买人之事，俱系出卖人一力之当。今欲有凭，立永退皮骨田字为照。

内批明计谷田柒拾六石，大小陆坵两处。此据。

内批明其退价洋银当日一足收清。此据。

又批明其粮米照依弓口丈册。此据。

再批明其田老字未检，存出退人之手。此据。

民国拾陆年十贰月吉日

立永退皮骨田字人：刘荣东之妻赖氏

在场：舅赖道木

说合中人：刘安民、卢春荣、巫干卿

代笔人：赖凤梧

永远掌业

## 69.

立永更换房屋地基及粪湖空土字人灌头陂赖享万，缘因岳华公位下乏嗣，谊属周亲不忍坐视，将胞弟运秀出继承接宗祧，不幸运秀身故。余等商议续继，需银应用，愿将岳华公遗下房屋及父手归并土名灌头陂贞一公祖堂右边福隆公老屋右边房屋壹间、父手归并粪湖灰寮壹间、地基空土出路余坪一应在内，东南至尚兴、尚珍菜篱墈脚及福隆公屋为界，西至德丰叔竖造房屋为界，北至圳坑为界，四址分明。其业要行更换与人，自托中人说合，更换归本家德丰叔名下向前顶承更换永远为业，当日凭中公议，时值更换价银□□正。其银□□。

## 70.

立永卖田塘字人赖岳尊之妻邓氏，今因要银正用，愿将祖父分授早田一处，坐落土名狮牯堂门首上，大坵田大小贰坵，土断一块，载尚忠公太正租五石肆斗正。其田界至，详载老契分明。又狮牯堂门首鱼塘一口，分水灌荫，其田塘三股均分，内拾贰股，要行出卖与人，进问亲支人等，俱各不愿承交，今托中人送至本房名下承买为业。当日凭中公议，时值卖价洋银□□正。其银及字即日两交明白，不欠分文，未另立收字为据。所作交易二比甘允，非相贪图逼勒承交，亦非准折债货等情。自卖之后，任凭承买人永远掌业，出卖人不得生端异说。其田塘上手并会重行典当，如有来历不明，不涉承买人之事，俱系出卖退人一力之当。恐口无凭，立永卖田塘字为照。

民国□□年□□月□□日
立永卖田塘人：赖岳尊妻邓氏
在侧：男道周、侄步梯
说合中人：宝金、幕生、降蒿
代笔人：男德才
永远掌业

## 71.

立永退皮塘字人黄习勤，今因要银正用，愿将祖父分授早田壹处，坐落土名小坑大龙脸上，田壹处，大小十四坵，谷田拾八石；又土名大江上，田一坵，谷田二石。其田界至详载老契。其田要行出退与人，进问亲支人等，俱各不愿承交，自托中人送至灌头坡名下向前承买为业。当日凭中公议，时值退价洋银□□两正。其银及字即日两明，不欠分文。所作交易二比甘允，非相逼勒承交。自退之后，任凭承买人永远掌业，出退人不得生端异说等情。如有上手来历不明以及重行典当，不涉承买退人之事，俱系出退人一力支当。今欲有凭，立永退皮田塘字为照。

内批明载会才公正租贰石正。
又批明当检老字一纸为据。
又批明其田价银当日一足收清，未另立收字。再照。
又大江上鱼塘一口。再照。

民国□□年十二月吉日

立永退皮田塘字人：黄习勤

在场：会朋

说合中人：黄会朋、帝福、赖达才、翠可

自笔

永远掌业

## 72.

立永更换房屋地基及粪湖空土字人灌头陂赖享万，缘因岳华公位下乏嗣，谊属周亲不忍坐视，将胞弟运秀出继承接宗祧，不幸运秀身故。余等商议续继，需银应用，愿将岳华公遗下房屋及父手归并土名灌头陂贞一公祖堂右边福隆公老屋右边房屋一间、父手归并粪湖灰寮一间、地基空土出路余坪一应在内，东南至尚兴、尚珍菜篱堑脚及福隆公屋为界，西至德丰叔竖造房屋为界，北至圳坑为界，四址分明。其业要行更换与人，自托中人说合，更换归本家德丰叔名下向前顶承更换永远为业。当日凭中公议，时值更换价银□□正。其银及字即日两明，不欠分厘，并未另立足收字。所作交易二比甘允，非相贪图逼勒、准折债货等情。自更换之后，任凭承更换人平基改造，出更换人不得生端异说等情。如有上手来历不明以及重行典退，不涉承更换人之事，俱系出更换人一力支当。恐口无凭，立永更换房屋地基及灰寮粪湖空土字为照。

内批明当检归并字一纸为照。

民国□□年闰二月吉日

立永更换房屋、灰寮地基字人：赖向万

说合中人：王为煌、赖达财、赖品芳

代笔人：王煊堂

永远益后

## 73.

立永卖房屋地基字人赖德成，今因要银正用，自愿将祖父遗下坐落土名垅子上左边房屋及地基壹应在内。其屋界址，东至堑脚为界，南至承买人地基为界，西至承买人地基为界，北至圳坑为界，四址〔至〕分明。其业要行出卖与人，自托中人送至德丰先生名下向前承买退为业。当日中凭公议，时值卖价洋银□□正。其银及字即日两明，不欠分厘，并未另立收字。所作交易二比甘允，非相贪图勒逼、准折债货等情。自卖之后，任凭承买人掌业，出卖人不得反悔异说。如有上手来历不明以及重行典退，不涉承买人之事，俱系出卖人一力支当。恐口无凭，立永卖房屋地基字为照。

民国拾柒年贰月吉日

立永卖房屋地基字人：赖德成

说合中人：焰轩

代笔人：达才

永远益后

## 74.

立永退皮骨及皮田字人高背坑姜体成，今因要银正用，自愿将自己续置名下田数处，坐落土名竹子首下，皮骨田大小八坵，计谷田拾伍石；又鱼塘壹坵；又土名王栢江塅上皮骨田大小叁坵，计谷田拾伍石；又土名高背坑马牯垅蛇形路坎下田壹大坵，计谷田九石；又土名大猷坪下井屋门首坎下皮田壹大坵，计谷田拾贰石，原载曾宅正租七斗五升正。以上数处之田要行出退与人，先问亲支人等，俱各不愿承交，自托中人送至灌头坡赖德丰君名下承买为业。

当日凭中公议，时值退价洋银□□正。其银及字即日两交明白，不欠分厘。所作交易二比甘允情愿，非相贪图逼勒承交，亦非准折债货等情。自退之后，任凭承买人永远掌业，出退人不得生端异说。如有上手来历不明以及重行典当，不涉承买人之事，俱系出退人一力支当。今欲有凭，立永退皮骨及皮田字为照。

一批明其田老字未检，新字为据。此照。

又批明其田粮米收回本户完纳。此照。

又批明其退价洋银当日一足收清，未立收字。再照。

民国拾七年贰月吉日

立永退皮骨及皮田字人：姜体成

在场：胞弟姜则坚

说合中人：赖达成、赖达才、巫干卿、吴海澄

代笔人：姜凤居

永远掌业

## 75.

立永退皮田字人罗映楼，缘需银正用，愿将自己续置土田壹处，坐落土地名乌石头蓸子排桥头边，田大小叁坵，计拾贰石，原载赖租壹石□□正。其田塘要行出退与人，自托中人说合，送至灌头陂赖巨川先生名下为业，当日三面言定价银□□正。其银及字两交明白，不欠分厘。所作交易二比甘允，并无他种纠葛。自退之后，任凭承业人看业出业，亦无返〔反〕悔情事。今欲有凭，立永退皮田字为照。

一批明田价当日一足收清。再照。

中华民国拾柒年十月　日

立永退皮田字人：罗映楼

中人：罗道棉

## 76.

立永退皮骨田字人步梯，今因要银正用，自愿将父手名下分授土田贰处，坐落土名桥子垅上分，皮骨田壹大坵，计谷田拾伍石正；又土名圳坑背，皮骨田大小贰坵，计谷田拾石正。其田要行出退与人，进问亲支人等，俱各不愿承交，今托中人送至本家赖德丰叔名下向前承买为业。当日凭中公议，时值退价洋银□□正。其银及字即日两交明白，不欠分厘。所作交易二比甘允，非相逼勒承交，亦非准折债货之类。自退之后，任凭承买人永远掌业，出卖人不得生端异说。倘有上手来历不明以及重行典当，不涉承买退人之事，俱系出卖人一力支当。今欲有凭，立退皮骨田字为照。

内批明其田价银当日一足收清，未另立收约字。此照。

又批明桥子垅上分老字未检，新字为据。

又批明其田粮米照依弓口丈册。此据。

民国拾七年拾贰月吉日

立永退皮骨田字人：步梯

中人：赖焰轩、世邦

## 77.

立永退皮骨田字及皮田字人步梯，今因要银正用，自愿将父手名下分授土田一处，坐落土名上沙垅里，皮田三坵，计谷田九石伍斗正，原载又土名节坵子皮骨田三坵，计谷田肆石正，原载光宇公正租贰石八斗正。其田要行出卖与人，进问亲支人等，俱各不愿承交，今托中人送至本家德丰叔名下向前承买为业。当日凭中公议，时值退价洋银□□正。其银及字即日两交明白，不欠分厘。所作交易二比甘允，非相逼勒承交，亦非准折债货之类。自退之后，任凭承买人永远掌业，出卖人不得生端异说。倘有上手来历不明以及重行典当，不涉承买人之事，俱系出卖人一力支当。今欲有凭，立退皮骨田字及皮田字为照。

内批明其田价洋银当日一足收清，未另立收字。此照。

又批明其田粮米照依弓口丈册。此据。

民国拾七年拾贰月吉日

立永退皮骨田字及皮田字人：步梯

中人：幕升、世邦

## 78.

立永卖皮田及骨田及鱼塘字人邓清如，今因要边正用，自愿将自手续置早田及晚田数处，坐落土名洞口巩桥边，骨田一处，上至大路为界，下至永兴田为界，左至河为界，右连外边骨田一处，上至赖姓田为界，下至邓黄刘田为界，右至刘姓田为界。以上两处，计谷田六十石，原载邓盛堂册内粮米壹斗玖升捌合九勺七抄正。又土名鸭子墩田一大处，共计谷田壹百九十石，载邓宅正租四石零贰升正；又中子塘大鱼塘一口；又大长圻塘一口；又檀树垅田一处，计谷田三十五石；又鱼塘一口，载邓宅正租贰石正。其界址照依老界分明；其两处，载粮米壹石贰斗一升五合八勺三抄正，四址分明。其田要行出卖与人，先问本姓人等俱各不愿承交，今托中人送至灌头坡赖德丰先生名下向前承买为业。当日凭中公议，时值永价洋银□□正。其边及字即日两交明白，不欠分文。所作交易二比甘愿，非相贪图谋买承交，亦非准折债货等情。其田未卖之先并无重行典退，既卖之后，任凭承买人掌业收谷，出卖人不得生端异说等情。今欲有凭，立永卖皮田及骨田及鱼塘字为照。

内批明其田老字未检与别处相连，后日检出，永为废纸。

又批明其田价洋边当日一足收清，未立收字。再照。

民国拾七年冬月吉日

立永卖皮田骨田鱼塘字人：邓清如

中人：赖达才、巫干卿、黄国才

代笔人：邓敦仁

永远掌业

## 79.

立永退皮骨田字人风树堂陈长流，今因要银使用，愿将父手遗下早田壹处，坐落土名风树堂店前埧，皮骨田壹坵，正上向里向刘宅田为界，外向下向赖宅田为界，四向分明。其田要行出卖与人，进问亲支人等，俱各不愿承交，自托中人送至灌头坡赖德丰先生名下向前承买为业。当日凭中公议，时值退价洋银□□正。其银及字即日两交明白，不欠分文。所作交易二比甘允，非相逼勒、准折债货之类。自退之后，任凭承买人永远掌业。如有上手来历不明以及重行典卖，不涉承买人之事，俱系出退人一力支当。今欲有凭，立永退皮骨田字为照。

内批明其本田桐车壹城灌荫。此照。

内批明本田粮米壹升五合正。此照。

内批明其本田老字未检，后日寻出，永为废纸，再照。

内批明其田价洋银当日一足收清。此照。

民国拾七年冬月吉日

立永退皮骨田字人：陈长流

中人：赖达才、陈有元、陈正耀

代笔人：陈用光

永远掌业

## 80.

立永卖皮骨田及皮田塘字人后垂，今因要银正用，自愿将父手分授早皮骨田及皮田塘壹大处，坐落土名油草垅墩上及垅上及垅里，一连大小共陆坵，计谷田叁拾伍石正。原载本宅正租肆石贰斗正，内有鱼塘壹大口，贰股得壹。其田塘要行出卖与人，进问亲支人等，俱各不愿承交，自托中人送至本族家德丰先生名下向前承买为业。当日凭中公议，时值永价洋银两□□正。其银及字即日两交明白，不欠分厘，未另立收字。所作交易二比甘允，非相贪图逼勒承交，亦非准折债货等情。自卖之后，任凭承买人永远掌业，出卖人不得生端异说反悔等情。如有上手来历不明以及重行典当，不涉承买人之事，俱系出卖人一力之当。今欲有凭，立永卖皮骨田塘字为照。

内批明其垅里小坵仔坎上土塅一大块。再照。
又批明其田老字与别处相连未检，只凭新字壹纸为据。
民国十九年十月十三日
立永卖皮骨田及皮田塘字人：后垂
说合中人：达财
代笔人：聘盈
永远掌业

## 81.

立永退皮骨田字人赖水清，今因要银使用，自愿将父手分授早田壹处，坐落土名陂下中坑垅栏垅，坵田壹大处，计谷田壹拾陆石正。其田要行出卖与人，进问亲支人等，俱各不愿承交，自托中人送至本家德丰叔名下向前承买为业。当日凭中公议，时值永价洋银正。其银及字即日两交明白，不欠分厘，并未另立收字。所作交易二比甘允，非相贪图逼勒承交，亦非准折债货等情。自退之后，任凭承买人永远掌业，出退人不得生端反悔异说等情。如有上手来历不明以及重行典当，不涉承买人之事，俱系出卖人一力之当。今<sup>①</sup>有凭，立永退皮骨田字为据。

民国□□年九月吉日

立永退皮骨田字人：水清

在场：伯利洪

说合中人：余晓明、赖世连

代笔人：世邦

永远掌业

## 82.

立永更换房屋地基字人赖德迁，缘因胞弟新造房与余老屋毗连，进需凑锦，双方更换，愿将祖父及自手续置之老屋壹间，又灰寮一间、余坪地基一间、出路空土一应在内，凭中说合，更换归胞弟德丰名下改造永远掌业。自更换之后，任凭承胞弟布置竖造，出更换人不得生端反悔异说。出换、承换委系二比甘允，非相贪图逼勒、准折债货等情。欲后有凭，立永更换房屋及地基字为照。

民国□□年□□月吉日

立永更换房屋地基字人：赖德迁

说合中人：家子美、家辑祥、陈德纯、家昌芳、家伟宣

代笔人：家日初

永远益后

---

① 疑"今"字后缺"欲"。

## 83.

立永更换早皮田塘字人赖克昌兄弟，缘因德丰新造房屋，与余兄弟之田逼近，双方更换。愿将生母刘氏名下遗存口食田，土名灌头坡上禾塘墩上早皮田乙坵，计谷田八石正，原载陈宅正租三石正；又鱼塘一口，三股得壹，轮流养鱼荫水。凭中说合，更换归家德丰新名下永远为业。自更换之后，任凭承更换人过耕掌业，出更换人不得生端反悔异说。双方甘允，非贪图逼勒、准折债货等情。欲后有凭，立永更换早皮田塘字为照。

内批明其田塘老字存出更换人手执，只凭新字为据。再照。

民国十□年□□月吉日

立更换早皮田塘字人：赖克昌、赖质明

在场：母氏刘（刘氏）

说合中人：家子美、家辑祥、陈德纯、家日初、家伟宣

依口代笔人：家昌芳

永远益后

## 84.

立永卖皮骨田及皮田字人黄树春之妻邓氏，今因要银正用，愿将祖父分授早田数处，坐落土名大猷坪寺背甲杉子坑屋左边，皮骨一连九坵；又垅上及垅里田一连八坵，计谷田三十七石正。上至耀宗田为界，下至象员田为界，左至列永开田为界，右至山脚为界；又土名杉子坑中塅田一大坵，上下至宗绪为界，左右国炳田为界，计谷田拾贰石；又上向田二坵，计谷田五石正，上至宗绪田为界，下至所安田为界，左右至严氏祭田为界；又坎上田一坵，计谷田叁

石正；又上向田贰坵，计谷田十七石正，上至曾宅田为界，下至开华田为界，左至曾宅田为界，右至黄所安田为界，原载赖宅正租九石贰斗伍升正；又灌荫坑门首大塘一口，照租均分，以及陂圳水例圣名旗族下墩子上皮骨田一大坵，上至流离会田为界，下至所安田为界，左右树芳田为界，对面松山垅皮骨田五坵，谷田六石。二处之田，共计谷田拾六石正，上至山脚为界，下至黄宅田为界；又坎下垅里田三坵，计谷田拾石正，原载黄宅正租贰石伍斗正，上至协宗田为界，下及左曾宅田为界，右至国炳田为界，以及陂圳水例一应车内。其田要行出卖与人，进问亲支人等，俱各不愿承交，自托中人送至长溪村赖名下向前承买为业。当日凭中公议，时值买价洋银□□正。其银及字即日两交明白，不欠分文。所作交易二比甘允，非相贪图逼、勒准折债货等情。自卖之后，任凭承买人永远掌业，出卖人不得生端异说。如有上手来历不明以及租粮不清并重行典当，不涉承买人之事，俱系出卖人一力之当。今欲有凭，立永卖皮骨田及皮田字为照。

内批明其田价银当日一足收清，未另立收字为照。

又批明其田粮米照依弓口丈册。再照。

又批明其田老字未检与别处相连，以新字为据。

在侧：男黄声明

民国十八年十二月吉日

立永卖皮骨及皮田字人：黄树春妻邓氏

在场：血侄黄建宗

说合中人：刘瑞兴、巫干卿、陈瑞辉、黄所安、陈树荣、温礼成、赖焕东

代笔人：温礼成

永远掌业

## 85.

立永卖骨租契人曾仁亲，今因要银正用，自愿将祖父续至骨租壹处，坐落土名羊福地门首大塘坎上、坎下，旱田一连大小廿五坵；又连禾塘子旱田一坵；又井角上旱田一连贰坵；又大门首禾坪坎下至灰寮坎下田一连六坵；又连外向垅子上田一坵；又正垅里七担坵坎下田一连七坵；又外坑子田贰坵；又溪坎上、坎下放出至社公边旱田一处；又考水山头窝里及中垅石坎下田贰处。以上共计谷田壹百石正，内分载正租壹拾贰石五升正。其正租要行出卖与人，进问亲支人等，俱各不愿承交。今托中人送至长溪村赖名下向前承买为业，当日凭中公议，时值永价洋银□□正。其银及字即日两交明白，不欠分厘。所作交易二比甘允，非相逼勒承交，亦非准折债货等情。自卖之后，任凭承买人过佃收谷掌业，出卖人不得生端异说等情。如有上手来历不明、国税不清，以及重行典退，不涉承买人之事，俱系出卖人一力之当。今欲有凭，立永卖骨租字为照。

内批明其租价洋银当日一足收清，未另立收约二字。再照。

又批明其骨租原载粮米照依弓口丈册，任凭承买人收回本户完纳。再照。

在场：母氏姜（姜氏）

说合中人：姜观群、姜干金、赖焕东、温礼成

民国十□年□□月吉日

立永卖骨租字人：曾仁亲

自笔

永远掌业

## 86.

立永卖皮田及皮骨田字人赖焰轩，今因要银正用，自愿将自手续置皮田及骨田壹处，坐落土名洪石垅田壹坵，计谷拾贰石。其田界址，东至寨脚为界，南聚怀禾塘为界，西至圳坑为界，北至聚怀田为界，四界分明。其田要行出退与<sup>①</sup>，进问亲支人等，俱各不愿承交。自托中人送至本房德丰兄名下向前承买为业，当日凭中公议，时值永价洋银□□正。其银及字即日两明，不欠分文。所作交易二比甘允，非相贪图逼勒承交，亦非准折债货等情。自卖之后，任凭承买退人永远掌业，出卖人不得生端异说等情。如有来历不明，不涉承买人之事，俱系出卖人一力之当。今欲有凭，立永卖皮田及皮骨田字为据。

内批明其田老字年远遗失，只凭新字为据。

又批明其田载粮米壹升壹合。此照。

又批明其田价银当日一足收清，未另立收字。此照。

民国贰十年叁月吉日

立永卖皮田及皮骨田字人：赖焰轩

说合中人：赖会三

见交银人：赖达才

代笔人：赖日初

永远掌业

---

① 疑"与"字后缺"人"。

## 87.

　　具禀国民赖德丰，年□□岁，住长溪村，离城四十里，业商。为汇编契簿，便于稽考，请求核准盖印，给资保证而昭信守事。缘民家所置田山地屋各种产业，均已立有契券为凭，并投税在案。惟念民本营商，常游异地，而子弟青年亦执事他邦，所有家务全赖家人。而业契为家务命脉，若不汇编簿据，诚恐契纸份牒或中有散佚失窃情事，均无从稽考，故特将所有产业契据分别买、典两种，汇抄簿据贰本，拟求加盖县印，批示立案，发还执据，藉资信守，以便稽考，亦登记法之法义欤。为此，检呈原簿贰本，禀叩县长台前，俯准核盖印信，批示立案，俾得执为家考而保业务自由，实不胜铭感沾惠之至。谨呈县长台前，计呈契簿贰本。[①]

## 88.

　　立暂典早皮田及皮骨田塘字人赖聘盈，今因要银正用，愿将父手分授早田塘一处，坐落土名油草垅上份，早田大小十五坵，谷田七拾石正，原载本宅正租八石四斗正，灌荫鱼塘一口，内折垅里一半早皮骨田八坵，谷田叁拾五石，鱼塘一半灌荫养鱼，共载粮米一斗七升五舍二勺四抄正及租，俱贰股平完。其田塘要行出典与人，进问亲支人等，俱各不愿承交，自托中人送至本族家德丰君名下向前承典为业。当日凭中公议，时值典价洋银壹百七拾两正。其银及字即日两明，不欠分文，并未另立收字。所作交易二比甘允，非相贪图逼勒、准折债货等情。自典之后，凭任承典人过耕掌业，出典

---

① 后文契约88—157均出自该本契约簿册，故此为该本契约汇编之序言。

人不得生端异说等情。如有来历不明以及重行典退，不涉承典人之事，俱系出典人一力之当。今欲有凭，立暂典早皮田及皮骨田塘字为照。

外批明其田老字与别处相连未检，只凭新字为据。再照。

又批明中资笔礼银五两壹钱正，赎日补还无利。再照。

民国十一年十二月初六日

立暂典皮田及皮骨田塘字人：聘盈

在场：兄后垂

说合中人：品芳，日升，主明

见交银人：德才

自笔

银还字转


## 89.

立典田塘字人配清，今因要银正用，祖父名下田塘壹处，坐落土名永锡圵，田叁圵，计谷十石为质，要行出典与人。先问亲支人等，俱各不愿承交。今托中送至本房德丰君名下，向前承典为业。当日三面言定，时值典价洋银柒拾捌两正。至每年上纳炆粳谷陆石，每石重捌拾陆斤正。其谷至每年秋成一足过秤交量，不敢短少斤两。如有一年典谷不清，任凭承典人起田另召别借，出典人不得生端异说。所作交易二比甘允，非相逼勒，亦非准折债货等情。如有上手来历不明，不涉承典之事，出典人一力之当。今欲有凭，立典田塘字为照。

内批明其老字与别处相连未检。再照。

又批明中资笔礼银贰钱陆分正。再照。

民国十三年十二月廿四日

立典田塘字人：配清

说合中人：慕升

依口代笔：志诚

银还字转


## 90.

立暂典皮骨田字人赖世仁，今因要银正用，自愿将父手分授早皮骨田壹处，土名交义塅上箱圫，计谷田八石。其田要行出典与人，进问亲支人等，俱各不愿承交。今托中送至本村家德丰叔名下承典为业，当日凭中公议，时值典价毫洋叁佰毫。其银及字即日两明，不欠分文。所作交易二比甘允，非相逼勒、准折债货等情。自典之后，每年尚纳炽精典谷贰石，不得少欠斤两。如有一年利谷不清，任凭承典人起田自①，出典人不得生端异说等情。如有上手来历不明以及重行典当，不涉承典之事，俱系出典人一力之当。今若有凭，立典皮骨田字为照。

批明其田老字未检与别相连未捡。

又批明中笔礼小洋四毫。再照。

说合中人：焰轩

代笔人：日初

银还字转

拾四年十二月赎回


## 91.

立暂典早皮骨田字人赖聘盈，今因要银正用，愿将父手分授

---

① 疑"自"字后有缺字。

早皮骨田壹处，坐落土名龙头村裣前塅上，中间早皮骨田九坵，计谷田叁拾贰石正，原载大圳水灌荫。其要行出典与人，进问亲支人等，俱各不愿承交，自托中人说合送至本族家德丰君名下，向前承典为业。当日凭中公议，时值典价洋银陆拾两。其银及字即日两明，不欠分厘，并未另立收约。所作交易二比甘允，非相贪图逼勒、准折债货等情。自出典之后，每年尚纳灯粳米捌石正，每石八十六斤，不得少欠升合。如有一年利谷不清，任凭承典人起业自便，出典人不得生端反悔异说。如有上手来历不明以及重行典当，不涉承典人之事，俱系出典人一力支当。今欲有凭，立暂典早皮骨田字为照。

内批明其田不限年月，只限对期，照依字内原价取赎再照。

又批明当捡印契一纸，赎日捡还。再照。

又批明中资笔礼银壹两捌钱正，赎日补还无利。再照。

民国拾壹年腊月念九日

立暂典早皮骨田字人：赖聘盈

说合中人：日初、吉连、德材

见交银人：吉有

依口代笔：芷香

银还字转

## 92.

立暂典皮骨田字人配清，今因要银正用，愿将祖父分授早田壹处，坐落土名高车塅上，田大小贰坵，计谷田拾石正。其田要行出典与人，进问亲支人等，俱各不愿承交，自托中人说合送至本房德丰君名下，向前承典为业。当日凭中公议，时值典价洋银肆拾两正。其银及字即日两明，不欠分厘，并未另立收字。自典之后，每年尚纳银利灯谷肆百叁拾斤正。其谷至秋熟，俱要本田好谷。车精过秤，不得少欠斤两。所作交易二比甘允，非相贪图逼勒承交，亦非准折债货之类。如有一年利谷不清，任凭承典人起田，另召别借，出典人不得生端异说。如有上手来历不明以及重行典当，不涉承典人之事，俱系出典人一力之当。但其田不限年月，只限对期，照依字内原价取赎，二家不得争多减少。今欲有凭，立典皮骨田字为据。

内批明考字未捡再照。

又批明中资笔礼小毛赎日补还无利。再照。

民国拾壹年十二月元日

立典早皮骨田字人：配清

说合中人：德成

代笔人：慎思

银还字转

## 93.

立暂典早田字人赖会三，今因要银正用，自愿将父手分授之田，土名洪石龙田壹处，计谷田九石，大小二坵，又灌荫鱼塘壹口，自托中人送至家德丰君名下向前承典为业。当日凭中公议，时值典价洋银伍拾贰两五钱正。每年尚纳灯粳谷五石正，每石重捌拾陆斤。其谷至秋熟一足交清，不得少欠斤两。如有一年利谷不清，任凭承典人起田，另召别借，出典人不得生端异说。其银及字即日两明，所作交易二比甘允，非相贪图逼勒承交，亦非准折债货等情。如有上手来历不明以及重行典当，不涉承典人之事，俱系出典人一力之当。今欲有凭，立典田塘字为照。

内批明其田老字与别处相连未捡。再照。

又批明典价一足收清，并另未立收字。再照。

又批明中资笔礼银肆钱五分正，赎日补还无利。再照。

民国拾三年十一月十一日

立典田塘字人：赖会三

说合中人家：配清、本求

依口代笔人：至诚

银还字转


## 94.

立暂典皮田字人赖翠松，今因要银正用，自愿将父手续置早田贰处，坐落土名黄家地前中心墩，早皮田壹大坵，计谷田肆石正，原载黄姓租伍斗正。其田要行，东至、西至、南至，俱系陈秉瑞田为界，北至黄姓田为界；又土名鸦鹊湖，早皮田壹大坵，计谷田伍石正，原载陈姓租贰斗五升正。其田东至赖益华田为界，西至大路为界，南至赖远荣田为界，北至日兄田为界，四界分明。其田要行出典与人，进问亲支人等，俱各不愿承交，自托中人说合，送至本姓叔台名下向前承典为业。当日凭中公议，时值典价洋银叁拾陆两正。其银及字即日两明，不欠分文。所作交易二比甘允，非相贪图逼勒、准折债货等情。自<sup>①</sup>之后，其田本人借回耕作，每年尚纳银利灯谷叁石，每石八十四斤过秤。其谷至秋熟一足交清，不得少欠斤两。如有上手来历不明，不涉承典人之事，俱系出典人一力之当。如有一年典谷不清，任凭承典人起田，另召别佃，出典人不得生端异说等情。今欲有凭，立暂典皮田字为照。

一批明中心墩田当捡老字壹纸，鸦鹊湖田字与别处相连未捡。再照。

又批明笔礼中资洋银壹两零捌分正，赎日补还无利。再照。

民国十三年十一月吉日

---

① 疑"自"字后缺"典"。

立暂典皮田字人：赖翠松
说合中人：赖辉荣、陈韩生
代笔人：赖熠銈
银还字转

## 95.

立典皮骨田字人程万添，今因要银正用，自愿将祖父手分授早皮骨田一处，坐落土名石胜前屋侧角，皮骨田大小六坵，计谷田六石。其田要行出典与人，进问亲支人等，俱各不愿承交，自托中人说合送至灌头陂赖德丰老爷名下向前承典为业。当日凭中公议，时值典价大洋银贰拾伍元正。其银及字即日两明，不欠分文厘。所作交易二比甘允，非相贪图逼勒承交，亦非准折债货等情。自典之后，每年尚纳银利灯谷贰石伍斗正，每石捌拾六斤过秤，不得少欠斤两。如有一年典谷不清，任凭承典人起田，另召别佃，出典人不得生端异说。如有上手来历不明并重行典当，不涉承典人之事，俱系出典人一力之当。今欲有凭，立典皮骨田字为照。

内批明典价银当日一足收清。再照。
又批明当捡老字一纸。
再批明其田只限五年对期取赎。
再批明中资笔礼小洋五只，赎日补还无利。再照。
民国十壹年正月念八日
立典皮骨田字人：程万添
说合中人：危树椿、赖世有、程发良
依口代笔人：危盛远
银还字转

## 96.

立暂典皮骨田字人后垂，今因要银正用，愿将自手续置旱田壹处，坐落土名小溪背门首堤塅坎下，皮骨田壹大坵，计谷田壹拾伍石正。其田要行出典与人，进问亲支人等，俱各不愿承交，自托中送至本族德丰君名下向前承典为业。当日凭中公议，时值典价洋银贰拾肆两正。其银及字即日两明，不欠分厘，未另立收字。所作交易二比甘允，非相贪图逼勒承交，亦非准折债货等情。自典之后，每年尚纳灯谷叁石正。如有一年利谷不清，任凭承典人起田掌业，出典人不得生端异说等情。今欲有凭，立暂典皮骨田为照。

内批明其田老字与别相连处未捡。再照。

又批明其谷每石捌拾陆斤过秤。再照。

又批明当付中资笔礼小毛柒只，赎日补还无利。再照。

民国拾贰年十二月初六日

立暂典皮骨田字人：后垂

说合中人：聘盈

自笔

银还字转

拾六年赎回

## 97.

立暂典皮田塘字人赖克昌，今因要银正用，愿将祖父手遗下旱田一处，坐落土名灌头坡门首，旱皮田壹大坵，计谷田捌石正，其原载陈宅正租贰石捌斗正。其田界，东至屋簾为界，北至新屋里余坪界，南至贞一公田为界，西至达明田为界，四界分明。其田塘要行出典与人，进问亲支人等，俱各不愿承交，自托中送至本家德丰君名下向前承典为业。当日凭中公议，时值典价洋银贰拾贰两贰钱正。每年尚纳灯利谷叁石，重每石贰佰伍拾斤正。其银及字即日两明白，不欠分厘。所作交易二比甘允，非相贪图逼勒等情。自典之后，任凭承典人收谷掌业，出典人不得生端异说等情。如有上手来历不明并重行典当，不涉承典人之事，俱系出典人一力之当。今欲有凭，立暂典皮田塘字为照。

内批明其典价洋银当日一足收清，不欠分文，未另立收字。再照。

又批明当捡老字一纸。再照。

又批明中资笔礼银贰钱零四厘，赎日补还无利。再照。

民国二年十二月二十八日

立暂典皮骨田字人：赖克昌

说合中人：为东

在场：母氏刘

见交银人：为东

依口自笔

银还字转

## 98.

立暂典早皮田塘字人赖本求，今因要银正用，自愿将祖父遗授鱼塘壹口，坐落土名灌头坡门首，鱼塘一口。其鱼塘要行出典与人，进问亲支人等，俱各不愿承交，自托中人送至本房德丰叔台名下向前承典为业。当日凭中公议，时值典价洋银贰拾陆两正。自典之后，每年尚纳利谷三石，重每石八十六斤。至秋熟一足交清，不得少欠斤两。如有一年利谷不清，任凭承典人起塘养鱼，出典人不得生端异说。恐口失凭，立暂典鱼塘字为照。

外批明老字未捡，当立新字为据。

又批明中资笔礼小洋陆拾毫，赎回之日补还无利。再照。

民国十二年十月初八日

立暂典早皮田塘字人：赖本求

说合中人：蔚章

代笔人：日初

银还字转

## 99.

立暂典皮田塘字人赖吉邦，今因要银正用，自愿将祖父分授早皮田塘壹处，坐落土名下龙口，田壹坵，计谷田三石正，详载本宅正租。正其田塘要行出典与人，进问亲支人等，俱各不愿承交，自托中送至本房德丰叔台名下向前承典为业。当日凭中公议，时值典价洋银小边叁佰陆拾毫正。其田塘自典之后，任凭承典人起田掌业，出典人不得霸耕异说等情。恐口失凭，立暂典早皮田塘字为据。

外批明老字未捡，当立新字为据。

又批明中资笔礼小洋陆拾毫，赎日补还无利。再照。

民国十二年十一月廿九日

立暂典早皮田塘字人：赖吉邦

说合中人：兴标

代笔人：日初

银还字转

## 100.

立典皮骨田字人邓清如，今因要银正用，自愿将自己早田贰处，坐落土名洞口，上份田一处，谷田五拾石；下份田一处，谷田五拾石。又土名皮田上垅里，田一处，谷田四拾石正。其田行出典与人，进问亲支人等，俱各不愿承交，自托中送至赖德丰君名下向前承典为业。当日凭中公议，时值典价大洋银八百三拾三元正。其银及字即日两交明白，不欠分文。每年秋成实收灯谷陆拾石正。所作交易二比甘允，非相逼勒准折债货等情。其田未典之先并无重行典当，自典之后，任凭承典人收谷，出典人不得生端异说。如有上手来历不明，不涉承典人之事，俱系出典人一力之当。今欲有凭，立典皮骨田字为照。

内批明其典价银当日一足收清，未另立收字。再照。

又批明中资笔礼小洋壹佰陆拾毛，赎日补还无利。再照。

又批明其田不限年月，照依字内原价赎回。再照。

又批明其田老字未捡，新字为据，其原典老字未捡，仍存出典人手。此据。

民国十二年十二月念二日

立典早皮骨田字人：邓清如

说合中人：邓敦仁、黄国财、汉清、陈德纯

自笔

银还字转

## 101.

立典皮田塘字人赖致和，今因要银正用，自愿将祖父遗授早田贰处，坐落土名洋滩塅上河弦边横坵，一连二坵，原载本宅正租五石；又坝坎下皮骨田一坵，共计谷田三十石。其田东至理彰田为界，南至陈胜田为界，西至永昌田为界，北至出典人田为界；又土名自头垅，过路坵田贰坵，谷田贰拾石，原载本宅正租三石，东至德昌田为界，南至出典人田为界，西至大岭角山脚为界，北至陈姓田为界，四界分明。其田原青蛇岭下鱼塘壹口，分水灌阴，轮流供养。其田塘要行出典与人，进问亲支人等，俱各不愿承交，今托中人说合，送至长溪家德丰君名下向前承典为业。当日凭中公议，时值典价洋银贰百另八两正。其银及字即日两不欠分文，所作交易二比甘允，非相贪图逼勒、准折债货等情。自典之后，每年额纳银利谷灯贰拾三石正。其谷至秋熟，任凭承典人上庄收谷，出典人不得生端异说等情。如有上手来历不明以及重行典当并租粮不清，不涉承典人之事，俱系出典人一力之当。今欲有凭，立典皮田塘字为照。

内批明其典价银当日一足收清，未另立收字。再照。

又批明其田只限三年，之外任凭取赎。此照。

又批明其田老字与别处相连未捡，只凭新字为据。

又批明中资笔礼银六两二钱四分正，赎日无补还。再照。

又批明本庄银利灯谷不敷，应该出典人包足。再照。

民国十三年十一月念七日

立典皮田塘字人：赖致和

说合中人：赖松旺、赖国柱、陈韩生、赖佃有

代笔人：赖炳鉎

银还字转

十四年赎去

## 102.

立暂典皮骨田字人赖慕兴，今因要银正用，自愿将父手分授早

皮骨田塘壹处，坐落土名牛路上，田大小三坵，谷田壹拾贰石，内有灌荫鱼塘一口。其田塘要行出典与人，进问亲支人等，俱各不愿承交，自托中送至本族家德丰兄名下向前承典为业。当日凭中公议，时值典价洋银八十八两正。言定每年尚纳炒谷八石正，每石八十陆斤，其当至秋成过秤清还，不得短少斤两。如有一年利谷不清，任凭承典人起田掌业，出典人不得霸耕异说等情。如有上年来不明以及重行典当，不涉承典人之事，俱系出典人一力之当。今欲有凭，立暂典皮骨田字为照。

内批明当捡老字一纸为照。

又批明其田不限年月，只限对期，照依字内原价赎回。再照。

外批明中资笔礼银贰两四分另五元，赎日补还无利。再照。

民国十三年腊月十日

立暂典皮骨田字人：赖慕兴

在场：母温氏

在场：叔达聪

说合中人：慕声

代笔人：名才

银还字转

## 103.

立暂典皮田字人龚耀煌，今因要银正用，自愿将继父遗下早田三处，坐落土名栈下屋背垅子上，皮田一连三坵，原载鱼塘一口，又塘埂上菜土一块，上至龚姓田为界，下至陈宅田为界，左至神会下田为界，右至龚宅田为界；又土名草难湖垅脚下，早田一连三坵，原载山塘一口灌荫，上至陈宅田为界，下至陈宅田为界，右至陈宅田为界，左至龚宅田为界；又土名砂坵子过路坵，早田一坵，上至陈宅田为界，下至黄宅田为界，左至徐宅田为界，右至龚

宅田为界，又载田塝坎上梨树一应在内，四界分明。原载赖宅正租
八斗，又载龚宅正租贰斗五升。其田塘要行出典与人，进问亲支人
等，俱各不愿承交，今托中人送至灌头陂赖德丰君名下向前承典为
业。当日凭中公议，时值典价洋银五拾五两正。其银及字即日两不
欠分文，所作交易二比甘允，非相贪图承交，亦非准折债货等情。
自典之后，任凭承典人收谷，出典人不得异说。其田出典人借回耕
作，尚纳炽谷五石正，如有一年利谷不清，任凭承典人起田自便，
出典人不得霸耕异说等情。今欲有凭，立典皮田字为照。

内批明当捡老字一纸。再照。

又批明其田不限年月，只限对期。再照。

又批明中资笔礼银一钱五分正，赎日补还无利。再照。

民国十三年二月二十四日

立典皮田字人：龚耀煌

说合中人：赖焰纯、龚守仁

代笔人：陈贵清

银还字转


## 104.

立暂典皮骨田字人赖世邦，今因要银正用，自愿将父手分授早
皮骨田塘一处，坐落土名茜坑子下分，一连大小四坵，谷田六石，
鱼塘分水灌荫。其田塘要行出典与人，进问亲支人等，俱各不愿承
交，自托中送至本房德丰君名下向前承典为业。当日凭中公议，时
值典价洋银四十六两正。其银及字即日两明，不欠分文。所作交易
二比甘允，非相贪图逼勒、准折债货等情。自典之后，每年尚纳炽
利谷四石正，每石八十六斤。如有一年利谷不清，任凭承典人起田
掌业，出典人不得生端异说等情。如有上年来不明以及重行典当，
不涉承典人之事，俱系出典人一力之当。今欲有凭，立暂典皮骨田

塘字为照。

内批明当捡老字一纸。

又批明中资笔礼银小洋六毛，赎日补还无利。再照。

民国十二年十二月二十七日

立暂典皮骨田塘字人：赖世邦

说合中人：世连、世有

自笔

银还字转

## 105.

立典皮田塘字人赖德才，今因要银正用，自愿将祖父分授早皮田乙处，坐落土名狮古陀屋背角头上，内鱼塘一口，塘坎下梅树坵田乙大坵，谷田十贰石，原载本宅正租二石八斗正；内有鱼塘一口，照租均分，轮流养鱼。其田东至昌荣田为界，北至光宇公田为界，南至学翔公田为界，西至道周田为界，四界分明。其田塘要行出典与人，进问亲支人等，俱各不愿承交，自托中送至德丰君名下向前承典为业。当日凭中公议，时值典价洋银贰拾元正。自典之后，每年尚纳灯利谷贰石正，每石八十六斤。其银及字即日两明，不欠分文。所作交易二比甘允，非相贪图逼勒、准折债货等情。如有上年来不明以及重行典当，不涉承典人之事，俱系出典人一力之当。今欲有凭，立典皮田塘字为照。

内批明中资笔礼小洋贰毛，赎日补还无利。再照。

又批明其典价洋银当日一足收清，不欠分文，未另立收字。再照。

民国十年十二月二十日

立典皮田塘字人：赖德才

说合中人：万和

自笔
银还字转
拾六年赎回


## 106.

　　立暂典皮田塘字人赖德才兄弟，今因要银正用，愿将祖父手分授早皮田塘一处，坐落土名狮牯陀屋角头上，田乙大坵，谷田十贰石。其田塘要行出典与人，进问亲支人等，俱各不愿承交，自托中送至本房德丰名下向前承典为业。当日凭中公议，时值典价洋银四十元正。当日一足收清，不欠分文。所作交易二比甘允，非相贪图逼勒、准折债货等情。自典之后，每年尚纳灯利谷四石，每石八十四斤过秤。如有一年利谷不清，任凭承典人起田掌业，出典人不得生端异说等情。如有上年来不明以及重行典当，不涉承典人之事，俱系出典人一力之当。今欲有凭，立典皮田塘字为照。
　　内批明中资笔礼壹毛无利。再照。
　　又批明其田老字未捡，只凭新字为据。
　　又批明其田典价银当日一足收清，不欠分文。再照。
　　民国七年四月十九日
　　立暂典早皮田塘字人：赖德才
　　在场：母邓氏
　　说合中人：兴标
　　自笔
　　银还字转
　　廿六年赎回

## 107.

立转典房屋字人赖运隆，今因要正用，自愿将自己手所典房屋三间，坐落地名秋口赖家诏谷堂东银第二直，前向横屋贰间；又吊楼脚下房屋一间。其房屋要行转典与人，进问亲支人等，俱各不愿承交，自托中人送至本宗守益叔名下向前承典为业。当日凭中公议，时值典价洋银三十六两正。其银及字即日两明，不欠分文。所作交易二比甘允，非相逼勒承交，亦非准折债货等情。自典之后，任凭承典人过手掌业，出典人不得异说等情。如有上年来不明以及重行典当，不涉承典人之事，俱系出典人一力之当。今欲有凭，立转典房屋字为照。

内批明转典价银当日一足收清，未另立收字。此照。

又批明当捡老字一纸。再照。

又批其转典房屋不限年月，只限对期，照依字内赎回。再照。

又批明中资笔礼洋银贰钱正，赎日补还无利。再照。

民国十二年二月十四日

立转典房屋字人：赖运隆

说合中人：赖利华

代笔人：刘砥卿

银还字转

## 108.

立暂典早皮田塘字人赖步梯，今因要银正用，愿将祖父分授早皮塘乙（壹）处，坐落土名狮牯陀墈上，早皮田三坵，谷田贰拾石正，鱼塘一口，三股得一，原载本宅正租石斗正。其皮田要行出典与人，进问亲支人等，俱各不愿承交，自托中人送至本屋家德丰叔名下向前承典为业。当日凭中公议，时值典价洋银壹佰叁拾陆两五分正。其银及字即日两明，不欠分文，并未另立收字。所作交易二比甘允，非相贪图逼勒、准折债货等情。自典之后，每年尚纳圳精利谷壹拾叁石正，每石八十六斤。其谷至秋熟车精过秤交纳，不得少欠斤两。如有一年利谷不清，任凭承典人起田自便，出典人不得生端异说。如有来不明以及重行典退，不涉承典人之事，俱系出典人一力之当。今欲有凭，立暂典早皮田塘字为照。

内批明其田塘不限年月，只限对期，照依字内原价取赎。再照。

又批明其田塘取赎听凭方便，交银若干即除谷若干，随多少按算。再照。

又批明中资笔礼银壹两叁钱正，赎日补还无利。再照。

民国十二年十二月念六日

立暂典早皮田塘字人：赖步梯

说合中人：陈德纯、赖世有

见交银人：萝升

依口代笔人：品芳

银还字转

赎回

## 109.

立典皮田字人黄煜燊，今因要银正用，自愿将祖父分授早皮田壹处，坐落土名铁炉垅路边右向中垅下，田贰坵，谷田十三石，原载赖宅正租壹石，又载宅正租壹石。其田要行出典与人，进问亲支人等，俱各不愿承交，自托中送至长溪村赖德丰君名下向前承典为业。当日凭中公议，时值典价洋银四十八两正。其银及字即日两明，不欠分文。所作交易二比甘允，非相贪图逼勒、准折债货等情。自典之后，每年尚纳圳精利谷六石正，每石八十六斤正。其谷至秋熟车精过秤，不得少欠斤两。如有一年利谷不清，任凭承典人起田掌业，出典人不得生端异说。如有上年来不明以及重行典退，不涉承典人之事，俱系出典人一力支当。今欲有凭，立典皮田字为照。

内批明其田价银当日一足收清，未另立收字。再照。

又批明当捡老字一纸。再照。

又批明中资笔礼小洋十六毛，赎日补还无利。再照。

民国十一年十二月十一日

立典皮田字人：黄煜燊

说合中人：赖达明

代笔人：赖运昌

银还字转

## 110.

立典皮骨田字人程显明，今因要银正用，自愿将祖父分授早皮骨田一处，坐落土名石胜前屋侧角，田八坵，谷田八石。其田要行出典与人，进问亲支人等，俱各不愿承交，自托中人送至灌头陂赖德丰君名下向前承典为业。当日凭中公议，时值典价洋银〈银〉五十元。其银及字即日两明，不欠分文。所作交易二比甘允，非相贪图逼勒、准折债货等情。自典之后，每年尚纳圳利谷五石正，每石八十六斤过秤。如有一年利谷不清，任凭承典人起田掌业，出典人不得生端异说等情。如有上年来不明以及重行典当，不涉承典人之事，俱系出典人一力支当。今欲有凭，立典皮骨田字为照。

内批明其田典价洋银当日一足收清，未另立收字。再照。

又批明当捡老字一纸。

又批明只限五年赎回，只限对期。

又批明中资笔礼小洋十毛，赎日补还无利。再照。

民国十一年正月念八日

立典皮骨田字人：程显明

说合中人：危树椿、赖世有、程发良

代笔人：危盛远

银还字转

## 111.

立暂典鱼塘字人克昌，今因要银正用，愿将祖父分授鱼塘一口，坐落土名上塅上，鱼塘一口。其塘要行出典与人，进问亲支人等，俱各不愿承交，自托中人送至本房德丰叔名下向前承典为业。当日凭中公议，时值典价洋银拾两，另参两陆分正。其银及字即日两明，不欠分文，并未另立收字。所作交易二比甘允，非相贪图逼勒、准折债货等情。自典之后，任凭承典人轮流养鱼，出典人不得生端异说等情。如有上年来不明以及重行典当，不涉承典人之事，俱系出典人一力之当。今欲有凭，立暂典鱼塘字为照。

内批明中资笔礼小洋三毛，赎日补还无利。再照。

宣统二年十二月念一日

立暂典鱼塘字人：克昌

说合中人：配湖

代笔人：卓云

银还字转

## 112.

立暂典早皮田字人程发良。今因要银正用，自愿将祖父分授早皮田一处，坐落土名禁山脚下，田大小十五坵，谷田十六石，原载陈宅正租贰石四斗，又载赖宅正租壹石四斗正，内有灌荫鱼塘一口。其田塘要行出典与人，进问亲支人等，俱各不愿承交，自托中人送至长溪村赖德丰先生名下向前承典为业。当日凭中公议，时值典价洋银百五拾元正。其银及字即日两明，不欠分文。所作交易二比甘允，非相贪图逼勒、准折债货等情。自典之后，每年尚纳灯精谷五石，每石八十六斤。其谷至秋熟车精过秤，不得少欠斤两。如有一年利谷不清，任凭承典人起田掌业，出典人不得生端异说等情。如有上年来不明以及重行典退，不涉承典人之事，俱系出典人一力支当。今欲有凭，立暂典早皮田塘字为照。

内批明当捡老字一纸。再照。

又批明其田塘不限年月，只限对期收赎。再照。

又批明中资笔礼银壹两壹钱贰分五，赎日补还无利。再照。

民国十二年十二月二十八日

立暂典早皮田塘字人：程发良

说合中人：程显明、赖蔚章

代笔人：赖日和

银还字转

## 113.

立暂典皮骨田字人名桃，今因要银正用，愿将祖父遗下早皮骨田一处，坐落土名石下垅口，过路坵田一大坵。其田要行出典与人，进问亲支人等，俱各不愿承交，自托中人送至德丰君名下向前承典为业。当日凭中公议，时值典价洋银佰拾元正。其银及字即日两明，不欠分文。所作交易二比甘允，非相贪图逼勒、准折债货等情。自典之后，每年尚纳灯精利谷一石。至秋熟一足收清，不得少欠斤两。如有一年利谷不清，任凭承典人起田掌业，出典人不得生端异说等情。如有上年来不明以及重行典当，不涉承典人之事，俱系出典人一力支当。今欲有凭，立暂典皮骨田字为照。

内批明当捡老字乙纸。此照。

又批明其典价银当日一足收清，未另立收字。再照。

又批明中资笔礼小洋三毛，赎日补还无利。再照。

民国十一年二月初二日

立暂皮骨田字人：赖名桃

在场：父珍廷

说合中人：世连

代笔人：泰湖

银还字转

## 114.

立典皮田字人山下赖健和，今因要银正用，愿将祖手所买远茶叔早皮田一处，坐落土名山下岭脑石沦坑田一大处，谷田陆拾石正。其田要行出典与人，进问亲支人等，俱各不愿承交，自托中人送至长溪宗德丰叔名下向前承典为业。当日凭中公议，时值典价洋银壹佰伍拾两正。其银每年至秋尚纳灼粳谷壹千陆百八十斤正。如有一年利谷不清，任凭承典[①]自行上庄收谷掌业。其银及字即日两明，不欠分文。所作交易二比甘允，非相逼勒承交，亦非准折债货等情。自典之后，任凭承典人起田掌业，出典人不得生端异说等情。如有上年来不明以及重行典当，不涉承典人之事，俱系出典人一力支当。今欲有凭，立典早皮田字为照。

内批明其田老字与别处相连未捡。再照。

又批明其典价洋银当日一足收清，未另立收字。再照。

① 疑"典"字后缺"人"。

又批明中资笔礼银四两五钱正，赎日无利补还。再照。

民国十一年十二月念六日

立典皮田字人：赖健和

说合中人：柯臣、兴居、品芳

自笔

银还字转

## 115.

立加典皮田字人乌石头石胜前程象明，今因要银正用，自愿将父手分授皮田一处，坐落土名胜前屋角边，禾塘一坵，又晒坪皮田壹坵，谷田陆石正。其田要行出典与人，进问亲支人等，俱各不愿承交，自托中人送至长溪村赖德丰君名下向前承典为业。当日凭中公议，时值典价洋银壹拾贰两。其银及字即日两明，不欠分文。所作交易二比甘允，非相逼勒承交，亦非准折债货等情。自典之后，每年尚纳灼谷利壹五斗正。其当至秋熟车精过秤，不得少欠斤两。如有一年利谷不清，任凭承典人起田掌业，出典人不得生端异说等情。如有上年来不明以及重行典退，不涉承典人之事，俱系出典人一力支当。今欲有凭，立暂典皮田字为照。

内批明其典价银当日一足收清，未另立收字。再照。

又批明中资笔礼小毛五只，赎日补还无利。再照。

民国甲子年二月十四日

立加典皮田字人：程象明

说合中人：程发良、显明

代笔人：程体荣

银还字转

## 116.

立典皮田字人程象明，今因要银正用，愿将父手分授旱皮田一处，坐落土名石胜前屋侧角边，皮田贰坵，谷田七石，原载赖宅正租七斗。其田要行出典与人，进问亲支人等，俱各不愿承交，自托中人送至长溪赖德丰君名下向前承典为业。当日凭中公议，时值典价洋银四拾元正。其银及字即日两明，不欠分文。所作交易二比甘允，非相逼勒承交，亦非准折债货等情。自典之后，每年尚纳灯利谷四石正。其谷至秋熟车精过秤，不得少欠斤两。如有一年利谷不清，任凭承典人起田掌业，出典人不得生端异说等情。如有上年来不明以及重行典退，不涉承典人之事，俱系出典人一力支当。今欲有凭，立典皮田字为照。

内批明典价洋银当日一足收清，未另立收字。再照。
又批明当捡老字一纸。
又批明中资笔礼小洋八毛，赎日补还无利。再照。
又批明其田则限五年赎回。
民国十一年正月念八日
立典皮田字人：程象明
说合中人：危树椿、赖世有、程发良
代笔人：危盛远
银还字转

## 117.

立典皮骨田字人乾岭背谢朝粮，今因要银正用，愿将自己续置旱田贰处，坐落土名石桥边，田大小七坵，谷田六石；又土名兜坑田一处，田九坵，谷田十石，原载华会下正租贰石。其田要行出典与人，进问亲支人等，俱各不愿承交，自托中送至灌头陂赖德丰君名下向前承典为业。当日凭中公议，时值典价洋银叁拾贰元五正。其银及字即日两明，不欠分文。所作交易二比甘允，非相逼勒承交，亦非准折债货等情。自典之后，每年尚纳灯利谷贰石五斗。其当至秋熟车精过秤，不得少欠斤两。如有一年利谷不清，任凭承典人起田掌业，出典人不得生端异说等情。如有上年来不明以及重行典退，不涉承典人之事，俱系出典人一力支当。今欲有凭，立典皮骨田字为照。

内批明当捡老字一纸。再照。
又批明其典价银当日一足收清，并未另立收字。再照。
又批明中资笔小洋壹毛，赎日补还无利。再照。
民国十三年十二月初六日
立典皮骨田字人：谢朝良
说合中人：谢德光
代笔人：赖至诚
银还字转

## 118.

立暂典埧土及果树字人为木公太位下嗣孙兴才等，先年缘因盛也兄弟无嗣，各房孙伏念二伯太宗祧无人承继，是兴予夫妇商议，将二男世运出继二伯太位下为嗣，永承一脉宗祧。承各房商议，将为木公太位下社公门首埧土一半拨予名下，从酬恩养之资。今要银正用，愿将此埧出典与人。其埧界至，西至出典人埧为界，南圳坑为界，东至荣昌田为界，北至兴标埧为界，四界分明。其埧要行出典与人，进问兄弟人等，俱各不愿承交，自托中送至本房德丰弟名下向前承典为业。当日凭中公议，时值典价洋银壹拾六两五钱正。其银及字即日两明，不欠分文，并未另立收约二字。所作交易二比甘允，非相逼勒、准折债货等情。自典之后，任凭承典人过手耕作，出典人不得生端异说等情。如有上年来不明以及重行典退，不涉承典人之事，俱系出典人一力支当。今欲有凭，立暂垻土及果树字为照。

内批明中资笔银四钱六分正，赎日补还无利。再照。

民国四年十二月念八日

立典垻土及果树字人：兴才

说合中人：顺良

见交银人：兴标

自笔

银还字转

# 119.

立暂典早皮骨田塘字人赖寿春，今因要银正用，愿将祖父遗存匀房早皮骨田塘一处，坐落土名长溪村东垅子，早皮骨田大小五坵，谷田十四石，灌阴鱼塘贰口；又土名孟宏太祖堂门首塘贰大口；又土名大溪背、渡寮背早皮骨田一坵，谷田三石；又沙坵皮骨田一坵，谷田九石。其田塘要行出典与人，进问亲支人等，俱各不愿承交，自托中人送至本族家德丰君名下向前承典为业。当日凭中公议，时值典价洋银壹拾壹两贰钱五分正。其银及字即日两明，不欠分文，并未另立收约二字。所作交易二比甘允，非相贪图逼勒、准折债货等情。自典之后，每年尚纳炽利谷壹佰贰拾九斤。如有一年利谷不清，任凭承典人起田掌业，出典人不得生端异说等情。如有上年来不明以及重行典当，不涉承典人之事，俱系出典人一力支当。今欲有凭，立暂典早皮骨田塘字为照。

内批明其田塘原系三房掌，震襄公房支分寿春应得一股，轮值三年，照常掌业。再照。

又批明中资笔礼银三钱三分正，赎日补还无利。再照。

民国十二年腊月十九日

立暂<sup>①</sup> 早皮骨田塘字人：赖寿春

在场：萃荣

说合中人：赖世邦、林昌连

代笔人：碧湖

银还字转

十四年元日赎回字去


## 120.

立暂典早皮骨田字人黄振邦，今因要银正用，愿将自手续置早田一处，坐落土名虎班垅，皮骨田一大坵；又土名河背塅上，过路坵皮骨田一坵，又路塝上皮田一坵，原载赖宅正租一石六斗正；又路塝下皮田一坵，原载黄宅租钱百五拾文正。其田要行出典与人，进问亲支人等，俱各不愿承交，自托中人送至长溪赖德丰君名下向前承典为业。当日凭中公议，时值典价洋银壹佰叁两正。其银及字即日两明，不欠分文。所作交易二比情愿，非相逼勒承交，亦非准折债货等情。自典之后，每年尚纳炽利粳谷壹拾壹石。如有一年利谷不清，任凭承典人起田自便，出典人不得生端异说等情。如有上年来不明以及重行典当，不涉承典人之事，俱系出典人一力支当。今欲有凭，立暂典早皮骨田及皮田字为照。

内批明其田价银当日一足收清。

又批明当捡本田老字一纸。再照。

又批明中资笔礼小洋贰拾毛正，赎日补还无利。再照。

---

① 疑"暂"字后缺"典"。

又批明其田不限年月，只限对期。再照。
又批明其典价小洋照坪山猪行市。再照。
民国十三年十二月十五日
立暂典皮骨田及皮田字人：黄振邦
说合中人：赖远荣、陈凤山
自笔
银还字转
十五年赎回

## 121.

立暂典皮田塘字人赖海宗，今因要银正用，自愿将祖父分授早田一处，坐落土名大坪下垅里塘坎下，第二坵田一大坵，谷田五石，原载孟宏公正租壹石。其田要行出典与人，进问亲支人等，俱各不愿承交，自托中人送至本房德丰君名下向前承典为业。当日凭中公议，时值典价洋银贰拾四两。其银及字即日两明，不欠分文。所作交易二比甘允，非相贪图逼勒、准折债货等情。自典之后，每年尚纳灯利谷三石，不得少欠斤两。如有一年利谷不清，任凭承典人过耕掌业，出典人不得生端异说等情。如有上年来不明以及重行典当，不涉承典人之事，俱系出典人一力支当。今欲有凭，立暂典早皮田塘字为照。
内批明当捡老字一纸。再照。
又批明中资笔礼银三钱九分六正，赎日补还无利。再照。
又批明其田不限年月，只限对期。再照。
民国十一年十二月念七日
立暂典皮田塘字人：赖海宗
在场人：日初
说合中人：品芳

代笔人：昇名
银还字转


## 122.

立暂典房屋字人万波太，今因要正用，愿将祖父遗下房屋一间，坐落土名灌头陂祖东边第五直，房屋一支，上至棚条瓦桷，中至楼棚窗子门壁，地基一应在内，东至水圳为界，北至辉至①为界，西至兴才屋为界，南至宝周屋为界，四界分明。其房屋要行出典与人，进问亲支人等，俱各不愿承交，自托中人送至本房德丰君名下向前承典为业。当日凭中公议，时值典价洋银四两正。其银及字即日两明，不欠分文。所作交易二比甘允，非相逼勒承交，亦非准折债货等情。自典之后，每上纳圳利谷乙石，其谷至秋熟一足交清，不得少欠斤两。如有一年利谷不清，任凭承典②起屋自便，出典人不得生端异说等情。如有上年来不明以及重行典当，不涉承典人之事，俱系出典人一力支当。今欲有凭，立暂典房屋字为照。

内批明当捡老字未捡，新字为据。

又批明其典价银当日一足收清圳利，未另立收约二字。再照。

又批明中资笔礼银乙钱四分正，赎日补还无利。再照。

宣统三年三月初六日

立暂典房屋字人：万波太

说合中人：致轩

代笔人：泰湖

银还字转

---

① 疑"至"字后缺"屋"。

② 疑"典"字后缺"人"。

## 123.

立典皮骨田字人乾岭背谢周南，今因要银正用，自愿将自己续置早田贰处，坐落土名龟形脚下禾塘子，田一大坵；又石磜背田贰处，谷田十五石。其田要行出典与人，进问亲支人等，俱各不愿承交，自托中人送至灌头陂赖德丰君名下向前承典为业。当日凭中公议，时值典价洋银七十八元正。其银及字即日两明，不欠分文。所作交易二比甘允，非相逼勒承交，亦非准折债货等情。自典之后，每年尚纳灯利谷六石，至秋熟车精过秤，不得少欠斤两。如有一年利谷不清，任凭承典人起田自便，出典人不得生端异说等情。如有上年来不明以及重行典当，不涉承典人之事，俱系出典人一力支当。今欲有凭，立暂典皮骨田字为照。

内批明当捡老字一纸。再照。

又批明其田价银当日一足收清，未另立收字。再照。

又批明中资笔礼小洋十六毛正，赎日补还无利。再照。

民国十三年十二月初六日

立典皮骨田字人：谢周南

说合中人：谢朝粮、德光

代笔人：赖至诚

银还字转

## 124.

立暂典茶山字人吴良万、福万，今因要银正用，自愿将祖父分授茶山一大块，坐落土名洪石背垅，东至山奉坳为界，南至坪禾土塘坜为界，西至田坜为界，北至祖坟为界，四界分明。其茶山要行

出典与人，进问亲支人等，俱各不愿承交，自托中人送至灌头陂赖
德丰君名下向前承典为业。当日凭中公议，时值典价铜钱五两正。
其钱及字即日两明，不欠分文。所作交易二比甘允，非相逼勒承
交，亦非准折债货等情。自典之后，每年尚纳茶油十八斤，不得少
欠斤两。如有一年不清，任凭承典人起山掌业，出典人不得生端异
说等情。如有上年来不明以及重行典当，不涉承典人之事，俱系出
典人一力支当。今欲有凭，立暂典茶山字为照。

内批明中资笔礼五百文。再照。

又批明其典价银当日一足收清，不欠分文，未另立收字。再照。

光绪十六年十二月二十八日

立典茶山字人：吴良万、福万

说合中人：赖兴才、炳芳、致轩

代笔人：赖聚才

银还字转

## 125.

立暂典皮骨田字人乾岭背谢周南，今因要银正用，愿将祖父分
授皮骨田壹处，坐落土名乾岭背坳上，田大小八坵，计谷田贰拾贰
石正。其田要行出典与人，先问亲支人等，俱各不愿承交，自托中
人送至灌头陂赖德丰先生名下向前承典为业。当日凭中公议，时值
典价大洋壹佰贰拾元正。其银及字即日两交明白，不欠分文。所作
交易二比甘允，非相贪图逼勒、准折债货等情。自典之后，任凭承
典人掌业，出典人不得生端异说。如有上年来不明，不涉承典人之
事，出典人一力支当。当恐口无凭，立典皮骨田字为照。

内批明其田典价当日一足收清，未另立收字。此照。

又批明其田老字未捡，以新字为据。再照。

又批明其田本人借回耕作未另立借字，当日言定长年尚纳灯精

谷玖石正，不得少欠升合。再照。

又批明其田中资笔礼叁拾毫，赎日补还无利。再照。

民国拾三年腊月念五日

立典皮骨田字人：谢周南

说合中人：谢德光、陈子霖

代笔人：陈远川

银还字转

## 126.

立典皮骨田字人乾岭背谢周南，今因要银正用，自愿将父手分授皮骨田贰处，坐落土名虔岭背和尚坑墩上，早田拾陆石，大小八坵；又土名湖炉坑，早谷田捌石，大小八坵，共计谷田贰拾四石。其田要行出典与人，先问亲支人等，俱各不愿承交，自托中人送至灌头陂赖德丰先生名下向前承典为业。当日凭中公议，时值典价大洋银壹佰贰拾元正。其银及字即日两明，不欠分文。所作交易二比甘允，非相贪图逼勒、准折债货等情。自典之后，任凭承典人掌业，出典人不得生端异说。如有上年来不明以及重行典当，不涉承典人之事，俱系出典人一力支当。今欲有凭，立典皮骨田字为照。

内批明其田价洋银当日一足收清再照。

又批明其田老字未捡，只以新字为据此照。

又批明其田中资笔礼小洋二十五毫，赎日补还去利。

又批明其田本人借回耕作，每年尚纳灯精谷玖石，不得少欠升合，未另立借字。再照。

民国拾四年贰月拾八日

立典皮骨田字人：乾岭背谢周南

说合中人：谢德光、陈远川

代笔人：陈子霖

银还字转

## 127.

立典皮骨田字人乾岭背谢周南，今因要银正用，自愿将父手分授早田壹处，坐落土名乾岭背坳上，田大小八坵，计谷田贰拾贰石正。其田要行出典与人，先问亲支人等，俱各不愿承交，自托中送至灌头坡赖德丰先生名下向前承典为业。当日凭中公议，时值典价大洋柒拾捌元正。其银及字即日两交明白，不欠分文。所作交易二比甘允，非相逼勒准折债货等情。自典之后，任凭承典人掌业，出典人不得生端异说。今欲有凭，立暂典皮骨田字为照。

内批明其典价当日一足收清，未另立收字。此照。

又批明其田老字未捡，以新字为据。再照。

又批明其田本人借回耕作未另立借字，当日言定每年尚纳灯谷陆石正，不得少欠升合。再照。

又批明其田中资笔礼小洋拾陆毛，赎日补还无利。再照。

民国拾三年腊月十七日

立典田字人：谢周南

说合中人：陈体刚、陈子霖

代笔人：陈远川

银还字转

## 128.

立暂典学谷字人莲镜堂陈慧心，今因要银正用，自愿将自手原典爵三公位下遗存学租田壹大处，土名万背坑，计谷田叁拾贰石正。其学谷要行出典与人，先问亲支人等，俱各不愿承交，自托中人送至灌头坡赖德丰君名下向前承典为业。当日凭中公议，时值典价小洋银肆拾两正。其银及字即日两交明白，不欠分厘，未另立收字。当日言明每年上纳银利炘粳谷伍石正，其谷每年至秋收之日对万背坑本庄学谷田内交还，不得少欠升合。如有一年利谷不清，任凭承典人过耕掌业，出典人不得生端异说等情。所作交易二比甘允，非相逼勒债货之交。如有上手来历不明并重行典当，不涉承典人之事，俱系出典人一力支当。今欲有凭，立暂典学谷字为照。

内批明其学谷不限年月，只限对期取赎。

又批明当写莲镜堂上栋左边落敆房屋壹间为质。再照，

又批明中资笔礼小洋贰拾毫，赎回之日补还无利。再照。

又批明当捡来手老字一纸为质。再照。

民国十三年腊月念日

立典学谷字人：陈慧心

说合中人：陈献廷、东升、东山

命笔：陈东山

银还字转

此料十五年赎回


## 129.

立过耕暂典早皮骨田塘字人赖运成，今因要银正用，愿将继父原归云从公位下秀原、寿贞应分学尧公位下匀房及震寰公位下应分三股之贰，土名长溪村东坲子，早皮骨田五坵，计谷田拾叁石，鱼塘贰口；又长洞口牌坊边上下鱼塘贰口；又大溪背渡寮背早皮骨田乙坵，计谷田三石；又沙坵早皮骨田乙坵，计谷田九石。其田塘要行出典与人，进问亲支人等，俱各不愿承交，自托中人说合，送至本族家赖德丰兄名下向前承典为业。当日凭中公议，时值典价洋银

壹佰另八两柒钱五分正。其银及字即日两明,不欠分厘,并未另立收字。所作交易二比甘允,非相贪图逼勒、准折债货等情。自典之后,任凭承典人起业自便,轮值之年按房掌管,出典人不得反悔翻异等情。如有来历不明及重行典当,不涉承典人之事,俱系出典人一力支当。今欲有凭,立暂典早皮骨田塘字为照。

内批明当捡原归并字贰纸,赎回捡还。再照。

又批明中资笔礼银贰两陆分正,赎日补还无利。再照。

民国十三年拾贰月拾六日

立过耕暂典早皮骨田塘字人:赖运成

说合中人:品芳、日初

见交银人:晃尧

依口代笔:芷香

银还字转

十四年元日经姜昌之赎回字存

## 130.

立典皮田字人黄炳煌,今因要银正用,愿将父手分授早田一处,土名雷峰岭脚下,田大小共伍坵,计谷田七石正。其田要行出典与人,进问亲支人等,俱各不愿承交,自托中人送至长溪村灌头坡赖德丰先生名下向前承典为业。当日凭中公议,时值典价洋银贰拾陆元捌角正。其银及字即日两明,不欠分厘。今欲有凭,立典皮田字为照。

内批明老字与兄弟相连未捡。再[①]。

又批明中资笔礼小洋贰毛,赎日补还无利。再照。

又批明典价银当日一足收清。

---

① 疑"再"字后缺"照"。

民国十三年十二月卅日

立典皮田字人：黄炳煌

说合中人：巫干卿

自笔

银还字转


## 131.

立暂典皮骨田字人赖来万。今因要银正用，愿将祖父分授早田壹处，土名上沙坵，田壹坵，计谷田四石正。其田上至世连田为界，下至承典人田为界，南至水圳为界，北至兴标田为界，四界分明。其田要行出典与人，进问亲支人等，俱各不愿承交。今托中人送至本房德丰君名下向前承典为业，当日凭中公议，时值典价洋银壹拾伍两正。其银及字即日两明，不欠分厘。所作交易二比甘允，非相逼勒、准①债货之类。自典之后，每年尚纳圳精利谷壹石五斗，每石重八十四斤，不得少欠斤两。如有一年典谷不清，任凭承典人起田掌业。今欲有凭，立典皮骨田字为照。

内批明中资礼笔小银三毫正，赎日补还。再照。

民国十四年十一月念六日

立典皮骨田字人：赖来万

说合中人：士超、名扬

代笔人：赖望柱

---

① 疑"准"字后缺"折"。

## 132.

立退房屋字人德求，今因要银正用，愿将父手新造房屋壹处，土名灌头坡桥子坵左边前向，落厩屋壹所间，上至桁条瓦桷，中至楼栿棚乘，下及窗子门壁地基间房以及厅堂出路余坪，又及外向地基叁间一应在内。其屋要行出退，自托中人送至本家德丰兄名下向前承退为业。当日凭中公议，时值典价银捌两叁钱正。其银及字即日两交明白，不欠分厘。所作交易二比甘愿，非相逼勒承交，亦非准折债货之类。其屋未退之先，并无重行典退。既退之后，任凭承退人掌业居住，出退人不得霸居生端异说。其屋不限年月，只限随年对期，照依字内原价赎回。今欲有凭，立退房屋字为照。

内批明其屋价银当日一足收清，未另立收字。

又批明中资笔礼银壹钱四分六厘，赎日补还。再照。

光绪叁拾壹年四月拾六日

立退房屋字人：德求

说合中人：刘宝荣

代笔人：廖华荣

## 133.

立暂典皮田字人赖礼谦，今因要银使用，自愿将祖父遗下旱皮田壹处，坐落土名江背坵，田壹大坵，计谷田贰拾石正，原载陈宅正租陆石正。其田界至，上至陈御华田为界，下至陈廷勳、正谦田为界，左至圳坑为界，右至陈气清田为界，四界分明。其田要行出典与人，进问亲支人等，俱各不愿承交，自托中人送至宗德丰先生名下承典为业。当日凭<sup>①</sup>公议，时值典价洋银陆拾肆两正。其银及字即日两明，不欠分厘。所作交易二比甘允，非相贪图逼勒承交，亦非准折债货等情。自典之后，其田仍系出典人借回耕作，每年尚纳灯谷捌石正，每石重捌拾六斤过秤。其谷至秋熟一足交清，不得少欠斤两。如有一年利谷不清，任凭承典人起田，另召别借，出典人不得生端异说等情。如有上手来历不明，不涉承典人之<sup>②</sup>，俱系出典人一力支当。今欲有凭，立暂典早皮田字为照。

内批明其田老字未捡与别处相连。

二批明其田不限年月，只限对期，照依字内原价取赎。

三批明中资笔礼银伍两贰钱正，赎日补还无利。再照。

又批明其典价洋银当日一足收清，未另立收字。再照。

民国十四年十一月初二日

立暂典早皮田字人：赖礼谦

说合中人：巫干卿、赖翠松

自笔

银还字转


## 134.

立暂典早皮田字人陈嘉言，今因要银正用，自愿将父手分授早田一大处，坐落土名柞下塘右边石塘里下井坵，早田十石；又王班坵连下禾塘与井坎上，田廿石；又松山脑早田十石；又鱼塘二口；又塘子角及坵上田三石；又墓窝子田五石；又坵里横路坎下贰拾石；又门首田六石；又禾尚皆田十石。以上共计谷田六十六石，除租实收灯粳谷石正。其田要行出典与人，进问亲支人等，俱各不愿

---

① 疑"凭"字后缺"中"。

② 疑"之"字后缺"事"。

承交，自托中人送至赖德丰名下为业。当日凭中公议，时值典价洋银贰佰壹拾两正。其银及字即日两明，不欠分文。所作交易二比甘允，非相逼勒承交，亦非准折债货等情。自典之后，任凭承典人掌业，出典人不得生端异说等情。如有上手来历不明并重行典当，不涉承典人之事，俱系出典人一力支当。今欲有凭，立典早皮田字为照。

　　内批明老字未捡，只凭新字为据。
　　又批明其田价银当日一足收清，未另立收字。再照。
　　又批明中资笔礼银拾两，赎日补还无利。再照。
　　又批明其田不限年月，只限对期取赎。再照。
民国十四年十二月吉日
立暂典早皮田字人：陈嘉言
说合中人：龚字仁、赖品芳、陈如冰、陈晓明
十柒年赎回

## 135.

　　立典皮骨田字人横江村刘春生，今因要银正用，自愿将父手分授及自己续置皮骨田壹大处，坐落土名上横江塅上门首坡及大垅里口上，田大小拾三坵，计谷田伍拾壹石正。其皮骨田要行出典与人，进问亲支人等，俱各不愿承交。今托中人送至长溪村赖君名下向前承典为业，当日凭中公议，时值典价银贰佰柒拾叁两正。其银及字即日两交明白，不欠分厘。所作交易二比甘允，非相贪图逼勒承交，亦非准折债货之类。自典之后，任凭承典人收租掌业，出典人不敢生端异说等情。如有上手来历不明以及重行典当，不涉承典人之事，俱系出典人一力支当。今欲有凭，立典田字为照。

　　一批明其典价洋银当日一足收清，不欠分文。再照。
　　一批明其中资笔礼小洋壹佰贰拾毫正。

一批明其田只限三年对期取赎。

一批明其田出典人借回耕作，每年尚纳灯谷贰拾陆石正，每石限定捌拾四斤。此照。

一批明当捡老字二纸，其余未捡与别处相连。此照。

民国拾四年十二月初十日

立典皮骨田字人：刘春生

说合中人：陈德纯、刘配珊、陈凤山、赖运成

自笔

银还字转

十五年赎去

## 136.

立暂典皮骨田字人赖礼谦，今因要银正用，自愿将自己所典大献坪曾振万田贰处，坐落土名猪条街大屋坎下，田一大坵，谷田十二石正。上至大路为界，下至黄宅田为界，左右俱黄宅田为界；又河边瑕上，田大小六坵，谷田十六石，上至黄宅田为界，下至河坎为界，左右曾宅田为界，四界分明。其田要行出典与人，进问亲支人等，俱各不愿承交。自托中人送至赖德丰先生名下承典为业，当日凭中公议，时值典价洋银壹佰贰拾两正。其银及字即日两交明白，不欠分文。所作交易二比甘允，非相逼勒、准折债货等情。自典之后，任凭承典人掌业，出典人不得生端异说等情。今欲有凭，立转典皮骨田字为照。

一批明其典价银当日一足收清。此照。

一批明由振万出典字一纸，存承典人手，日后赎回之日与转典人。此照。

一批明中资笔礼银三钱，赎回之日无利。再照。

民国十四年十二月十一日

立转典皮骨田字人：赖礼谦
说合中人：赖翠松、巫干卿、赖云祥
自笔
银还字转


## 137.

立典皮骨田字人横江刘配珊，今因要银正用，愿将父手续置早田一处，坐落地名丹阳字背墩，田大小五坵，计谷田六拾石；又一坵，计谷田拾六石。其田要行出典与人，先问亲房伯叔人等，俱各不愿承交。今托中人送至长溪村赖君名下向前承典为业，当日凭中公议，时值典价小洋银叁佰陆拾叁两正。其银及字即日两明，不欠分厘，未另立收字。所作交易二比情愿，非相逼勒承交，亦非准折债货等情。自典之后，任凭承典人过庄收谷掌业，出典人不得生端异说等情。如有上手来历不明，不涉承典人之事，俱系出典人一力之当。今欲有凭，立典皮骨田字为照。

外批明其田老字未捡，只凭新字为据。
又批明只限三年以外对期取赎。再照。
一批明其中资笔礼小洋一佰毫正。
一批明笔礼小洋伍拾毛。
民国十四年腊月初十日
立典皮骨田字人：刘配珊
说合中人：陈凤山、刘进心、刘春生、陈德成、巫干卿
自笔
银还字转

## 138.

　　立典皮骨田字人宗道清，今因要银使用，自愿将父手分授遗下早田壹处，坐落土名磜子下，田壹大处，大小拾柒坵，计谷田叁拾石；又土名上店子，田壹大处，大小拾叁坵，计谷田肆拾叁石；又土名白石坑，田大小玖坵，计谷田拾捌石，灌荫鱼塘一口。其田要行出典与人。先问亲支人等，俱各不愿承交。今托中人送至承典为业，当日凭中公议，时值典价银贰佰零陆两贰钱伍分正。其银及字即日两交明白，不欠分厘。所作交易二比甘允，非相逼勒、准折债货等情。其田亦无从行典退。自典之后，任凭承典人收谷，如有一年典利不清，其田承典人异名出佃，出典人不得生端异说等情。如有来历不明，不涉承典人之事，俱系出典人一力之当。今欲有凭，立典皮田骨田字为照。

　　内批明当捡老字磜子下一纸。

　　内批明当捡上店子老字一纸。

　　又批明当捡白石坑老字一纸。

　　又批明走马坵田壹处，计当贰拾四石，大小田四坵，内典圳谷贰石正，二面言价捌两贰钱伍，内共价银壹拾陆两伍钱正。

　　又批明其田典价银当日一足收清。

民国拾四年十二月廿六日

立典皮田骨田字人：宗道清

外批明中资笔礼小毛捌拾毫正，后日补还无利。

说合中人：宗就怀、余汉波、黄流郎

代笔人：宗渭泾

银还字转

## 139.

立典皮田字人进财，今因要银使用，自愿将父手续置旱皮田壹处，坐落土名苗方塅，旱皮田大小四垅，计谷田拾贰石，原载桥会下祖壹石五斗正。其田东至水圳为界，西至体中田为界，南至尔祉公堨为界，北至达明田为界，四界分明。其田要行出典与人，先问亲支人等，俱各不愿承交。今托中人送至德丰兄台名下向前承典为业，当日凭中公议，时值典价洋银伍拾贰两正。其银及字即日两明，不欠分厘。自典之后，每年上纳灯利谷四石，每石捌十四斤，不敢短少斤两。如有一年利谷不清，任凭承典人起田耕作，出典人不得生端异说等情。今欲有凭，立典皮田字为照。

内批明老字未捡。

又批明中资笔礼小洋壹毛正。

民国十四年十二月

立典皮田字人：进财

代笔人：辉鉎

银还字转

## 140.

立暂典旱皮骨田字人赖善昌，今因要银正用，自愿将父手分授旱皮骨田壹处，坐落土名大溪背鄢家塅兔子垅，田贰垅，计谷田拾捌石正，要行出典与人。进问亲支人等，俱各不愿承交，自托中人送至本村赖德丰君名下，向前承典为业。当日凭中公议，时值典价洋银壹佰陆拾玖两正。其银及字即日两交明白，不欠分厘。所作交易二比情允，非相逼勒、准折债货等情。自典之后，每年上纳灯精谷壹拾叁石正，每石捌拾四斤过秤，不得少欠斤两。如有一年利谷不清，任凭承典人起耕自便，出典人不得霸占异说。今欲有凭，立典皮骨田字为照。

内批明其田不限年月，只限对期收赎。

又批明老字未捡新字为据。

民国拾四年拾贰月二十九日

立典早田字人：善昌

说合中人：朝光、名安

见交银字人：翰臣

自笔

银还字转

## 141.

立典皮田字人赖后垂，今因要银正用，自愿将父手分授早田一户，坐落土名油草垅上分墩上，皮田壹大坵，计谷田十八石，其田要行出典与人。进问亲支人等，俱各不愿承交。自托中人送至赖德丰君名下向前承典为业，当日凭中公议，时值典价洋银叁拾两正。其银及字即日两明，不欠分文，未另立收字。所作交易二比甘允，非相贪图逼勒、准折债货等情。自典之后，每年尚纳灯利谷叁石，每石八十六斤。如有一年利谷不清，任凭承典人起田掌业，出典人不得反悔异说等情。如有上手来历不明以及重行典当，不涉承典人之事，俱系出典人一力支当。今欲有凭，立典早皮田字为照。

内批明中资笔礼银一8钱，赎日补还无利。再照。

又批明其田老字未捡与别处相连。再照。

民国十五年正月念一日

立典皮田字人：赖后垂

说合中人：主明

自笔

银还字转

十柒年赎回

## 142.

立典早皮田字人洋滩赖茂荣，今因要银正用，自愿将父手续置早田壹处，坐落土名洋滩庙门侧角屠刀圻，田壹圻，谷田十六石，原载陈宅正租四石正，其田要行出典与人。进问亲支人等，俱各不愿承交。自托中人送至灌头陂宗德丰叔名下向前承典为业，当日凭中公议，时值典价洋银伍拾贰两正。其银及字即日两明，不欠分文。所作交易二比甘允，非相贪图逼勒承交，亦非准折债货等情。自典之后，任凭承典人收谷掌业，出典人不得反悔异说等情。如有上手来历不明以及重行典当，不涉承典人之事，俱系出典人一力支当。今欲有凭，立典早皮田字为照。

内批明其典价银每年尚纳灯利叁佰贰拾捌斤正。

又批明其典价银当日一足收清，未另立收约二字。再照。

又批明当捡本田老字及应契一纸为质。再照。

又批明中资笔礼小洋拾毛，赎日补还无利。再照。

民国十年三月

立典早皮田字人：赖茂荣

说合中人：陈善经、卓轩

秉笔：男赖瑞波

银还字转

## 143.

立典皮骨田塘及土墩字人赖世邦，今因要银正用，自愿将祖父分授早皮骨田一处，坐落土名灌荫头陂门首案上摇前，皮骨田壹坵，谷田四石，灌荫鱼塘一口，塘墈土墩以及田墈上菜果树一应在内。其田界至，东至承退人菜篱为界，北至达明田为界，南至名芳灰寮为界，西至堘脚为界，四界分明，其田塘要行出典与人。进问亲支人等，俱各不愿承交。自托中送至本房德丰叔名下向前承典为业，当日凭中公议，时值典价洋银陆拾伍两正。其银及字即日两明，不欠分文，未另立收约二字。所作交易二比甘允，非相贪图逼勒承交，亦非准折债货等情。如有上手来历不明以及重行典当，不涉承典人之事，俱系出典人一力支当。今欲有凭，立典皮骨田塘及土墩字为照。

内批明其田老字未捡，只凭新字为据。再照。
又批明中资笔礼小洋拾毛，赎日补还无利。再照。
民国十五年三月念四日
立典皮骨田塘及土墩字人：赖世邦
说合中人：赖日初、兴标、发林
自笔
银还字转
此田永归字己

## 144.

立暂典皮骨田字人坳背村孔鼎兴，今因要银正用，愿将遗下土名壹处，坐落地名乌石头黄坑口上漕里田壹处，大小七坵，谷田叁拾石；又载灌荫鱼塘一口，轮流养鱼，其田塘要行出典与人。进问亲支人等，俱各不愿承交。自托中人送至灌头陂赖德丰叔名下向前承典为业，当日凭中公议，时值典价洋银壹佰四拾两正。其银及字即日两明，不欠分厘。所作交易二比情允，非相贪图逼勒承交，亦非准折债货等情。自典之后，任凭承典人过佃收谷掌业，出典人不得生端异说等情。今欲立暂典皮骨田塘字为照。

内批明当捡老字一纸为质。再照。

又批明其典价银当日一足收清，未另立收约二字。再照。

又批明中资笔礼银贰两正，赎日补还无利。再照。

民国十五年二月初六日

立暂典皮骨田字人：孔鼎兴

说合中人：童耀坤、赖品清、赖明生

侍侧：男孔大文、宝文

命笔：男孔清文

银还字转

十七年赎回

## 145.

立暂典皮骨田字人赖鉴明，今因需钱应用，愿将祖父分授皮骨田一处，坐落土名长溪村大坪下垅里，早田四坵，计谷田贰拾石，鱼塘一口，分水灌阴，其田要行出典与人。进问亲支人等，俱各不愿承交。自托中送至本族名下向前承典为业，当日凭中公议，时值典价毫洋壹仟陆佰伍拾毫正。其银及字即日两明，不欠分文，未另立收约二字。所作交易二比甘允，非相贪图逼勒债货等情。自典之后，三面定言，每年秋成尚纳银利炒谷七石正，每石重八十六斤。其田典谷如有一年不清，任凭承典人起田掌业，出典人不得异说。如有上手来历不明以及重行典当，不涉承典人之事，俱系出典人一力支当。今欲有凭，立典早皮骨田字为据。

内批明其田不限年月，只限对期取赎。

又批明老字未捡，以新字为据。

又批明中资笔礼毛洋廿毛，赎日补还无利。再照。

又批明其田价毛洋照依屏山市猪牛行时价，仍以毛洋取赎。此（照）。

民国十五年阴历九月廿九日

立典皮骨田人：赖鉴明

说合中人：黄冰如

自笔

银还字转


## 146.

立典皮田塘字人陈标酲，今因要银正用，自愿将祖父分授早田壹处，坐落土名增家岭右边垅上提墈背垅低下，计谷田一大坵，谷田七石正，原载赖宅正租壹石六斗三升正；又载垅上鱼塘一口，九股得一，轮流养鱼；又载垅脑上土墈一块，其田塘及土墈要行出典与人。进问亲支人等，俱各不愿承交。自托中送至灌头陂赖德丰君名下向前承典为业，当日凭中公议，时值典价洋银四拾四两正。其银及字即日两交明白，不欠分文。所作交易二比甘允，非相逼勒、准折债货等情。自典之后，每年尚纳灯利谷四石正，其谷至秋一足交清，不得少欠斤两。如有一年利谷不清，任凭承典人起田掌业，出典人不得生端异说。如有上手来历不明以及重行典当，不涉承典人之事，俱系出典人一力支当。今欲有凭，立典皮田塘字为照。

内批明当捡老字壹纸为据。再照。

又批明中资笔礼小洋拾贰毛，赎日补还无利。再照。

又批明每石八十六斤。此照。

民国十五年十月廿六日

立典皮田塘字人：陈标酐

说合中人：陈渭垂、赖日初

自笔

银还字转

卅年赎回

## 147.

　　立暂典皮骨田字人赖道周，今因要银正用，自愿将父手分授早田壹处，坐落土名狮牯陀墈上，田壹坵，谷田五石，其田要行出典与人。进问亲支人等，俱各不愿承交。自托中人送至家德丰叔名下向前承典为业，当日凭中公议，时值典价洋银叁拾贰两五分正。其银及字即日两明，不欠分文。所作交易二比甘允，非相贪图逼勒、准折债货等情。自典之后，每年尚纳灯利谷贰石五斗，每石八十六斤。其谷至秋一足交清，不得少欠斤两。如有一年利谷不清，任凭承典人起田自便，出典人不得异说等情。如有上手来历不明以及重行典当，不涉承典人之事，俱系出典人一力支当。今欲有凭，立典皮骨田字为照。

　　内批明老字与别处相连未捡，只凭新字为据。

　　又批明其田典价银当日一足收清。此照。

　　又批明中资笔礼银三钱贰分五正，赎日补还无利。此照。

民国十五年十一月二十日

立典皮骨田字人：赖道周

说合中人：步梯

代笔人：日初

银还字转

拾七年赎回

**148.**

立典皮田字人赖荣东之妻陈氏，今因要银正用，自愿将祖父分授旱田壹处，坐落土名苗坊塅，计田大小贰坵，谷田拾五石，原载黄宅正租四石八斗正，其田要行出典与人。进问亲支人等，俱各不愿承交。自托中人送至家德丰君名下承典为业，当日凭中公议，时值典价洋银四拾五两五钱正。其银及字即日两明，不欠分文。所作交易二比甘允，非相贪图逼勒、准折债货等情。自典之后，任凭承典人上庄收谷，出典人不得异①等情。如有上手来历不明以及重行典当，不涉承典人之事，俱系出典人一力支当。今欲有凭，立典皮田字为照。

内批明当捡老字一纸为据。此照。
又批明其田价银当日一足收清。此照。
又批明中资笔礼银七钱八分正，赎日无利补还。此照。
民国十五年十一月廿日
立典皮田字人：赖荣东妻陈氏
说合中人：焰轩
代笔人：日初
银还字转

**149.**

立典旱田字人龚彩星，今因要银正用，愿将祖父遗下旱田一处，坐落土名竹乍塘门首乌石坵，田一大坵，上至赖姓田为界，下

---

① 疑"异"字后缺"说"。

至水圳为界，左至水圳为界，右至黄姓田为界；又土名门首三角
坵，田一坵，上至龚姓田为界，下至陈姓田为界，左至灰寮为界，
右至水圳为界。二处共谷田贰拾石正，其田要行出典与人。进问亲
支人等，俱各不愿承交。自托中送至赖德丰君名下向前承典为业，
当日凭中公议，时值典价洋银叁拾九两正。其银及字即日两明，不
欠分文。所作交易二比甘允，非相贪图逼勒、准折债货等情。自典
之后，每年尚纳圳谷叁石正。如有上手来历不明以及重行典当，不
涉承典人之事，俱系出典人一力支当。今欲有凭，立典早田字为
照。

内批明老字未捡，只凭新字为据。此照。

又批明其田不限年月，只限对期取赎。此照。

又批明中资笔礼银壹两壹钱七分，赎日无利补还。此照。

又批明其谷每石八十六斤。此照。

民国十五年十一月廿日

立典早田字人：龚彩星

说合中人：龚守仁

代笔人：陈贡清

银还字转

## 150.

立典皮田字人赖聚槐，今因要银正用，愿将父手分授早田壹
处，坐落土名洪石垅田壹坵，谷田三石，其田要行出典与人。进问
亲支人等，俱各不愿承交。自托中人送至本房德丰兄名下向前承典
为业，当日凭中公议，时值典价洋银拾叁两正。其银及字即日两
明，不欠分文。所作交易二比甘允，非相贪图逼勒、准折债货等
情。自典之后，每年尚纳圳谷壹石，每石八十六斤。其谷至秋成一
足交清，不得少欠斤两。如有一年利谷不清，任凭承典人起田自便，

出典人不得生端异说等情。如有上手来历不明以及重行典当，不涉承典人之事，俱系出典人一力支当。今欲有凭，立早皮田字为照。

内批明老字与别处相连未捡，只凭新字为据。此照。

又批明其田价银当日一足收清。此照。

又批明中资笔礼叁毛正，赎日补还无利。此照。

又批明其田不限年月，只限对期。此照。

民国十五年十二月十一日

立典早皮田字人：赖聚槐

说合中人：配清

代笔人：秀章

银还字转

## 151.

立典皮骨田字人黄森林，今因要银正用，自愿将祖父分授早田壹处，坐落土名社公垅屋背，田一大坵，谷田七石，其田上下左右会直之田为界，四界分明，其田要行出典与人。进问亲支人等，俱各不愿承交。自托中人送至灌头陂赖德丰先生名下承业，当日凭中公议，时值典价洋银肆拾八两正。其银及字即日两明，不欠分文。所作交易二比甘允，非相贪图逼勒、准折债货等情。自典之后，每年尚纳灼利谷四石，每石八十六斤过秤，不得少欠斤两。如有一年利①不清，任凭承典人起田掌业，出典人不得生端异说等情。如有上手来历不明以及重行典当，不涉承典人之事，俱系出典人一力之当。今欲有凭，立典皮骨田字为照。

内批明其典价银当日一足收清，未另立收字。此照。

又批明其田老字存出典人手，只凭新字为据。此照。

---

① 疑"利"字后缺"谷"。

又批明其田不限年月，只限对期收赎。此照。

又批明中资笔礼贰拾贰毛，赎日补还无利。此照。

民国十五年十二月初一日

立典皮骨田字人：黄森林

说合中人：黄暐星、巫干卿、黄连秀

代笔人：黄康廷

银还字转

## 152.

立典皮骨田字人黄连秀，今因要银正用，自愿将己手坪塘潮里开耕田大小三坵，谷田十二石正；又土名松子埧一块，上至大路为界，下至界石为界，东至河为界，西至荷树为界，四界分明，其田及埧要行出典与人。进问亲支人等，俱各不愿承交。自托中人送至灌头坡赖德丰先生名下承业，当日凭中公议，时值典价洋银壹佰另捌两正。其银及字即日两明，不欠分文。所作交易二比甘允，非相贪图逼勒、准折债货等情。自典之后，每年尚纳灼利谷九石正，每石八十六斤过秤，不得少欠斤两。如有一年利谷不清，任凭承典人起田掌业，出典人不得生端异说等情。如有上手来历不明以及重行典当，不涉承典人之事，俱系出典人一力支当。今欲有凭，立典皮骨田字为照。

内批明其典价银当日一足收清，未另立收字。此照。

又批明其田及埧系开耕之业，并无老字，只凭新字为据。此照。

又批明其田不限年月，只限对期收赎。此照。

又批明中资笔礼五十毛正，赎日补还无利。此照。

民国十五年十二月初一日

立典皮骨及埧字人：黄连秀

说合中人：巫干卿、黄森林、黄暐星

依口代笔人：黄康廷

银还字转

## 153.

立典皮骨田字人赖礼丰妻董氏，今因要银正用，自愿将祖父分授早田壹处，坐落土名屋背垅，田一坵，谷田四石正，其田及塘要行出典与人。进问亲支人等，俱各不愿承交。自托中人送至本房家德丰兄名下承典为业，当日凭中公议，时值典价洋银叁拾九两正。其银及字即日两明，不欠分文，未另立收约。所作交易二比甘允，非相贪图逼勒、准折债货等情。自典之后，每年尚纳灯利谷贰百五拾八斤，其谷至秋一足交清，不得少欠斤两。如有一年利谷不清，任凭承典人起田掌业，出典人不得生端异说等情。如有上手来历不明以及重行典当，不涉承典人之事，俱系出典人一力支当。今欲有凭，立典皮骨田字为照。

内批明老字未捡，只凭新字为据。此照。

又批明中资笔礼六毛，赎日补还无利。此照。

民国十五年腊月十九

立典皮骨田字人：赖礼丰妻董氏

说合中人：赖发崇

代笔人：赖日初

银还字转

十六年赎回

## 154.

立转典皮骨田字人秋溪赖旦斯，今因要银使用，愿将自手所典乌石头陈包秀皮田二处，坐落土名乌石头村双埧塘门首早田壹处，大小五坵，谷田拾六石；又土名油寨背塘结坑早田壹处，谷田五石，其二处之田，要行转典与人。先问亲支人等，俱各不愿承交。自托中人送至灌头陂村赖守温先生名承为业，当日凭中公议，时值典价大洋银伍拾四元正。其银及字即日两明，不欠分文。所作交易二比甘允，非相逼勒、准折债货等情。其田原典人借回耕作，言定每年尚花利灯谷陆石正，未另立借字。自转典之后，任凭承典人掌业收谷，出典人不得异说等情。如有上手来历不明以及重行典当，不涉承典人之事，俱系出典人一力支当。今欲有凭，立转典早皮骨田字为照。

内批明当捡原典人老字二纸。此照。

又批明其转典洋银当日一足收清。此照。

又批明中资笔礼小洋贰拾毛，补还无利。此照。

民国十五年腊月十八日

立转典皮骨田字人：赖旦斯

说合中人：陈远川

自笔

银还字转

## 155.

立转典田字人曾阿兆安妻雷氏，今因要银使用，愿将夫手承典黄御天田壹处，坐落土名扬尾垅上，早田一连大小六坵，大路坎下田一连大小叁坵，以上二处共计谷田拾石正；又土名下垅，早禾田一连大小五坵；又名鲤鱼形里边长坑里口上，晚禾田一连大小拾贰坵，二处共计谷田拾石正，原载景云太正租壹石贰斗，其田要行转典与人。先问亲支人等，俱各不愿承交。今托中人送至长口村赖德丰翁名下承转典为业，当日凭中公议，时值典价洋银贰拾捌两正。即日银字两交明白，不欠分厘，一足交清，未另立收约字据。二比甘允，并非相贪图逼勒、准折债货等情。自典之后，任凭承转典人过手收谷掌业，出转典人不得异说等情。如有上手来历不明以及重行典当，不涉承转典人之事，俱系出典人之当。今欲有凭，立转典田字为据。

内批明当捡承典黄御天田字壹纸存据。

又批明中资酒席洋银壹元贰毛正，赎回无利补。还照。

民国拾五年拾壹月十九日

立转典田字人：曾阿兆安妻氏雷

说合中人：巫干卿、曾翠荣、赖秀峰

依口代笔人：曾器成

银还字转

## 156.

立典皮骨田字人秋溪村赖玉辉，今因要银使用，自愿将祖父分授丹阳村枫嘴上皮骨田贰坵，计谷田七石；又上长嘴皮骨田一坵，计谷田叁拾石；又塘子里皮田二坵，精租壹石六斗，其田要行出典与人。进问亲支人等，俱不愿承交。今托中人送至灌头坡赖德丰细公名下承典为业，当日凭中公议，时值典价小洋毛伍仟贰佰伍拾毛。其毛及字即日两交明白，不欠分厘。所做交易二比甘愿，非相逼勒承交，亦非准折债货等情。自典之后，任凭承典人收谷掌业，出典人不敢生端异说等情。如有上手来历不明，不涉承典人之事，俱系出典人一力支当。今欲有凭，立典皮骨田字为照。

内批明赎田之日每大洋壹元肆拾毛进出。再照。

内批其田典价小毛当日一足收清，未另立收字。再照。

又批明其田老字未捡，照依新字掌业。再照。

又批明其田界址照依老字分明。再照。

又批明其中资笔礼贰拾毛，赎日补还。再照。

民国拾柒年二月廿三日

立典皮骨田字人：赖玉辉

说合中人：赖运传、达才

自己笔

银还字转

## 157.

立典皮骨及皮田字人赖后垂，今因要银使用，自愿将父手分授旱田一处，坐落土名油草垅墩上，及坎下秧田坵皮骨及皮田大小贰坵，共计谷田贰拾叁石正，其田要行出典与人。进问亲支人等，俱不愿承交。今托中人送至本族家名下向前承典为业，当日凭中公议，时值典价毫银捌拾肆两伍钱正。其银及字两交明白，不欠分厘，未另立收字。所做交易二比甘允，并非相贪图逼勒，亦非准折债货等情。自典之后，每年尚纳利谷陆石伍斗正，每石八十六升过秤。如有一年利谷不清，任凭承典人收谷掌业，出典人不敢生端异说等情。今欲有凭，立典皮骨田及皮田字为据。

内批明当日付中资笔礼毫银壹两九钱伍分正，赎日补还无利。再照。

又批明其田老字与别处相连未捡，只凭新字一纸为据。再照。

又批明其田不限年月，只限对期赎回。再照。

民国十七年十一月初六日

立典皮骨及皮田字人：赖后垂

说合中人：赖达财、聘盈

秉笔：男名亮

银还字转

# （三） 谱序 [①]

## 1. 长溪赖氏七修族谱序

距邑城西南三十五里，有邨落焉，曰长溪，为邑中望族赖氏所世居也。予少时，闻其民气勇敢，风俗敦庞，好仁而笃义，辄悠然景慕。及壮，挐舟过其地，则庐舍栉比，鸡犬相闻，时际晴春绿柳垂堤，桃花夹岸与水光掩映，俨若画图，不问而知为繁荣区域。凭梢四顾，游兴勃然，爰乃泊舟登岸，施施而行，漫漫而游。既入庐而参观，复登峦而远瞩。见夫众山环拱，河水湾抱，螺黛晴岚，山川明媚，而鸿石山高耸入云，庄严峭拔，尤为特色，意其间必有魁杰奇伟之士足以名世者。揖长者而询其世系，探其源流，乃知后晋时有其始迁祖滔公者，官都指挥使，封大将军，不禁喟然叹曰：“地灵人杰，信不虚哉！”然此犹不过其权舆耳。夫英雄豪杰虽世所罕见，然或间世而出，或应运而生，将来讵无继大将军而崛起者乎？居亡何，果有拥貔貅、秉节钺，推倒军阀，实现共和，而蔚为民国元勋者，即十年前之第十四军军长赖公世璜是也。信夫山川磅礴之气，郁久必宣矣。然予更有进焉，以为继大将军者既有第十四军军长，则继军长蝉联而起者当更未有艾也。且军长功业已与大将军后先辉映，而其族人因缘军长以起者尤指不胜屈，则将来再

---

[①] 本书刊入谱序 18 篇，摘自民国二十八年（1939）重修《长溪赖氏族谱》。

继军长蝉联而起者代亢其宗，递演递进，不更未有艾乎！此诚可推理而祝者也。兹当长溪七修谱牒之期，嘱予文以序之，予自维草茅下士，学殖久荒，既不能文，复不足增光，何敢冒昧从命。只以辱承雅意，情所难却，爰就其人物之荦荦大者言之，且用以寄祝贺云耳。

时中华民国二十八年岁次己卯冬月谷旦

清优廪生江西高等学堂毕业历任中学校长乡后学廖鼎新敬撰

## 2. 长溪赖氏七修族谱新序

古圣贤教人以八德为立身之基，亦为治国之本，而于孝悌尤三致意焉。盖孝为伦常之首，悌为亲爱之源，苟不身践实行，则所谓忠信，所谓礼义廉耻，皆空言无根，徒以长其虚伪，如此而人之大本亏矣，天地之正气薄矣。集人成家，聚家成国，家与国之间，宗族也。数千年中国社会之组织，宗法尚焉。夫尊祖追远，孝之大者也；联宗睦族，悌之广者也。孙总理推崇孝悌，复主张国族当以宗族为基干，将来由宗族团结扩展而为国族团结，是诚探本穷源之论，亦中国统一自强必经之阶段也。家族与国族之关系，重矣哉！然一族之大，支分派衍俞远，俞疏俞涣。欲使其远而不疏，疏而不涣，情联意接，团结弥固者，厥惟族谱。考吾慎祖，于唐武宗时由宁都官竹园迁来龙头坪，即今莲塘下，继迁屋场里，再迁灌头陂。历五传至滔公，为南唐御前都指挥，见实竹坝双江会流，地势壮阔，乃辟芜筑室，改地名为长溪。再十二传至碧潭公，官宋太理寺评事郎。又三传，即吾族祖尚忠公。尚忠公之子守常公，明永乐间官授中书舍人，生子叔瑾、叔瑛、叔璆、叔珂，庆衍四房，子姓繁盛。溯自唐中叶慎祖肇基，阅唐宋元明，吾族之谱均寄修于宁都官竹园。至清顺治癸巳，允尊先生始参考上代世系而创之。迄乾隆，昌言先生详加釐订，斟酌尽善，乃付诸梓，氏是为初修。至炳如先生，继为二修。此后，三修于丽元先生，四修于光宇先生，五修于旦才先生，前次六修则为听思先生也。六修迄今四十余载，族父老以年岁辽久且中经鼎革一次，匪躏数年，变迁繁重，谱牒重修不容缓，举属予与族中诸君子董其事。予弱冠外出，追随肇周将军奔走国事数十年，久离乡井，人事疏隔，加以材具短弱，庸能胜此重任乎！然固辞不获，勉从命，将整祠修谱两重务同时举行。原值匪刿之后，地方人力财力远逊前代，乃为时仅十阅月，竟幸均已告成。非族中诸君子热心毅力、精神团结，克臻此耶！窃谱之一事，昔贤有云："乱一则头足不可复理，漏一则零丁馁鬼，百世不收。"予阅之不禁悚然，自惕兢兢业业，凡心之所能尽者罔不尽之，义之所当可者咸予可之，干犯族规者有斥，伤败风俗者有戒，期以全族之人皆知修谱不仅明世系、列昭穆，而要尊卑有序，长幼有分，亲亲长长，敦伦饬纪也。更期以孝悌于其家者孝悌于宗族，以忠信于其亲者忠信于国家，将见宗族之团结，推而为国族之发扬，对于国家提倡新生活，注重旧道德，励〔厉〕行民族主义真谛，庶乎近焉，斯亦为予之厚望也矣！

时大中华民国二十八年岁次己卯仲冬月谷旦

历任国民革命军第十四军少将、经理处长、广西省永福县全州县长

卅八世嗣孙世源巨川薰沐拜撰

## 3. 长溪赖氏七修族谱新序

岁值丁丑，祀事孔明，少长咸集。提倡两事，谓祠堂中栋并家谱急宜修明，举予选课。余璿玑虽未精巧，当即应承。考诸历象，择于初夏在上栋起符，如驹过隙，倏忽中秋，复云修谱，亦当选课。又查协纪，择于子月九日在祠设局。谁知盗匪蠡起，两事不果，延搁数旬。乃至戊寅，合众复行发启前提之要点，毋容稍

缓，又请余选课。乃择定本年重阳借方开红刷，次年己卯二月九
日开刷，以及兴工修祠；至初夏，竖石柱、上胆梁，阳春发谱。金
云两事并举，恐目的难达也。余曰："但人之不热心耳。然心向往
之，而财力不足，安能成此美举乎？"于是，集众签举先理财政者
及局内用事诸君，承众命，予纂修。予想年近古稀，恐不胜任。幸
有日初、善昭及诸君协助，且先父五修在局任事，余虽不知，其六
修又膺总理及长兄在局用事，余固见而知之，稍识头绪，即勉而承
任，以尽心耳。兹修祠告竣，修谱告成，诸君有序，予亦从而叙
之。第才疏学浅，愧无华丽艳词，但述前哲既往之事，以励后来承
接之人。我赖氏源出姬周，居于颖川国。有赖，以国为姓，名为颖
川郡。自颖公发祥，至匡公三十一传。西汉举孝廉，交趾太守先公
封秉公，隐士好古；建始三年封开国公者，珠公；举孝廉官秘书郎
赠太子太师，妙通公；官御史，忠郎公；贵州太守升御史兼理军
务，深公；西晋光公，任两省观察御史加封太尉；东晋庄公，虔州
太守；遇公，江东太守，有政绩，御笔亲书"松阳郡"。自后赖氏
以松阳为郡。匡公义熙间参佐朝事，官至太尉。又二传硕公、文辉
公，卜居江西虔化即今之宁都。由硕公三子七孙，支分五房二桠。
历十四传唐武宗时，是为吾族始祖慎公少一郎。再五传南唐即后
晋，御前都指挥将军讳滔公，卜筑于实竹垱，即今之长溪也，代代
相承。至十七世，宋朝官至太理寺评事，碧潭祖。至廿一世，明邑
庠考授中书守常祖，派衍四房，泽流万世，瓜瓞绵绵振振。历宋元
明数百年，吾族家乘寄修宁都之官竹园。迨清顺治至光绪己亥，前
贤已创修有六矣。今当步其后程，而七修之。爰举正修巨川，副修
冕容、善昭，总理耀塾、守谦、正其，纂修日初，诸君子共襄其
事。余亦忝居其责，兼与善昭君处局。自三月初旬，诣祠任事，仅
二人耳。日夜无度，将运派以上之谱校对清楚，付之梓人，俟后始
加对阅二人。间有世系混淆、前后倒乱者，而纠正之，盖因分修之
不详悉也。余意此次之分修，其草稿缓延数月未得交来，必定精而
且详矣。然精详者有之，乱如麻丝蓬蓬勃勃者有之，有头无尾间隔

相离者有之，间世未传并先世未录者亦有之。观之目眩，想之头晕。再与善昭、日初二君细心考究，前后对阅而改正之，补续之，然犹恐有未照应者，望后人而更正之。至于笔削，非予之责也，亦因匪化不之得不宽也。固余曰："尽心焉耳矣！"统而之言，修祠、修谱，大有裨益于人者不小。

盖观夫琴水之西，山川之灵秀最多者，由得乾坤之厚气为多也。山川之露秀，磅礴而郁积，蓄气于人功，聚气于明堂，钟灵于人瑞，著为事业以炳耀民族国族而垂后世者，非得乾坤之厚气为尤多者乎？惟其得是气之多，曷足征之。余先父清邑庠生，例授贡元，讳梦魁，字友璋，总理修祠、修谱，足征之矣。自光绪丁亥修整三栋祠宇，妥侑先灵，添造两边横屋，增广围池、照墙、扩充余坪出路，至壬骑龙背周正，完全骈连；己亥小春发谱，才十年内。廿年间，清优廪生考授职元分发典史东藩先生、同时廪膳生莘喈先生、国民革命上将军肇周先生、法官，联云："大晋东西双太尉，长溪今古两将军"，同时佐理肇君处长、任永福全州两县知事巨川君、南丰县县长汇涵君，其上校、中校盖指不胜屈，此文官武将，蝉联而起，吾祠称为巨族，岂非得乾坤之厚气，人功之蓄气，明堂之聚气，孕灵毓秀，钟于人杰者哉！余所述之事，非夸父作之功，欲使后人知所劝勉也。吾愿今之修祠修谱而后更有加乎其上者，则丁增亿万，随处大振纲常，富比陶朱，三徙成各于四海者垒垒不一，贵如吉水解氏之盛，绵延于万世而不替，以及士农工商遵圣谕之十六条、守家规之十二则，是则余之厚望也，亦族人士之大幸也夫。

时中华民国廿八年岁次己卯阳春谷旦
三十六世嗣孙登仕郎盛昆字质金盥手谨撰

## 4. 长溪赖氏七修族谱新序

旷观古今中外，国家之赖以兴盛，民族之藉以发扬，靡不以团结力为其重要因素。盖团结力强，则集多数人之力以为力，而其力自大；集多数人之财以为财，而其财自丰。所谓众擎易举，众志成城。如周武王之十臣兴邦，汉高祖之三杰定鼎，与夫北美十三州之离英独立，皆团结力量伟大成功之明证也。有清末造，海禁宏开，东西列强鹰瞵中土，我孙总理睹国势之阽危，知非革命不足以图强，非团结不足以革命，乃联合同志，力倡共和，奋斗四十年，卒能推翻帝制，缔造民国。而吾族肇公军长、巨公明府，闻风兴起。肇公振武治军，巨公运筹画〔划〕策，奔走国事十数载。在总裁蒋公领导之下，终以扫除军阀，奠定中央，完成总理未竟之功，开启民族复兴之路。于此益见精神团结，英雄造时势，我国之幸，亦吾族之光也。民国廿七戊寅春，族中人士提议重修家乘，时适巨公致政回里，众望所归，推任主修，而以冕容君、善昭君副之，复请质金君与余充编纂，守谦、耀埜君充经理，各部执事人员已定，遂启局开刷。同时新修祠宇中栋。事体繁重，族人难之。巨公乃首倡义助，集股捐资，族人踊跃效之，不数月而致数千金，本年初冬遂告厥成。虽不敢云尽善，然其成功之速，殊出人之初料，顾非我合族人士之精神团结、一致努力之有以致之乎！窃惟谱牒之修，所以尊宗联族，继往开来。本届盛举之成，诚足慰先人而励后起。喜慰之余，尚愿我合族人士明孝悌，叙彝伦，以孝于其亲者，推孝于远祖远宗，爱于其族者推爱于国人同胞。亲亲而仁民，仁民而爱物，俾家族之团结，进而为国族之团结。是则吾族之哲人辈出，先后辉煌，祥光发越，岂有艾乎？余本不才，谨盥手而为之序。

时中华民国二十八年岁次己卯冬月谷旦

三十七世嗣孙国华谨撰

## 5. 七修族谱新序

国有史，而族有谱。史者，究得失，知治乱，寓褒贬，振配纲，所以励有功而警无道也；谱则溯源流，明世系，崇孝悌，斥奸邪，使一族之中尊卑有分，长幼有序，敦伦守礼而不敢纵为非法也。是史与谱之名称虽殊，而其谨严则一。吾族源出姬周，地封颍川国于赖，以国为氏。东晋安帝时，吾祖遇公屡著政绩，御笔书赐"松阳郡"。五纪以前，为处士、举孝廉、赠秘书者相继辈出。尔后，为少保太师、太尉并御史相国国公者，复应运而生。此皆传载昭然，无俟赘述。惟慎祖于唐武宗时由宁都官竹园肇迁长溪，积俞厚而流俞光。故为南唐御前都指挥将军者则有滔公，为宋太理寺评事者则有碧潭公，为明上舍考授中书者则有罕公。罕公袭丰履厚，论孝则弃仕养亲，论仁则捐衣散粟。惟其大仁大孝，所以垂裕子孙椒衍瓜绵、师师济济。是诚慎祖善于贻谋，而罕祖克昌厥后矣。元明而上，吾族之谱均寄修宁都之官竹园。清顺治癸巳，始另为草创，迄光绪己亥既六修矣。六修以还，逾四十载，中经鼎革一次，匪乱数年，倘仍加迁延，恐人事愈繁，不无漏舛。有心族务者，咸以七修之举实为当务之急。民国廿六丁丑春，决议修谱、修祠二事积极进行。是冬，适族中名臣宦巨川先生致政回里，众望归之，推为主修。赞襄者亦同时签定。翌年，地方复不靖，秋后始安。诸执事认非趁机速成不可，故皆踊跃赴功，当即发红谱。至本年三月，遂起长刷，复命质金先生与余驻局专办。余自维谫劣，安胜重任？辞不获勉，从众命入局，后将运派以上之吊图、系传潜心考订，以付诸梓，而各房草谱经两月才完全到局。余以为，日久工深，必能井井有条，丝丝入蔻。乃展帙一览，条分缕析者固多，而全此缺彼者亦复不少。幸有日初先生协为釐核，遗者补之，误者正之，方臻完妥。窃念一族生齿之众，数十年演变之繁，以二三人之智力，又安能穷其所历，悉举而无遗哉？唯尽心力而为之耳。计三月长刷，以抵十月出谱，不过七阅月。虽草草成功，亦云速矣，顾非主修之领导有方与合族人士之同心努力之所致耶！自兹以往，尚期我合族子弟亲亲长长，好让兴仁，明万派同源之义，尚睦宗追远之图，泯私界而为公谋，重祠规而尊族体。庶乎吾族前路愈远愈昌，来届谱牒人文之盛必十百倍于今，兹岂不懿欤！更有进一言者，方今世界日新，造时匡国，端赖人才，吾族优秀后生务应奋志前修，心存家国，而为其父兄者，尤宜尽力植培，俾成伟器，为国育才亦即以为族增光。行见国史一页之纪录，即增吾谱全部之光辉，是诚余之厚望也。已载盼载，欣序以祝之。

时中华民国二十八年岁次己卯冬月

三十八世嗣孙高小优等毕业子钦、善昭熏沐谨撰

## 6. 赖氏草谱原序

余甫莅石城，即索石志读之，因知兹土之氏赖者，盖不啻数十宗，而长溪风最淳。一日，奉上檄踏荒，所经村落灰烬者十之七八，寇蹢无故物，伤哉悲夫，其凋敝不堪瞩目矣！独过长溪，井闾丰美，步飞各适。究其所以，有寨焉。岩广而邃，泉幽而深，足恃以避狂氛。彼植基之祖可谓善贻谋矣！会赖生允尊，延榻山轩，中话言申，且惜相遇晚，依依不欲别。允尊髫年游黉序，卓冠诸生，乃执弟子礼而师事余。每一文成，辄以相质，予读而善之，加评点以诏儿曹，真足树其门之赤帜也。复持其所修家乘问序于余，余曰："明初有赖姓讳猷者，为蜀宪副；侄讳迟者，领贤书，岂华胄耶？"对曰："非也。"予引满为之大快。盖世如李姓者，必祖耳；苏、黄者，必祖眉山山谷。岂非以厥祖微不足为祠牒重，牵合成风，所在然耶！龙门司马子长云："高帝起微，微何足以累英雄哉！狄将军青不肯冒祖梁公，崟崟古谊千叶钦之。"允尊即此可谓仰匹乎前修，俯不染乎流俗矣！按长溪之赖，其先有讳慎者，始迁于石城之陂阳乡莲塘下，后有讳滔者，为南唐御营都指挥使，徙居莲塘下河东长溪。自是生齿繁而人文炽，簪缨不替，竟成乐土。明永乐间，有邑庠，拔成均官，拜参戎，辞不就任者，讳罕。罕之子叔瑾、叔瑛、叔璆、叔珂，支分四房，师师济济，后先辉映，琴邑

推望族焉。而珂尤好学不倦，为邑庠，彦食饩二十人中，即兄尊之五世祖也。先世多潜德，宜其有敦睦之裔，而谱其族也。虽然谱亦难言也。汤宣成有云："乱一则头足不可复理，漏一则零丁馁鬼百世不收。"以允尊之善为小，心以成此谱，殆称合作自足垂不朽耳，此赖氏先代之隐德也。有隐德者必有阳报，宋郊叔敖，其明征矣。安知允尊之不大其门闾哉！悬拟纶玺殿于篇终，复来大手笔，以良玉装宝剑之首。亦焉用我之碔砆为！

时顺治癸巳仲秋月谷旦

赐进士第文林郎知石城县事毗陵董应誉拜撰

## 7. 赖氏族谱原序

世谱之由，尚矣。自轩辕以迄春秋，侯、卿大夫名号，继统姓有所承；谥爵封土，亦因以氏。汉魏间，世系渐繁，序次日严，观之古史可稽也。晋成帝咸康丙申，诏尚书著作郎袁彦叔等索谱。唐贞观戊戌，吏部尚书高士廉偕中书舍人岑文本等重编之，合二百九十三姓、千六百五十一家，为九等，号《姓氏志》。显庆丙辰间，更号《姓氏录》。中宗景隆中，讨缀书成，号《姓系录》。迨后损益分流不一，而颍川赖氏与焉。赖氏之先，为周姬姓，封国于颍。五纪而上，虽代多显者，然继世久远，无征不信，兵燹叠经，焉能无遗佚混舛之虞？夫春秋国史也，尼父惧而修之，矧谱系，为一姓之命脉乎？此所以不容于不修，而又不容于或紊也。夫以百世而后之一身追百世以往来之本支，不几重且难哉！然修之之义，溯于上之可疑者，毋容妄引；扩乎远之可信者，莫敢或遗。一本于尊尊亲亲之诚悃，而后可以家喻户晓，恩泽遐流。至于犯家法者，有斥；伤门化者，有斥；亦作乘者，窃比春秋之意耳。余宰石三年，石之故家旧族，家有祠，族有谱，蒸蒸焉。礼乐仪则，则乐称其盛。而赖氏家乘，纂辑有年，成于己丑岁蒲月，其后裔文伯、显名、昌言、邦璘、泮湖、昌锡、昌镇、国柱、【国】沄等，手持谱帙，属余一言以简其端。按其叙次，核其征信，诚颍川嫡派也。系尊唐武宗会昌间少一郎讳慎者为始祖，由宁都官竹园纪迁脉。至南唐都指挥使十二郎讳滔者，始诛茅结庐于石之长溪。未尝妄引，亦无或遗，井井源委，千载如一日也。盖积善而必显，显而必传，此理之常。赖氏之先，植德深厚，故其子姓繁衍，方今拾芹泮宫、董声太学者，英英济济，行将雁塔题名为"国家柱础"。于光前谟而昭后烈，炳焕是谱矣。至于农工务本，孝友传家，尊其尊，亲其亲，脉络相通，周流不息，益将绵奕世于无穷，垂来兹而罔替，猗欤盛哉！是修谱者深意，而亦余之所厚望也。是为序。

时康熙四十八年己丑岁蒲月吉旦

文林郎知石城县事加二级陈嘉拜撰


## 8. 长溪赖氏三修族谱原序

尝谓谱之修也，不惟其奇，惟其因。然因之为义若何？凡以核源流，序世次，载名实，俾后之子孙各喻其木本水源，尊尊亲亲，守纲纪于人人而已，岂徒侈生齿之蕃，夸人文之彪炳哉！由是以观，则谱之作也甚重，可作之谱者匪轻。详而且慎，顾不要欤。今圣天子以仁孝治天下，敦祖睦宗，亲亲之化，四海覃敷。山陬海筮，咸知报本追远之诚；侯甸要荒，其笃尊祖敬宗之意。岁甲辰秋，余族纂辑家乘，族命余董其事。余以后生小子，难胜厥举，且累岁舌耕，又不敢以不暇冒其任，余敬谢之。幸有诸君子，俱人杰也，会而修之，告之先灵，商之耆老，慎终如始，毋敢或怠。予不禁忻然曰："吾族任之所托者有人也"。迨乙巳竣，阅所订之成书，第见源源本本，传载详明，枝枝叶叶，了如指掌。虽极之千百年以前之人之事，悉了然如一日者，此非吾赖氏得郡颍川之先代有明征乎？溯至慎公，则肇自长溪之始祖也。大唐武宗间，由宁都官竹园徙居石城石砉嶂之龙头坪，继迁屋场里及灌头陂。时公累迁其地，而不迁其郡者，不忘其初也。历五传至滔公，功封南唐御营都指挥使，及解组归里，纵游凝眸，见长溪一坦址，有层峰环揖之胜，三水会流之奇，始剪竹芜，辟榛莽，筑室而居，遂以长溪名村。历十七传，碧潭公仕宋，官授太理寺评士郎；又历二十一传至守常公，永乐间由邑庠入北监，升上舍，授中书舍人，生予叔瑾、叔瑛、叔璆、叔珂，派分四房，珠联衍庆，至今三十六传，丁口益蕃，井庐益焕，文人秀士愈多所钟，此脉络渊源之所由自也。兹当运际昌明，普天之下，各新谱笈，予族多士踊跃赴功，凡所以核源流，序世次，载名实，俾后之孙子各喻乎木本水源，尊尊亲亲，守纲纪于厥后者，诚未有艾也！我祖有灵，谅亦遥相契合乎，而予之系以序者，又能不忻然大畅也耶！

时乾隆五十年乙巳岁仲秋月谷旦

三十三代孙文庠馨元百拜撰

## 9. 长溪赖氏三修族谱原序

尝谓一族之子姓命脉系于谱。谱者，远追木本水源之有自，支分派别之有伦，令人念所生而起尊祖敬宗之心。皆敦伦饬纪，虽世代隔千百年，宛然如一日也。若是乎谱之修也，乌可缓哉！第修之不易耳。稍混，则头绪不清；稍乱，则血脉不贯。如必头绪清，血脉贯，苟非精神贯日，乌能条分缕晰、朗若列眉乎？岁甲辰，余族纂修家乘，命佳董其事。佳愧识浅，不能胜厥任，然不敢辞。兹幸族举协修、编录、校正、监修、总理、催收，皆英英人杰，欢忻〔欣〕鼓舞，慎终如始，以共勷厥事，诚得其人焉。按余赖姓，肇自周姬，其先代受封食地，名号爵秩，传载昭然，无俟赘述。惟慎祖太，始于大唐武宗会昌间，由宁都官竹园迁居石砉嶂之龙头坪，徙屋场里及灌头陂。后始迁长溪，遂以名村，皆自慎祖太肇之也。传至二十一代守常祖太，明邑庠生，升北监上舍，官授中书舍人，生男四：长叔瑾、次叔瑛、三叔璆、四叔珂，派衍四支，人丁遂繁。自慎祖太而下，迄今三十有六代，支蕃派衍，难以悉究，故世系草稿，草自各房。然而各房之草，亦难保无微瑕。兹惟信之心者，照稿详书，无敢或遗，苟有微疵错误，必殚心竭力，穷其源，以究其委。其无可考者，阙之，以待后贤之考订。至族之贤士杰人、孝子弟弟、贞妇义烈，有可称者，世系名下族赠匾字。合一族之祖宗子孙，萃之一书。览兹谱者，尊亲之心，伦纪之大，皆油然兴起。庶几于圣天子仁孝治天下至意，诏命各修谱牒之深心或有得于万一也乎！而长溪赖氏亦不愧为石邑之故家望族矣。是为序。

　　时乾隆五十年乙巳岁桂月谷旦
　　三十二代孙太学生应佳百拜


## 10. 长溪赖氏三修族谱原序

　　谱者所以敦本源，序昭穆，尊尊而亲亲也。盖人之生，莫不有所从出。从出者，始而一人，即衍而为千百人；始而一代，即衍而为数十代。要之千百人、数十代之身，皆一人之血脉所流注也。第人多而势渐疏，疏则情渐涣。苟疏而思有以亲之，涣而思有以萃之，不至疏者终疏，涣者终涣。聚千百人如一人，情联意洽，怡然咸若者，惟谱有以联之也，谱之系也重矣哉！吾族之谱，先大父允尊先生草于前，邑侯董为之序，又禹诠环上诸先生复修于后。今人丁益蕃，苟不登梓，恐多遗失，于是族中诸君子仰遵圣天子本仁孝化民之至意，诏令天下各修谱牒，起而纂辑之，诚盛举也。顾赖氏姓，本周姬，其源远流长，难以各提。兹则系以传记，俾源流井井一目而知。至世系提头，惟尊由宁都官竹园迁居石城长溪之慎祖太为始祖。然慎祖太始迁，犹居石赍嶂之龙头坪，即今莲塘下，迁屋场里，暨灌头陂，屡迁未定。传至五代滔祖太，官拜南唐御前都指挥使大将军，解组归里，始辟长溪而居之，则辟长溪者，虽由滔祖太而起。滔祖太以辟长溪者，实由慎祖太基之也，理宜尊慎祖太为始祖。自慎祖太而下，支分派别，或徙他方，或伤若敖，亦未能详。惟是一脉流传，历二十一代至守常祖，太明永乐间由邑庠升北监上舍，官拜中书舍人，生子四：叔瑾、叔瑛、叔璆、叔珂，派衍四房，条分缕晰〔析〕，脉络分明，逐一详载。开卷目之凛然，知此千百人之身皆一人之血脉所流注也。而尊尊亲亲之义，不大彰明较著哉？使由此而推之，将孝移于忠，顺移于长，而忠孝之全，人道之大，不更可扩而充之也乎？诸君子颔仁言请为笔之，因书以为序。

时乾隆五十年乙巳岁桂月谷旦

二十九世孙文仁百拜撰

## 11. 长溪赖氏三修族谱原序

谱之作也，义使人知所尊敬亲爱，抑亦世系、昭穆、长幼、亲疏之不失其伦尔已。世之作者，率夸门第氏族，攀援附会，不杂则诬，皆非明事实、知体要者也。欣逢圣天子孝治天下，文教诞敷，四海会归，立隆千古，复荷上颁式，饬令修葺家谱，去其诬杂，用彰亲睦，诚端本善，则化民成俗之至意也。遵道路者，孰不咏荡平哉？岁甲辰，长溪赖氏重修家谱，各房遵式，订稿汇祠，金举族绅有识董其事。经始于是岁之秋，告成于乙巳之夏。将授诸梓，命予序，予以母族，故不敢以不文辞。敬谨展阅，窃见自脉祖慎公少一郎迁居龙头坪，历传三十余代，世系详明，源流井井，不杂不诬。其表扬传记，事简而文核；其规训条约，款曲而严明。削冗汰繁，拾遗补阙，所以维持族谊者，钜细洪纤，莫不周详，慎密修葺之功不在创作之下矣。非明事实、知体要，足以仰体颁式饬至修意，永廸后人亲睦之心者，孰能与此？猗欤休哉！先世令德披阅，如存孝友家风，流传不坠，岂直今之繁衍，为琴望族，行将云蒸霞蔚，昭耀贤书，彪炳仕籍，以绍前徽而光兹谱牒者，门第氏族固不夸而自耀也。至若遡世代之由来，稽作谱之巅末，则原有传载，了如指掌，不俟赘矣。若夫顾名思义，肃然而生其尊敬，蔼然而致其亲爱，脉络周流，绵延奕祀，是又作谱者之深心，而亦同谱者之所其志也夫。是为序。

乾隆五十年岁次乙巳岁蒲月谷旦

后学廪膳生刘骧顿首拜撰

## 12. 长溪赖氏四修族谱原序

谱之为义，所以遡源流，序昭穆，明世次，俾子孙毋忘本木水源之思，笃尊亲爱敬之诚而已。今圣天子本仁孝化民之至意，诏令天下各修谱牒，无非以敦叙九族，庶民励翼，欲人咸知尊祖故敬宗，敬宗故收族，所系顾不重哉！吾族之谱，肇明季邑增生允尊先生草创于前，邑侯董公应誉为之序；邑庠瑕非、增生禹诠、廪生环上诸先生起而修饰于后。继此，则国学炳如先生，房高叔祖昌禧先生，加重修焉。迨乾隆甲辰，余伯祖太学丽元先生，暨文庠载熙、硕儒秉天数先生，复较正而修葺之。自甲辰迄今乙酉，又越四十有二年矣。韩子有言曰："莫为之前，虽美弗彰；莫为之后，虽盛弗传。"于是，合族金谋，重新家乘。公举主修、协修、较正、监修、总理、编辑、誊录诸老成英杰，仿前人之程式，同心协力，以勷盛举。余滥膺族命，参阅较订，远溯源流，近序宗派，明其世次，别其昭穆。近而可知者，则信以传，信而直书焉；远而不可知者，则疑以存，疑而姑阙焉。是役也，经始于是岁三月中浣之五日，越七旬而稿成；又自五月下浣付之梓人，凡六阅月而工竣。此皆诸君子上体祖功宗德，灵爽式凭，迪惟前人光，以施于我孙子。兢兢业业，勤而且慎，积有成劳。至来长溪之始祖慎公少一郎，源流世系，传甚详，无俟赘述。顾始祖而下，迄今各派，为世三十有七，支繁派衍，条分缕晰，朗若列眉。览兹谱者，尊亲之谊，发于自然；爱敬之良，根于天性。显清白之家声，绵忠孝之世德。心源若接，当必有绳祖武而振宗祊者，保世滋大，吾将于是卜之。是为序。

时皇清道光五年乙酉一阳月谷旦

嗣孙文庠联登百拜撰

## 13. 长溪赖氏四修族谱原序

古者吹律定姓，统以五音。赖征音也，于时为夏，于行为火，有焕发气象。豫章古号南州，琴邑旧隶赣，今隶虔，居豫章南。长溪居琴邑南，离其方位也，翼其分星也，有文明景象。赖氏聚族于斯，诚得其所矣。顾自唐武宗会昌间，少一郎讳慎者，由宁都官竹园迁石城石赉嶂龙头坪，后徙居屋场里、灌头陂。五传滔公，乃垦居龙头坪之河东实竹坝，更名长溪村。迄今千余载，户殷阜而丁繁演。殷阜则为善有资，繁演则情思虑涣。张子曰："管摄天下人心，厚风俗，须明世族与宗法。宗法立，则人知统系所自来，而恩义立。"又曰："宗法大益朝廷，卿士各保其家，忠义岂有不立？忠义既立，朝廷之本岂有不固夫？"善以忠义为大，情以恩义而联，均归效于宗法，此谱牒所以不容不修也。岁在旃蒙作噩之春，赖府老成英杰辈咸以尊祖敬宗、收族为心，爰踵乾隆甲辰岁三修谱，传载增订，而议四修。始宿月，终阳月，历三时，业遂告竣。固昭列祖福荫之灵，亦征在局诸公勤慎之力焉。时属余数语，序简端。余览其谱系，叔派而上，由明开祀祖罕公，遡唐始迁祖慎公，世二十有一。事经累朝，若朗列眉，令人油然兴原本之思也；叔派而下，支分四房，字制四十，今派行既十有七，丁男数以千计，飚衍瓜绵，无不条分缕晰，令人油然深似续之情也。至茔兆、详厥、舆图、祭业备载，祀田昭穆，燕酬有礼，治家睦族有规，使人知孝友亲逊，而乖戾争竞之意，胥靖也。且为南唐御前都指挥使、以义勇著者，有若五世之滔公；仕宋，官授太理寺评事，与文山先生友善以忠烈称者，有若十七世碧潭公；明邑庠，入北监升上舍，授中书舍人者，有若二十一世守常公。继此，乡登贤书、旌表节孝、邑祀义士者，亦既名载县志、学问淹博、技擅穿杨、才能干济者更多，明经俊秀，令人念绍闻衣德而箕裘堂构之志，弥切也夫！根深者实遂，膏沃者光晔。赖氏开国于周，自是而颖川，而松阳，而梅水，而琴阳，祖德宗功，相承不替，宜其实遂而光晔矣。况踞长溪胜地，远脉扶舆磅礴，近脉催官贵格。后则辅卫关峡者，形肖旗鼓，前则融汇淳蓄者，流合三江。加以左砂骧首而象马，右沙环抱而澄涵，不但方隅之得其位也。昔晋迁新田，取其水深土厚。昌黎亦有言曰："衡山之神既灵，必有魁奇忠信才德之民生其间"。赖姓构祠于兹，实萃地灵，应产人杰，既然者前有辉，将来者后有耀。会见寖昌寖炽，绀万嗣扬，洪晖奋景，炎播芳烈，扩颖水宗风，显秘书门户，非仅恩义立于家以荣谱牒者，彪炳乎一时，方睹忠义立于朝以光国史者，焉奕乎千载不懿哉！是为序。

时皇清道光五年次乙酉一阳月

后学优廪生黄炜顿首拜撰

## 14. 长溪赖氏五修族谱原序

草庐先生曰："族可不谱乎！"上志本源之所自，中志支条之所分，下志流派之所系，谱之关于一族也，岂不重哉！我族始祖慎公，自唐武宗会昌间，由宁都官竹园来石邑之莲塘下。至五传，为南唐御营都指挥之滔祖，复迁于河东实竹坝，剪棘锄荆，更名长溪。二十一传，明邑庠升北监上舍，考授中书舍人之守常祖，生子四，曰：叔瑾；叔瑛；叔璆；叔珂。支分四房，丁蕃派衍，事经累朝，非有谱以载之，焉有如此之源源委委，条分缕晰，朗若列眉者哉？是谱之不可不修也，明矣！顾谱之不可不修，尤不可不世而修之也，使徒有为之前者，而莫为之后焉。虽此日之燦然，如日月经天，未必不能历久而不失也。故我谱始修于顺治癸巳，再修于乾隆己未，三修于甲辰。至道光乙酉，我先子又承族命而四修之。历世相承，惟恐或坠，距今越四十余年矣。族愈众而祖愈远，若不及时修，考其何以尊祖而收族！与族父老念此呕呕，爰举诸英杰而五修之，命余董其事。噫！余何能哉！以才则戆拙也，以识则鄙陋也，以暇则时值世变、兵寇频来，身家性命之事，魄梦为劳，焉得有暇日及此哉？！乃固辞不获，不得不勉与诸英杰而共任之。率先人之旧章，成一代之信谱。凡纂冒之必严，示宗支之不容混也；爵秩之必谨，示名器之不容假也；嘉言懿行之必传，示为恶之有所惩贬也；坟墓祀产之必志，示后世之无敢遗失也。矢公矢慎，此皆诸英杰之力，余何力之有焉？而又恶乎言，虽然余亦有说，今谱所书，自昌派以来，文物不兴，无论发科名登廊庙者不得而见，即拾芹藻之士亦寥寥若晨星，此岂地灵之限人乎？抑亦人事之未尽也。自是而后，族父老果能起而振兴之，必欲大秘书之门第，无坠好古之家风，崇儒重道，诱迪子弟于诗书德义之懿，使皆笃学力行，无暴弃之思而有进修之志，行见文物日兴，有不发科名登廊庙者乎？有不拾芹藻而如拾芥者乎？吾知后之继斯谱而修者，将大书特书不一其书，以为谱牒光岂第志本源之所自、支条之所分、流派之所系而已哉！谅合族必有同志当不以余言为谬也。谨弁此以当刍荛。

时皇清同治四年岁次乙丑孟冬月谷旦

文庠嗣孙道醇盥手谨撰

## 15. 长溪赖氏六修族谱原序

在昔姬周古胄，赖与黄同国于汝颍之阴、江汉之阳。辅车密迩，而芊之蛮荆，鹰瞵虎视，神域榛翳，崛强二百余年间，卒烬于赢。独二封者，犹瓜绵寰海，子孙以国为姓数千年，纪鼎铭卣，炳表荆扬，云梦八九，罔尽其磅礴浡郁之气，斯亦奇也。而吾黄之族于石者，又与赖同里闬，比邻婚媾，祭灶必请，伏腊必过，古谊庞穆，实衍兹土。盖祖宗之隐德，其闳孔微，其敉肆祜。河源起于星渚，江流始自滥觞，物固有莫可臆知者，易之道抑盈而益谦。明惠后曰："富贵之家犹再实之木，其根必伤。"老子曰："治人事天莫若啬。"扬子曰："观雷观火，为盈为实，天收其声，地藏其热。"盖暴兴者易霣（陨），积固者难刊，理势然也。赖氏之繁且硕也，余固决之矣。观谱系所录，汉晋以来，循吏文苑，独行之士，大书不一书，然余以为犹其嚆矢也。忆余时沿琴流维舟过长溪，左右间眺春水方生，桃花夹岸，鸿石耸云，清幽明媚，固疑其间必多聪颖秀异之士，以与溪光山色相映蔚。及余谒其庐，与其长老语蔼然，尚诗书，好礼让，笃姻睦，敬仁贤，风气固殊矣。又以知所积之闳且远也。异日，族之佳子弟苟龙、唐豸、藻耀、骞骜，与吾黄之婚媾相通者，波委云兴，骎骎方轸，启诸地志文献互征，如晋之王谢，隋唐之崔卢，而岗头泽底之望，系以著石之故家遗俗，其庸可几乎？至谱牒之举，凡所为奠系世，守国常，严家范。览者，有条例在。

时皇清光绪二十五年己亥岁冬月谷旦
赐进士出身翰林院庶吉士姻晚黄大壎顿首拜撰

## 16. 长溪赖氏六修族谱原序

班掾之《汉书》为国史之准的，司马迁之《史记》为私史之宗矩，苏文忠公慕欧阳氏谱图，上仿史迁之《年表》以成家谱。因源竟委，率天下人而晓然。于尊尊亲亲，家代之纪纲以立，人伦之根蒂以植，不綦足重乎？然必世纂辑而代补苴之，若使年岁辽隔，迭经事变，而后为之考订，其不能无参差舛谬之虞者，势也。吾祖赖氏自唐中叶迁居长溪，阅明季数百余年，生齿不多，惟寄修于宁都官竹园。迨本朝族暨〔哲〕繁衍，顺治癸巳，允尊先生始录其世次，反覆〔复〕考订，自为一谱，尚属草创。至康熙己丑，昌言先生复加考订，斟酌尽善，乃付诸梓氏。继此，则炳如先生再修于乾隆己未，丽元先生三修于乾隆甲辰；越三十余年，道光乙酉，先王父而四修之；又越四十余年，同治乙丑，先考而五修之。自是，宗子法立，谱系详明，缕晰条分，朗如日月，庶几庐陵老泉之遗轨焉。迄今又三十余年，族父老惧其久而散佚，属予与诸君子而六修之。辞之不获，妄膺斯任。谨取谱牒而参阅之，溯于上之可疑者，毋敢妄改；扩乎远之可信者，莫敢或遗，一本于先人之旧章而增订之举。严篡冒，慎名器，修节烈，表忠义；犯族规者有斥，伤风化者有斥；竭其力之所能为者而为之，求其理之所当可者而可之。虽予夺善恶之间未必无憾，要不敢阿徇玩忽以从事，自维谫陋，何足企仰前徽，第使家代之纪纲、人伦之根蒂粗由以不坠！而于尊尊亲亲之间，或有裨于万一，是予之愿也夫。

光绪二十五年己亥岁孟冬月谷旦

三十五世孙附贡生志诚谨序

## 17. 六修族谱原序

宗功祖德，子孙究无能名；木本水源，椎鲁莫之或昧。在昔，柳种先生不患莫详其姓氏，维我松阳旧泽犹堪，夷考其源流，岂必自当时赐姓；溯往事于周室分封，亦衹从此地肇基。忆前徽于大唐，会纪如椒之衍，蓬蓬勃勃，约计数千余人，如瓜之绵，继继绳绳，方延三十九世。略仿欧苏之式，按次序而著为简编。旋督剖劂之工，经校对而汇成卷帙。篡辑者，矢以翼翼小心；赞襄者，悉懔煌煌钜典。纪月编年，删补岂容，自是正名定分，嫡庶未许相朦。可宽则宽，准天理而谅人情，俾免无辜之绝望；应奖则奖，阐幽光而发潜德，非阿所好以示恩。盖以有褒无贬，家乘不同国史之严。

取重略轻，守经岂乏通权之义。苟前人，间有传讹，学古必无泥古设。今日末由校正，阙疑仍复存疑。力所得为，敢贻素餐之诮事；惟自尽期，免覆辣之虞。特草创出自各房，得璞玉方施雕琢，而稽查端由亲属。近山水始知鸟鱼。所虑叠〔迭〕遭兵焚，人心纷扰于奔逃，遂至久历风霜，世事遗忘于记忆。或名不登诸简册，或葬莫志其邱墟，或雁行失序而以弟庚长兄年，或燕尔会歌而以续弦忘结发。此皆自叙之不明，要非为谋之不善夫。夜阑不寐，省察实为有意之防；而日暮将昏，豕鱼难免无心之失。况吾族散处分居，于远者求其略，几同北海之独超；于近者问其详，且似南阳之三顾。惟愿同人洞鉴，明察秋毫，尤冀其事精详。灯燃暗室，其或旁观者明，仅堪直告；即如当局者昧，亦可旁通譬诸壁开。安国虽被秦焚以火，尚得参孔氏之遗书；碑遇岣嵝虽当杞降为夷，犹复认夏王之旧绩。则收之桑榆，奚患东隅之暂失。便于补救，实为左券之独操，假令鉴衡不爽，终误听其任尔，苛求于格外。是故，旧贯必仍纷，更孰敢末由归咎于局中。果能勉以辛勤，慎收族敬宗之道，是宜报之甲第，绍秘书好古之徽。值兹聿观厥成，用申鄙语统鉴。

时皇清光绪二十五年己亥岁孟冬月谷旦

校正盛家谨序


## 18. 六修族谱原序

己亥秋冬之间，族故老诸公修乘将告竣，梓人尚执版执书，求各撮成一简。时则有捧谱而排之者，有排定仍付梓以成卷者，有卷成而困窄以削实之者，皆敬趋事务，方且以吾珂太房钧图索催。余以为，昭派以前，与从侄学韶诸子执稿对阅；庆派而下，以本房争继，故开咎。余二人虽时亦有披阅者，而未得详细，故难信心于录者无误笔也。既而，主修听兄袖出棣斋先生谱叙及手作另叙相示，且令余亦试为之。锡笑而承命，以为无余。他半生来，惟留心以守分，且如旷居十四年，虽时乱心非，分少顷即以分闲心，今五十余矣。庶男女之分，不渎乱也。兄子盛安，年十七飘荡往外。余四十有奇得男，即以二男各分继为兄子，亦以尽分内事也。推之伦族间，父子有分，兄弟有分，夫妇有分，亲疏长幼有分，男女有分，尽分者未即尽道，究之可免为道中罪人。至于君臣之分，视其所居而已。居官尽官之分，居民尽民之分。由尽分而加以道德才学，则为忠臣、为孝子，余又以俟后之君子。予以此避席答听兄，即以此为序。

嗣孙文庠天锡薰沐谨撰

二、

塘石村苏区史资料的
收集与整理

# （一） 塘石村苏区史简介

## 1. 塘石村的历史沿革和地理

塘石现为一个建制村，辖塘石、塘上、白滩、上甲等自然村，位于兴国县长冈乡，距离兴国县城约 5 公里，面积 5 平方公里。清代，塘石属清德乡顺义里塘石堡，民国称塘石乡，苏区时称塘石乡，新中国成立初期亦称塘石乡，1958 年称塘石大队，1984 年至今称塘石村。塘石地势平坦，自北向南倾斜。说到"塘石"地名的来由，有的老人说，相传谢氏先祖来开基时，请风水祖师杨公择地。杨公留下四句钳记："头顶方山笠，眼望凤凰村；若能石生水，贤才代代兴。"谢姓村民在村中用石头围砌了 18 口池塘，并将村名定为"塘石"。也有的老人说，因为当地是一个平坦的盆地，站在周边的高处看，村子就像一口塘，所以叫"塘石"。

塘石全村现有 4680 人，主要有谢、钟、陈、吕、邓等姓，其中，谢姓约占 80%，钟姓其次，因此，本书的苏区史资料以谢、钟两姓所存为主。

塘石建村有 1000 多年的历史。谢姓首先在此开基，据谢氏族谱记载，公元 954 年，谢鸿郴由兴国县衣锦乡迁此开基，之后谢氏在这里繁衍生息。约 600 年前，钟绍京的后裔钟五有从清德乡护耕迁至塘石堡河滩旁开基，起名为白滩（也叫白坑，塘石的一个小地名），世代繁衍至今，自称为"白滩钟氏"。谢、钟两姓聚族而居在塘石的两个相对集中的区域，形成了宗族主导的乡村传统，如修建宗祠、纂修族谱、规范继嗣、重视教育等。

兴国县境总体多山，但塘石是一个较大的盆地，极目平畴，潋水从村西侧往东流过。全村现有耕地面积 3300 亩，山地面积 500 亩。平坦、肥沃的土地适宜种植水稻、大豆、烟草、花生、甘蔗等农作物。历史上，塘石是兴国县粮食产量最高的地方之一，"塘石谷"颇有名气，有"塘石豆如珍珠粒，谷澄米重赛黄金"之说。

## 2. 塘石村苏区简史

20 世纪上半叶，革命是中国社会的主线。在兴国，一批出生于富裕家庭且受过良好教育的青年较早投身革命，以至于当时流传着"穷人不闹，富家子弟大闹"的说法。1926 年 9 月，外出求学并参加中国共产党的一批年轻人，如陈奇涵、胡灿、鄢日新等陆续回乡宣传革命。在中共赣州支部的指导下，成立了中共兴国县支部干事会，胡灿任书记。这是中国共产党在兴国建立组织的开始。之后，塘石白滩建立了支部小组。[①]

### （1）血缘亲情与革命初兴

塘石白滩支部小组的建立，与钟人祥、钟人祯、钟人祜三人较早参加革命密切相关，他们于 1927 年入党。钟人祯、钟人祜为亲兄弟，钟人祥与他们二人为从堂兄弟，都出身于富裕家庭且受过良好教育。上述三人较早参加革命，不仅因他们有较好的教育背景，且与邱会培有关。邱会培，江西兴国人，1925 年在南通加入中国共产党。1926 年秋，邱氏回到家乡，秘密进行革命活动。9 月，任中

---

① 《兴国县志》编纂委员会编《兴国县志》（上），内部资料，1988 年，第 483—484 页。后引此书出处同此条。

共兴国支部委员。① 在他影响下，其妻钟人凰很早就参加了革命。②钟人凰是人祯、人祜之妹。借探亲访友之机宣传革命，是中国共产党成立初期的一个重要动员方式。正是在血缘亲情的影响之下，邱会培的妻堂兄人祥、妻兄人祯和人祜较早加入了中国共产党，并以塘石为中心开展革命活动。

1929 年初，在白滩设立中共兴国县城郊区委，钟人祥当选为区委委员。中共兴国区委于 2 月下旬在钟人祥家召开会议，陈奇涵、胡灿、邱会培等共 20 人参加，决定成立中共兴国县临时委员会。1929 年 3 月下旬，召开临时县委扩大会议，决定将中共兴国临时县委改为中共兴国县委，办公地址设在钟人祥家。③

谢姓也有族人较早参加革命。1926 年 11 月，塘石成立了农民协会。④ 谢名仁于 1926 年底参加了乡农民协会，北伐战争时参加国民革命军并受到大革命熏陶的谢远崧于 1928 年回塘石开展农协工作，谢名政于 1928 年参加秘密农会和农民赤卫队。⑤ 他们在当地起着革命领导者的作用。

钟、谢两姓都有人较早投身革命。在血缘亲情的感召下，越来越多的塘石人开始接受革命的观念，参加革命。

### （2）土地革命时期塘石的革命热潮

1929 年初夏，毛泽东、朱德率领红军从福建到达兴国。兴国的年轻人掀起了参加红军的热潮，塘石的年轻人也不例外。出生于

---

① 《满门忠烈恸天地——江西早期革命先驱邱会培》，载江西省兴国县政协文史委员会编《铁骨忠魂——兴国县革命烈士纪事》，中共党史出版社，2005年版，第 31 页。后引此书出处同此条。
② 中共兴国县委党史工作办公室编《兴国人民革命史》，人民教育出版社，2003 年版，第 40 页。后引此书出处同此条。
③ 《兴国县志》（上），第 484—485 页。
④ 《兴国人民革命史》，第 24 页。
⑤ 谢兆祥主编《兴国县人物志》，五洲文明出版社，2005 年版，第 64、66 页。

1914 年的钟人仿于 1929 年加入中国共产主义青年团并任共青团鼎龙区委宣传委员，后参加中国工农红军、中国共产党。1930 年 10 月，在扩大红军的宣传下，塘石 120 多名青年集体参加红军，编为兴国县红色警卫营第二连。[①]15 岁的谢良也在这一年参加了红军，同年加入中国共产党。

革命前夕的塘石，约有两三百户人家，两千多人口。据不完全统计，该村共有革命烈士 182 人，其中不乏兄弟，如，谢邦祥、谢邦禄兄弟，谢大模、谢大权、谢大标三兄弟等等；亦有父子，如谢德锠、谢毓桩。[②]新中国成立之初，土改工作人员曾在塘石做过初步调查，"目前尚有过去参加过革命的（党、团、荣军）六十余人"[③]。也就是说，烈士、新中国成立之初仍留在本村的"老革命"和在外地工作的革命者，总数〈至少〉在 240 人以上。

在 182 位烈士中，不乏颇有影响力的人物。如谢名仁，1933 年任中共兴国县委书记，"模范兴国"即是他任书记时获得的荣誉；1934 年 1 月，他被选为中华苏维埃共和国中央执行委员会委员，之后调任中共瑞金县委书记。[④]又如谢远菘，1932 年 8 月兴国模范师组建后，他任该师政委，1933 年成功地动员全师加入红军，改称"中国工农红军第三军团第六师"，在长征中成为开路先锋。[⑤]

① 谢良：《铁流后卫》，解放军文艺出版社，1977 年版，第 3 页。后引此书出处同此条。
② 《长冈乡革命烈士英名录》（1981 年 12 月），兴国县民政局藏，第 1—19 页。通读内容可知，此表以 1959 年册为基础，之后根据情况变化增加相关内容。
③ 《兴国县塘石乡土地调查》，江西省档案馆藏，118/1/204/78。《兴国县塘石乡土地调查》未标注具体时间，也未署名。通读全篇内容可知，调查系土改工作人员在土改期间进行的。塘石乡土地改革时间自 1950 年 11 月 16 日起，至 1951 年 1 月结束，因此，调查时间应在此期间。参见《塘石乡土改初步总结》，兴国县档案馆藏，1/1/12、21。
④ 《兴国县志》（上），第 525 页。
⑤ 《创革命灿烂记录——中国工农红军兴国模范师师长钟元洪》，载《铁骨忠魂——兴国县革命烈士纪事》，第 215—218 页。

在革命斗争中，塘石妇女、儿童和其他民众表现也非常突出。以王月香为例，她很早就参加了革命，加入了中国共产党，曾任苏维埃政府乡、区妇女主任。革命中，她先后动员自己的两任丈夫钟人褐、钟人椿参加红军，推动了全区的扩红工作。[①] 还有的妇女参加了洗衣队，如钟才秀和谢玉兴；也有的加入了宣传队，如谢菊红。[②] 在反"围剿"战争中，塘石民众踊跃支前，"有的抬担架，有的运弹药，有的送饭送水"。[③] 长征前夕，塘石成为红五军团在兴国突围的最后战场，五军团驻扎期间，"儿童团天天给他们站岗、放哨"[④]。

### （3）红军主力长征后革命的艰难延续

1934 年 10 月，红军主力长征，塘石的大部分革命者参加了长征，其中至少有 91 人在长征途中失去了音讯；[⑤] 有的在长征途中因病被安置在老百姓家中，后辗转返家，如谢顺山；[⑥] 有的牺牲在长征路上，如谢远崧；[⑦] 有的在解放战争中牺牲，如谢名敬；[⑧] 有的历经抗日战争、解放战争的枪林弹雨，成长为新中国成立后的省部级干部，如邓飞；还有的成长为开国将军，如钟人仿、谢良。

有的塘石革命者奉命留在当地坚持游击战争。谢名仁担任公（公略）万（万泰）兴（兴国）特委书记兼组织部长，领导公万兴游击队；1935 年 2 月被俘，后被杀害于南昌下沙窝。[⑨] 谢毓清带着

---

① 《兴国县人物志》，五洲文明出版社，2005 年，第 342 页。
② 《长冈乡革命烈士英名录》，第 4、7、10 页。
③ 谢良：《独脚将军传奇》，华夏出版社，1987 年版，第 13 页。
④ 谢良：《铁流后卫》，第 6 页。
⑤ 《长冈乡革命烈士英名录》，第 1—19 页。
⑥ 谢良：《铁流后卫》，第 46—49 页。
⑦ 《兴国人民革命史》，第 152 页。
⑧ 《长冈乡革命烈士英名录》，第 9 页。
⑨ 《兴国县人物志》，第 64—65 页。

当地赤卫队上山打游击，不幸负伤被俘，后被杀害。[1]1934 年底至 1935 年初，谢友亲担任中共兴国县委书记，领导游击战争，在游击战争中牺牲。[2]

自 1938 年至 1941 年，塘石是中共兴国县委领导地下工作的重要地点，本地的钟梅生、谢湖南、谢名政先后担任中共兴国县委书记，领导地下斗争，其中，谢名政于 1941 年为革命牺牲。[3]之后，兴国地下党的活动基本上停顿。

土地革命时期，兴国曾被授予"模范兴国"称号。地处兴国县的塘石是"模范兴国"的一部分，为革命做出过重要贡献。塘石既见证了中共兴国临时县委的成立，又见证了长征前夕红五军团在兴国突围的最后一仗；该村有名有姓的烈士就有 180 多位，因此有"红军村"之誉；从塘石走出的革命将领中，谢良、钟人仿于 1955 年被授予少将军衔，因此，该村又有"将军村"之誉。正是基于塘石在土地革命时期的辉煌历史，我们选定塘石作为收集和整理中央苏区史资料的村落之一。这些苏区史资料，有的来源于谢氏、钟氏族谱，有的来源于碑刻与契约文书，还有的藏在民政局、档案局等公藏机构。

---

① 谢良：《铁流后卫》，第 15—16 页。
② 《兴国县志》（上），第 486 页。
③ 《兴国县志》（上），第 486—487 页。

# （二） 塘石村族谱中的苏区史资料

## 1. 谢氏族谱中的苏区史资料

### 例言

一、自宗法废而谱牒兴，当宋欧、苏两文忠公同时并起，以史才订为谱式，天下后世莫不遵其成法，然法固有一定，而分门别类或七八则，或十一二则，不无繁简之异，而要能化裁通变，措置有序，变易之间不失绳尺，斯为握要耳。考欧、苏二谱，编列世系，一以直书为式，一以横列为式；较之而欧式横列，觉世派井然，明如指掌，人多遵之，至五世而用实修，得司马文正公论定。以孟氏云：君子之泽，五世而斩。例当避讳，遂稍易之，故以五格一世始用实修，复提顶格，永为万世章程。顾今谱至五世，类多实修；又或人生平行迹，悉载于内，殊太琐屑，不可为法。更有直书之谱，竟不定为五格，随所欲录而尽书之，至盈篇累页，令阅者生厌；即有横列五格之谱，首篇顶格既列始祖以为至尊莫并，而以后则专用下四格，实修到底，盖亦见于"君子之泽、五世而斩"之当避，是又一变局也。殊不知实修至四世，究在五世格内，法终罔。当今阅旧谱，实修五世之弊固不待言，甚或体虽具而类未分，纲虽提而目失次，不无缺陷之叹。兹参互考订，较正四法，遵司马为式，详其世系，分内外两纪，序、文、形、图、表、传、赞、志，前后类次，措置妥帖，与他谱差有分辨，非敢立异也，亦以化裁通变，各行其是云尔，详列其目于左。

一、图居址。吾辈生于斯，长于斯，食息聚族于斯。人生所以重故土也，即或远徙近迁，亦势所不获已。惟居址明则知吾祖从此发迹，后人由此世守，此图居址之所必先也。塘石为毓一郎公由麦槎始迁之地，大都又为六郎公由塘石始迁之地，境分两邑，人烟稠密，凡众祠、房祠、村居、楼阁及水山、林木、桥梁、庙寺诸胜星罗棋布，绘之于图，庶了然可指焉。

一、祖坟有图。夫既得山水佳丽作荫子孙，为传衍发祥之所，绘而图之，一以杜侵占，一以防迷失，不惟妥先灵于地下，且俾后之览者深有感于斯图。

一、遗像有图。祖先往矣，音容奚觅？夫孝子之心，听于无声，视于无形，所以睹裳衣而致如在之诚。今假丹青，壮其容貌，庶展图想像而优乎忾闻，亦足动孝思于不匮云。

一、祭田必载。礼重祭义，所以追远而报本，故四时各有其祭，祭必置产，所藉以供粢盛，以备牺牲。祭田之设，诚大典也。今凡各祠上祭田，或祖遗，或众置，或捐助，一一查明坵亩，悉载于谱后。

一、庆源图。人之有祖，犹水之有源，千支万派，必脉络分明，然后可以徇流溯源也。兹谱世系详而且繁，自始祖以下，世次已十提首矣，观者不胜翻阅，因设为线图，自下至上，逆循远推，极而至于赐姓命氏之始，用墨线为系，名曰庆源垂线图，即今所谓吊线谱也。其图始祖以上单线行，始祖以下千支万条如瓜瓞之绵丝联绳贯，无一毫挂漏，俾观者一开卷而了然在目，庶知万殊一本之义焉。

一、禅通。按谱家例，必遡乎赐姓命氏之原，今考禅通旧纪，列于三皇之后，凡有一十九世无统系、年代可核，而炎帝在其列，且各称氏，是即赐姓命氏之始也。此图旧谱虽有，今恐涉于僭越，故删之。

一、天图。有天下者为天图，自三皇而五帝，炎帝继庖义有天下，传位八世，特列为天图。谨按谢氏之先，本姜姓，实炎帝之裔，以帝育于姜水，遂以为姓。此旧谱亦有，今恐涉于僭越，谨删之。

一、肇先图为开姓之首。按谢氏始于申伯，封地其后，遂易姜而姓谢，今标而列之于首，盖原始也。

一、东山堂图。自有谢氏而后，其裔分衍半寰区，有陈留邑之谢氏，有东山邑之谢氏，石都谢氏实为东山安公之裔，今特尊之，盖别其同源而异派也。

一、南迁图。按旧谱，安公四世孙名政，南北宋避乱，由会稽山阴迁于平固竹坝，传九世而麦槎，越十数世而徙塘石与大都，遂大衍其族，而成庆源之总图。

一、谱有谱原、谱宗。远而为原，近而为宗。今石都谱原以安公为始，谱宗以肇公为始，非同于溢漫而无稽也。

一、谱详世系。自肇姓以来，同出一祖而分支别派，岂能尽录？即录之未必能详。至于嫡派世系，又不得不详也。是谱式遵司马论定横格五四用实修，至五格胪列一名，按五服也。将五世墨图并五格，某名提起，于次顶格始详注之，层序而下至五世，仍虚按一名合而为九，按九族也。长子则顶其父下，仲季则序次而平列之。

一、世系首注某公子，若有孝节及功在族党之足表彰者，即于其下以数字小传表彰之；有名位传赞则曰详某表某传。

一、次录生、殁、娶、地形、山向。生曰生，死曰殁，年高曰寿几十，幼死曰札曰殀、殇，既归土曰葬，未归土曰暂殡，客死曰寓葬，同穴曰合，傍葬曰附，生基曰寿藏，死墓曰坟茔。详注以后，则另列生子几女几。

一、凡娶配，归曰娶，未归曰聘，发妻曰元娶，再娶曰续姜，讳又娶。男无后曰止曰乏，妇未育曰无出，过继曰继某为后，抱养曰抚某之子为嗣。女既嫁曰适，受聘曰许配，未受聘未字。妇父必载，女婿必书，为戚属之光。

一、凡妇而再醮，女而更事，例当并氏削之，大不孝也。今姑为较正，有妇而再醮则书一氏，生殁不录，下有"出"字，盖避其后人责以遗失之过也。女而更事则书前婚，前婚无育则书后婚，亦例所姑宽焉。

一、世列鸿邺为始祖，明世派也。鸿邺公以前之谱原、谱宗，生殁葬娶多失非，故焉阙之，以其远未尽稽不敢伪撰也。

一、间有乏嗣与夫外出既殁者，或得之闻见，知其为某支某派，自年十六以上，世系之名断不敢遗。至有无生、殁、葬、娶，多书失考，或书缺若。其人有功于当日，有惠于后人，虽乏嗣外出亦必表出之。若失忘既久，竟不知是何支何派，无可安置，无论男妇，则悉附于世系后补遗。

一、名位表。凡一衿一位，皆为衣冠文物之色，关乎朝廷名器、家门光宠，所宜表彰也。石都谢氏前人霞举，当代云蒸，今于名位表内一一详列之，著明某子某行登选，何年历仕，何地或为忠义为廉介，备述其梗概，俾后之追踪接武者知所绍述，非徒侈其名也。

一、志恩纶。制诰乃盛朝旷典，胙赠为草野荣施。会稽肇公勋名盖世，爵采子男，锡以龙章，煌煌炳日，后世犹睹遗徽焉。谨志其敕命，非第为谱帜光，亦见王言之当重也。

一、谱传世德。所以表彰祖德，俾后人世守之勿坠也。夫尽道而有得于已之谓德道，不外于伦常日用，人皆当尽。今本传于孝弟忠信节义，可为法于后世者，核其实以传之，冀后之继此而振兴者代不乏人也。

一、隐行传。人生沦落草莽，非甘雌伏第一，枕邱园烟水云山，怡情适志，虽或抱奇负异，亦将湮没不彰矣。然而硕德竣望，每修以隐逸之伦，于视失当，世则荣，殁则已焉者。其虚名实行，孰为轩轾哉，此隐行之所宜阐发也。

一、孝子传。孝为百行之原，善事父母，虽备历艰险而孝念不

衰，彼固出于至性，尽其当然。在家克孝，在国则忠。古人求忠臣
于孝子之门，非无因也。宜急为表之。

一、节妇传。妇之称节难矣哉。青春破偶，寂寂长年，无子则
空守孀帏，有子则遗孤在手，翁姑在堂，半代子职。翁姑殁后，倚
靠无人，贫无以资，尤堪垂悯，是诚闺门之不幸，贞烈之不多觏
也。族而有节，所当急为采录。

一、义士传。世德内于孝弟节义，既无所遗，然义犹为人所
难〈所难〉尽，人必有忠烈之气，始能舍生取义。古今在朝义士能
有几人，而况一家乎。人能尽义，视家国一体也。此文信国当日死
节，其衣带赞有"成仁取义，义尽仁之至"语。家有义士，乌可特
纪之。

一、祠宇有志。祠称家庙，所以妥先灵，展孝思。凡春祀、夏
禴、秋尝、冬烝，婚丧燕亨〔享〕，皆于是乎。在兹各一一有记。
盖以明祖灵之既妥，亦以昭丕创之功宏也。

一、墓有志铭。所以志，不忘也。人无论穷通得丧，必有生前
德立行修有堪传者，死后笔之于墓，以垂不朽，故祖坟佳者有图，
墓有铭者亦录，亦所以发潜德之幽光也。

一、文献录。录其德行，又征其文辞，盖文人学士发为诗歌，
所以写性情畅机趣，至于此投彼赠，一切文序传记，尤足征道德之
精华，因并汇而附于卷末，为学古者法，岂第以供阅览已哉。

**谱有六不书**

一、凡有艰于儿，媳必年至五十以上，许立兄弟之子及本宗子
侄派次相称者，以承宗祧，毋得抚抱异姓之子，冒为亲男，以紊宗
支，此一不可书也。

一、凡有出家为僧为道，或为父母所鬻，或为攻好异端而不顾
宗祧者，是皆弃父子之伦、灭君臣之义，孟子曰：无父无君，是为
禽兽，此一不可书也。

一、凡有妇而丧夫弃节他适者，义与庙绝，止其存氏，生殁不

具，此三不可书也。

一、凡有不肖子孙，不事本业，好为游惰，或远流他乡，甘为人仆役，或听人蛊诱投入衙门而为隶卒，有玷先人高风、丧亡自己名节，理合革除，不许入谱，此四不可书也。

一、凡有等素行奸淫乱伦弑逆，为强为盗，无所不至，实属巨恶大孽，族所难容，已经革出，不许载谱，此五不可书也。

一、凡在本族转婚，无论平辈反辈，皆属乱伦，自应革出，不许载谱，此六不可书也。

**谱诫**

一、诫水火蠹蚀。夫谱所关最重，非他书比，修费不小，正宜箧笥藏之，以传子孙，守之勿失。春夏霖雨，则惧霉湿。秋冬干爽，则忌虫蠹。至于水火，又事势之难料，尤不可不加意也。各房收掌，须宜珍重，以时检阅晒过，毋视若弁髦漫不经心。每岁会谱查阅，如有以上诸失者，罚。

一、诫私抄乱宗。家必珍藏其谱，所以防乱宗也。前此之谱，已经祖父考订，无容拟议。今此之修，又皆耳闻目见。世系支派，或迁或止，查核精详，莠稂必去，异类必锄，无所藏奸，诚恐不肖子孙唆人厚利以谱借人私抄，致使奸徒节外生枝，窜入族类，乱我宗支，似是而非，真伪莫辨，为害不浅。如有此等，查实追回原谱，本人立即摈族，以杜后患。

一、诫墨填字迹。是谱之修，细加考订，并无鲁鱼帝虎之讹，即印刷纸张，亦经拣选，并无破损补缀，字画尽皆分明，页数俱皆一样。收领之后，不可墨填、改补、涂抹、添注。会谱之日，逐一清查，如有前弊，立即公罚，各宜珍重。

一、诫会祠查号。谱必编号者，盖以谱有定数，亦以防奸也。每岁定期与祭祀之日，收掌之人持谱聚集宗祠，逐号逐页查阅有无损坏、添补，不得推诿外出。如果远出未归，即付的当人收，否则立即究诘公罚，以儆故违。

一、诫收掌非人。谱为一族公器，务必小心收藏，无或损失。若付托不得其人，任其霉蠹油污，毁伤残缺，寖至漫灭，皆属不肖子孙同一败类，合宜告祖责惩，以戒不敬。

一、诫后世续修。人以三十年为一世，六十年则为两世矣。天道意六十年为小变，故六十年之生齿兴废，几更变迁，谱之所载者，即其事也。过时不修，则前者故详而后者不免阙漏，今断以六十年为准，庶免传疑。

右立谱诫，岁以祭祀后高声朗念一遍，以提撕警觉，子孙洗耳静听，毋负修谱之意。

## 家约十条

### 敬祭祀

家必有庙，庙必有主，四时各有其祭，所以尽追远报本之诚也。岁逢春秋二候，必用牲醴时食荐于祖祢之前，务尽诚敬祖祢。即祖父母生辰、忌日，仪亦如之，庶洋洋如在，垂佑于无穷矣。若用僧道，非大宗家法也，违者族长责之。

### 保坟墓

古人为墓于郊，以封以树，所以表出之，以志久远也。每遇寒食、清明之节，躬率子弟敬诣各处醮扫，仪用牲醴、钱楮，挂明墓界，不可失迷己山，亦不可挂占别界。有草莽者芟除之，宜树木者封培之，倒塌者修整之，世世谨守，毋许盗卖、盗葬，违者革出，家法责之，断勿姑狥。

### 敦孝弟

诗云：哀哀父母，生我劬劳。又曰：兄弟阋于墙，外御其侮。故百行以孝悌为先，父母者身之所自出也，其大如天地，其恩碎骨而莫酬。幸而二老在堂，所当尽者，定省、温清、服劳、奉养、进甘、旨承、色笑。外必致其礼，内必将其诚，不过分所当然。乃若至孝大孝，吾人未必能尽其万一也。兄弟为分形连气之人，如手如足，又谓之骨肉。人无兄弟，则势必孤单。凡子孙有兄弟者，当为兄爱弟，为弟敬兄，出入以相友，守望以相助，毋信谗言而争长竞短，毋听妇语而分门割户，同心以成其家，合志以立其业。外侮之来，共力御之。异端之起，协力阻之。传有之兄弟，虽有小忿，不废懿亲，久若兹，又何患乎家之不成业之不立乎？人能内尽孝弟，则必外能尊老敬长。乡党宗族，相习而成亲逊之风。有子云：其为人也，孝弟而好犯上者鲜矣。

慎婚丧

男女婚姻，各择善良清白之家及门户相当者，凭媒通好，不得贪图富贵讲论财物，致贻夷虏之讥。若同姓，本不为婚，尤宜禁止。不幸父母有丧，必当尽其哀痛，预宜整备衣衿棺椁，埋瘗以送死，毋许崇□浮屠修七建斋，以陷亲于不义。吊客戾止布帛。宴款斟酌而行，富而不得太薄，贫而不得强厚。至于装饰浮繁之物，更为无益，有坏先王立法之意本，识者议以为非礼，违者家法笞之。

尚礼仪

管子曰：礼义廉耻，国之四维。四维不张，国乃灭亡。国尚如此，而况家乎。凡吾子姓，持身涉世当以礼相尚，事至物来当见义必行，每〔毋〕临财苟得则为廉，毋辱身贱行则为耻，于斯四者斯须不可离，则家可保身可守，而子孙自必昌大矣，其勉之。

勤耕读

士农工商，各有本业，四者不可得兼。传家之本，则莫如耕读为久远。吾族子孙，凡为耕者，竭力亩畆，宜及时以耕耘。读者潜心芸窗，无浪名而为学。古云：苦读终成器，勤耕必有收。又云：怕贫休浪荡，爱富莫闲游，其勉之戒之。

儆奢侈

伊川先生谓：子弟凡百玩好，皆足以骄其志。自今凡有幼小子弟，才离褓襁，只宜服之以布素，不得以珍宝杂珮嬉笑于目前，以长他日骄侈之心。年七岁以上，训以诗书，教以礼让，苟父兄之教不先，子弟之率必不谨矣。至于治家日用，服食冠婚葬祭，丰俭贵得其宜，无得夸艳斗靡，暴殄财物于无益之费，眼见人家任般骄奢，后来求衣食不足，可不切前车既覆之鉴哉。

劝善恶

孔子赞：易之坤，积善之家，必有余庆。积不善之家，必有余殃。吾尝三复斯言，则知善恶之报，如影随行，信不诬也。吾家自始祖而下，世承忠厚之善知当积，不善之当戒，所以合族子孙幸致绵远，皆吾族积善中之余庆所流也。曾见不善之家，炎炎赫赫，炙手可热，自谓势不如已，不数十年而家事倾败，天理昭昭，未有不以类而应者矣。苏文忠公又谓：称人之善，必本其父兄师友厚之至也。今吾子孙，遇君子之家有善行可称，宜扬之以为勉；其小人之家有不善之事，宜匿之而不可道，无得传播于外。故曰：闻人过失，如闻父母之名，耳可得而闻，口不可得而言也。

诫赌博

古云：浪子回头，空一掷。而人好赌，必至财尽注孤倾家荡产而后止。诚恐无业，可安贫，莫可告流为宵小而起盗心，故防窃盗必以禁赌博为先。凡我同姓子弟，务宜各安生业，守分守己，毋许游手惰支，戏赌博财，以陷己身，以坏风俗，违者家法重责，如不痛戒，定行革出。

息争斗

事无大小，忍者为高。若有非礼之来，苟无损于身家，无玷于名行，何妨坦然处之，勿因小忿而逞强以争，勿因毫□而恃勇以斗，更勿因匿怨而为唆请挑讼，暗刀杀人，肆害不小，人神之所共诛，天地之所不容。凡我宗姓，各自省事息非，我既能保族宜家，庶外人不致欺侮，而门第安得不昌大乎。

说明

内载六不书各条，为保守我族清白起见，务宜恪遵无违。但共

党期内 [①] 或有一二不测，此后切勿藉口牵引，以免紊乱，至嘱。

（《谢氏五修族谱》卷一，1946 年修）

## 房主修德楠先生传

德楠先生，清国学生也，名寿松，字良材，幼聪慧，读书颇有所得，但为家计累，遂弃举业，绝迹城市，栖迟岩壑于终老。秉性恬淡，耽山水，故傍隈临流，结庐而处，晨兴课农，督耕外则茶烟一缕，寒则拥炉高卧，暑则开窗纳凉，有时作字数百，或抄书一二页以消余闲。至于天气清和，晴余晚景，非登山以观群鸟归巢，则临溪而玩细鳞游泳，襟情潇洒，其补锅匠之流亚欤，抑不文之渭滨不汤之莘野欤。生子四，皆壮貌奇特，先生于庭除之内，一一训以义方而端正其趋向，是以皆能成立，克勤克俭，不坠前人家风。嗣因□□肇祸，长、二、四诸子逃亡在外，惟三子仅存，即毓熹也。幸各有传，今孙曾林立，昌炽骎骎矣。论曰：先生优游山谷以保其身，以种其子孙。昔贤邹迪有云：人生役役于百年之内，复规规于百年之外，劳精劳神，以希冀不朽，亦何益哉。先生其知此道者欤。

纂协修等　拜撰
（《谢氏五修族谱》卷一，1946 年修）

## 房修德忻先生序

德忻先生系才球公之次子也。自幼而异赋，性灵敏，秉质坚强，专以力田稼穑为事，兼作本小利微生意，忍苦耐劳，日积月累，不数年间竟自成家室。幸内助得人，愈加勤俭，家道由是日昌，置田园，建栋宇，育子娶媳，雍穆一堂，居然一大家也。无何国运不济，家道欠亨，民国十七年，□□肇乱。二十三收复，伊子

---

[①]　此谱修于 1946 年，系南京国民政府统治时期，故称土地革命这段历史为"共党期内"。为保存史料，照录原文，使用材料者请把握立场。后同。

年幼无知，被其欺骗逼迫，相随历有年所，未见回来。其存其殁，家莫闻知。人或有言，将信将疑，不得已始过继承桃。旋复娶媳，统共用去法币不少，同住年余，相安无事，后竟化为乌有矣。至今复抚毓琇之子名□为孙，则先生不患无后也。兹五修家乘，族人咸劝伊作房修，伊慨然允之，先生好善乐施足征一端，是为序。

族侄绍连　拜撰

（《谢氏五修族谱》卷一，1946 年修）

## 才渭先生副修序

余族有敬佛修桥而得嗣者，才渭先生夫妇也。先生德配萧孺人，年四十尚无子，因行善事，连育二子，长曰德国，次曰德槐，而槐得卒业于高小，人皆曰善报。当是时，德槐妻熊氏不育，则抚孙以继嗣，而家庭之乐晏如也。不幸家遭□□之祸，其父子同日陷亡，其孙被害迫充军不返，乏嗣以继其后矣。爰是萧孺人乃于收复之年半，抚德桃为嗣，乐输良田十六石为西璧堂春秋醮祭之资，可谓巾帼丈夫也。斯时，熊氏亦悯无后，乃续抚族中毓凤为嗣。虽分道而扬镳，实连理而共枝也。此次五修家乘，合任副修，以助谱费，以显父母，能知家乘重于国史，见义勇为，谁不谓贤嫂弟乎。先生夫妇可含笑九泉矣。是为序。

编修震　撰

（《谢氏五修族谱》卷一，1946 年修）

## 房修芮才公行述

家严芮才，字炎明，世居兴国塘石，生于清光绪乙亥元年八月十一日辰时。体貌魁伟，沉毅寡言。少失怙恃，以孤贫废学，肆力南亩。涉世既深，是非洞澈，天性和平，与人无争。念物之艰，因自奉甚薄，宏胞与怀，故好施与，如，捐资兴学，筑堤修桥，与夫地方公益救贫赈灾诸事，均能慷慨倾囊。先是，娶先母李大夫人，夫妇唱和，勤俭自立。由是，创田园，构房舍，家道臻小康焉。初生先兄勋、仲、叔、季等，皆早逝；姐二人，钊子适黄炳南，运女适张姓。迄民国二年，合坊万缘推家严任总理，辛勤擘划，历时一载，始生刚，人称善果之赐。迨民国二十二年间，兴国□□，先母不幸死于□□。抚育深恩，念报弗宣。续娶继母欧阳夫人，治理家事，相处泰然。刚无似从事教职，办理党务十数年，愧无建树以光门第。中宵念及，良用赧然。今父年逾古稀，精神矍铄，体力胜旧，犹能赍身田园，操持家政，非此得天独厚也耶。谢太兄敬虚为家严题象赞云"树艺五谷，饱食暖衣"。孔子曰：吾不如老农，入则孝，出则弟，言忠信，行笃敬，乐亦在其中。故大德者，必得其寿，其子之贤亦可宗，乡人皆好之。国人皆曰：贤有丈人，长沮、桀溺，是则同并于家严之能行，盖己表而出之矣。

五男德刚谨述

（《谢氏五修族谱》卷一，1946 年修）

## 为霖先生序

先严景彪，派梁德，号为霖，才赞公三子也。同治丁卯呱堕塘石，悼岁入学，颇称聪颖。年方十五，不幸丁忧，迫主家政，以致辍学，改习武艺。及至弱冠，有过人之勇、迈众之材。壬辰岁试，取入泮宫。先严生平无伪，敦笃不浮，事慈亲则尽承欢色笑之奉，处兄弟则尽同气连枝之美，优游党族，克尽谦恭。其自处也，则黜华靡而崇朴实，去骄侈而存本真，节俭积金，亲添产业，于是家号小康矣。先严积金犹能积德，且特具慷慨乐输善事之举，排除斗争诉讼之心。本邑平川中学、万福河堤及凡修桥补路，无不欣然解囊以助厥成。人有是非，则剖断之；人有纷争，则排解之。故乡里咸称忠厚，莫不感颂大德焉。晚年任保卫团总及联防办事处主任，安抚群黎，搭救多命，仁善之心鲜可伦比，洵值后裔宗式者也。民国念年，数遭世恩，兵燹相遂，先严携眷逃避，积劳成疾，遂于翌春病卒赣城，时年六十有六矣。回忆易箦之际，睁眼厉声遗嘱三事：新造门楼以为霖刊碑，此其一也；若逢修谱以为霖房主修，此其二也；建造厅厦以为霖立堂，此其三也。末句勉勖尔等日后务宜遵行，言毕瞑目作永别矣。鸾虽不佞，痛感先严临终诰诫，敬祖尊宗、敦伦睦族之恳切，言犹在耳。自当秉承遗训，负捐房修，聊资臂助，合谱之告成而慰其在天之灵。兹将其一生过程，循实谨摘，爰掳肤词，刊诸谱牒以垂不朽。是为之序。

次男毓鸾拜跪　谨序

（《谢氏五修族谱》卷一，1946 年修）

## 总主修毓淙先生家传

毓淙，字荻蕃，德健公之次子，毓清之弟。兄弟俱以才干名于乡。毓淙幼读书但观大意，及长有智略，遇事识大体，条理明晰，决断无滞，辩才娓娓，闻者豁然。初为私立塘石小学校董事长，颇露头角。旋任本乡乡长，继调黄田乡乡长，复调回本乡乡长。时值抗日战争六七年间，军事急如星火，抽丁派撰〔馔〕无虚日，卒能应付裕如，上克顺命而下不扰民，乡之人若忘其有战事者。其在各乡长任内，派人派款，应声立集，无少迟误。去后乡民犹思念，咸叹不置〔止〕，盖其公平诚信，入人深也。生平好义急公，曾倡修学校、祠庙、桥梁、河堤、陂圳，皆力任其难。卸乡长后，复为续修族谱主修，操行不苟，久握乡政而家中寒素如旧，时虽脱离乡职，村中远近均倚以为重，惜以无人引拔，屈居僻壤，不获大绅〔伸〕其志，然世燮需才，飞腾终有日也。论曰：人才之高下，岂非形同哉，常见士大夫读书数千卷，下笔万言，然试之以事，则茫昧而无所指，盖咕哔记诵之儒，不达大体者多也，用人者宜知所择矣。

里人谢远涵　撰

（《谢氏五修族谱》卷一，1946 年修）

## 苏区人物志

**毓泉**　字荻蕃，兴国县长冈乡塘石村人。土地革命战争时期，

曾任中共兴国县委组织部长，城镇中心支部书记；民国时期任塘石
小学董事长及塘上、黄田乡乡长。

（《谢氏联修族谱·总谱卷二》，1996 年修，第 143 页）

**桂毓**　兴国县长冈乡塘石村人。参加了长征。一九三三年任红
军第三军团第六师十六团人事管理科科长。淮海战役殉职。

（《谢氏联修族谱·总谱卷二》，1996 年修，第 144 页）

**名仁**　兴国县长冈乡塘石村人。一九〇七年生。一九二六年秋
参加乡农民协会，任农协宣传委员、主任。一九二九年春加入中国
共产党。后历任上社区苏维埃政府主席、兴国县肃反委员会委员、
巡视员、中共兴国县组织部部长、县委副书记、书记。一九三四年
一月，出席中华苏维埃共和国第二次苏维埃代表大会，被选为中华
苏维埃共和国中央执行委员会委员。同年二月调任中共瑞金县委书
记。十月，主力红军长征后，奉命留地方坚持游击战争。十一月，
兴国、万泰、公略三县在泰和桥头冈成立公万兴特委，任特委委员
兼组织部部长，领导组织公万兴游击队，转战于崇贤、贺堂一带的
崇山峻岭中。一九三五年二月，游击队在大龙与国民党政府军周浑
元部作战三昼夜后，退到方石岭。由于叛徒告密，敌军放火烧山，
他带领队伍突出重围，行至老营盘山下渡河，受到国民党政府军一
个团的围攻，被俘入狱。后解送南昌江西省军法处，与方志敏等关
押在一起。一九三六年六月十五日，被害于南昌下沙窝。

（《谢氏联修族谱·总谱卷二》，1996 年修，第 147 页）

**维峻**　兴国县五里亭乡凤冈村人。一九〇三年生。一九三二
年参加中国工农红军。中共党员。曾任江西军区二分区司令员。
一九三三年在乐安县南村战斗中牺牲。烈士。

（《谢氏联修族谱·总谱卷二》，1996 年修，第 147 页）

**名伟**　兴国县长冈乡塘石村人。一九〇四年生。一九三〇年参
加中国工农红军。中共党员。曾任宁（都）、瑞（金）、石（城）军
分区司令员。一九三二年在福建牺牲。烈士。

（《谢氏联修族谱·总谱卷二》，1996 年修，第 147 页）

　　**玉崑**　一九○五年生。赣县田村乡社大村人。家境贫苦，只读四年私塾。一九二九年，经罗贵波介绍，加入中国共产党。后在社大、岘滩、船埠等地秘密发展党组织，组建农民协会，开展打土豪、减租减息、分义仓谷济困扶贫等革命活动。同年冬，中共赣县临时地下县委迁到社大，玉崑任县委组织部部长。

　　一九三○年，玉崑任兴赣万游击队第一大队政委。三月，参加了赣县工农革命委员会成立大会，被选为委员。四月，任二十八纵队第一大队政委，出席了中共赣县第一次党代表大会。十月，任三十五军三○八团政委，与团长邓茂生率部辗转于兴国、于都、赣县、信丰、大余一带，与敌人开展了游击战，打垮了华藻靖卫团。在潭口攻打敌靖卫团战斗中，打死打伤敌数十人，缴获一挺轻机枪和一些步枪。在信丰又击溃敌六十七、六十八团。一九三一年一月，攻克大余县城。三天后，部队返回信丰，他协助罗贵波平息了"信丰事变"。同年秋，蒋介石发动了第三次"围剿"，玉崑率部在吉安富田，与敌激战三昼夜，歼敌一个团。同年冬，红三十五军进攻瑞金九堡时，他带领传令排，冒着枪林弹雨涉过九堡河，发起冲锋，全歼守敌，战士称他是"带头冲锋的好政委"。一九三三年七月至十月，任中共安远县委书记。此后，被调任独立第六师政委。一九三四年春，任江西省军区第五分区政委兼政治部主任。同年十月参加长征，在长征途中牺牲。

　　（《谢氏联修族谱·总谱卷二》，1996年修，第147—148页）

　　**宗法**　兴国县长冈乡集瑞村人。一九○五年生。一九二八年参加革命，同年冬加入中国共产党。历任中共上社区区委书记、兴国县委组织部部长、江西省委组织部部长、少共中央局组织部部长等职。一九三三年十月在福建牺牲。当时《青年实话》发表有"悼念兴国谢宗法"文章。烈士。

　　（《谢氏联修族谱·总谱卷二》，1996年修，第148页）

　　**有兴**　兴国县长冈乡秀水村人。一九○九年生。一九二九年参加红军。中共党员。曾任红军师政治委员。一九三五年在长征途中牺牲。烈士。

(《谢氏联修族谱·总谱卷二》，1996年修，第148页)

**远崧** 又名长春，兴国县长冈乡塘石村人。一九〇七年生。十七岁开始给地主做长工。北伐战争时，参加国民革命军。一九二七年参加兴（国）、泰（和）游击队。一九二八年游击队改编后，回到塘石开展农协工作。同年冬加入中国共产党。一九二九年三月任鼎龙区赤卫队长。一九三三年任兴国模范师政治委员。不久，任工人师政治部主任兼组织科科长。一九三四年十月带病参加长征，以顽强的斗争精神，随部队到达陕北。一九三五年，在一次阻击战中壮烈牺牲。

(《谢氏联修族谱·总谱卷二》，1996年修，第148—149页)

**喜龙** 兴国县贺堂乡人。一九一三年生。一九三二年参加中国工农红军。曾任红三军团某部参谋长。长征途中牺牲。烈士。

(《谢氏联修族谱·总谱卷二》，1996年修，第149页)

**义玉** 兴国县崇贤乡莲花村人。一九〇八年生。一九三二年参加中国工农红军。中共党员。曾任红三军团师参谋长。一九三五年在长征途中牺牲。烈士。

(《谢氏联修族谱·总谱卷二》，1996年修，第149页)

**芳名** 兴国县贺堂乡大龙人，曾任红军三军团宣传部长。

(《谢氏联修族谱·总谱卷二》，1996年修，第149页)

**云龙** 字芳成，兴国县贺堂乡大龙村人。一九〇一年生。一九二一年入崇贤小学读书，被选为学生自治会会长。一九二三年秋入吉安省立第七师范学校读书。一九二五年加入中国共产党。一九二六年春回乡任大龙村龙文小学教员、校长，同年秋领导建立中共大龙党支部小组。九月中共兴国县支部干事会成立，被选为委员。十月被选为兴国县第一届总工会执行委员会委员长。一九二七年"四一二"反革命政变后，县总工会被捣毁，他组织二十多工人代表赴省请愿。一九二八年春，先后在齐分、大龙秘密建立游击队，后又组织崇贤农民赤卫队举行了武装暴动。一九三〇年春，调任中共福建建宁县委书记，七月调任中共赣南特委书记，十月去安远板石乡出席会议，途经陈家庄被国民党"靖卫团"捕杀，壮烈牺牲。

（《谢氏联修族谱·总谱卷二》，1996 年修，第 149 页）

**先穆** 兴国县樟木乡人。一九〇〇年生。一九三〇年参加革命。曾任兴国独立团政治委员。长征途中牺牲，烈士。

（《谢氏联修族谱·总谱卷二》，1996 年修，第 149 页）

**贤辉** 兴国县长冈乡长冈村人。一九〇七年生。一九三〇年参加革命，一九三三年参加中国共产党。曾任兴国模范师团政治委员。一九三五年在瓦窑堡战斗中牺牲。烈士。

（《谢氏联修族谱·总谱卷二》，1996 年修，第 150 页）

**立英** 兴国县樟木乡樟木村人。一九〇八年生。一九三二年加入中国共产党。曾任红三军团某团政治委员。一九三四年参加长征，牺牲于途中，烈士。

（《谢氏联修族谱·总谱卷二》，1996 年修，第 150 页）

**芳范** 兴国县贺堂乡大龙人，一九二九年任广昌县红军独立团政治委员。

（《谢氏联修族谱·总谱卷二》，1996 年修，第 150 页）

**先霂** 字锦彰，兴国县樟木乡樟木村人。生于一八九五年十月初四日。一九二九年参加苏区革命，曾在中共于北特委工作。一九三〇年组建独立团和红色特务团。一九三三年当选为中共胜利县执委，并组建少共国际师胜利团。一九三四年组建胜利县游击司令部，并以胜利县苏维埃政府主席名义，发出布告，号召白军士兵，掉转枪头，同红军联合起来，一致抗日。一九三五年一月率胜利县党政军在九山同兴胜县党政军会合，转战到兴国崇贤与江西省党政军会合，根据省委指示，县执委赖传来和县执委、胜利县主席先，率领县党政军机关独立营，于同年三月转移，途径兴国竹坝与国民党军相遇，进行激战后，他率剩余人员突围至樟木岩石寨时，被敌军重重包围，进行激战，因敌众我孤，粮弹援绝，身负重伤，不幸被捕，被敌军押送南昌杀害。革命烈士。

（《谢氏联修族谱·总谱卷二》，1996 年修，第 150 页）

**良谱** 兴国县永丰乡人。一九〇六年生。一九三二年参加革命，中共党员。曾任杨殷县苏维埃政府主席。一九三五年牺牲。烈士。

（《谢氏联修族谱·总谱卷二》，1996 年修，第 150 页）

**名政** 兴国县长冈乡塘石村人。一九〇五年出生于贫苦农家。一九二八年参加当地秘密农会和农民赤卫队。一九二九年任塘石乡苏维埃政府文书。一九三〇年春加入中国共产党。一九三一年任中共均村区委，并当选为中共兴国县委委员。一九三四年十月红军长征后，留在地方工作。一九四〇年任中共兴国县委书记。同年冬，因叛徒告密，被捕至高兴竹篙山集中营，受尽种种酷刑。宁死不暴露组织秘密，敌人想从他口中得到地下党组织的秘密，他坚决拒绝说："要命有一条，要秘密就没有"。一九四一年春壮烈牺牲。临刑前，他安慰妻子说："十八年后，我又是一条好汉。好好把小孩抚养大，革命自有后来人"。昂首挺胸，高呼革命口号，英勇就义。

（《谢氏联修族谱·总谱卷二》，1996 年修，第 151 页）

**友清** 兴国县长冈乡塘石村人，德禄长子，中共党员。一九三二年至一九三四年任中共塘石乡支部书记，后任中共兴国县委书记。红军北上时留守地方，被敌惨杀英勇就义。

（《谢氏联修族谱·总谱卷二》，1996 年修，第 151 页）

**名葱** 兴国县长冈乡塘石村人，号湖南，伟毓长子。一九三五年至一九三六年任中共兴国县委书记，赣西南特委军事部长。

（《谢氏联修族谱·总谱卷二》，1996 年修，第 151 页）

**德倍** 兴国县长冈乡塘石村人，字谢鹤，才议次子。一九三〇年至一九三四年任工农红军三十五军军部副官。

（《谢氏联修族谱·总谱卷二》，1996 年修，第 152 页）

**文兴** 兴国县高兴乡文溪村人。一九〇九年生。一九二八年加入中国共产党。曾任区苏维埃政府主席兼军事部长、中国工农红军总政治部工作组主任。一九三四年参加长征，牺牲于途中。烈士。

（《谢氏联修族谱·总谱卷二》，1996 年修，第 152 页）

**敬喜** 兴国县江背镇人，一八八九年生。一九三三年参加革命，曾任红三军团副官。一九三四年参加长征，牺牲于途中。烈士。

（《谢氏联修族谱·总谱卷二》，1996 年修，第 152 页）

**毓玳** 兴国县长冈乡塘石村人，德鸿四子。一九三一年至一九三二年，曾任中共兴国县委组织部长等职，留守后方病故。

（《谢氏联修族谱·总谱卷二》，1996 年修，第 152 页）

**毓亮** 兴国县长冈乡塘石村人，栋德次子。一九二八年至一九三四年任模范师连指导员。兴国县苏维埃政府军事部部长。

（《谢氏联修族谱·总谱卷二》，1996 年修，第 152 页）

**德机** 兴国县长冈乡塘石村人，攸才三子，一九三三年至一九三四年，任兴国县工会主席，省工人代表。

（《谢氏联修族谱·总谱卷二》，1996 年修，第 153 页）

**毓海** 兴国县长冈乡塘石村人，德逢长子，一九三二年任工农红军工人师营长。

（《谢氏联修族谱·总谱卷二》，1996 年修，第 153 页）

**烘德** 兴国县长冈乡塘石村人。才楫长子，中共党员。一九三二年至一九三四年任兴国县上社区苏维埃政府主席，县肃反委员会委员。

（《谢氏联修族谱·总谱卷二》，1996 年修，第 153 页）

**才泗** 兴国县长冈乡塘石村人。一九三一年至一九三四年，任江西省军区司令部机要科长。后任塘石小学校长多年。

（《谢氏联修族谱·总谱卷二》，1996 年修，第 153 页）

**刘翠华** （女）藻德之妻，兴国县长冈乡塘石村人。中共党员。一九三二年至一九三三年任杨殷县妇女部部长。

（《谢氏联修族谱·总谱卷二》，1996 年修，第 153 页）

**昌宝** 兴国县长冈乡勋塘村窝子上人。贫苦农民出身。一九二八年在当地参加秘密农民协会，同年加入中国共产党。先后任党的秘密联络员、村农会主任、东一区五乡政府宣传员、少共书记等职。一九三一年十二月，出席第一次全国苏维埃代表大会，会后调兴国县委宣传部长。他擅长即兴叙事唱山歌，在配合中心工作，开展革命宣传中编唱过"妇女革命歌""拥护苏维埃歌""购买公债歌""动员当红军歌"等大量山歌，是当时著名的革命歌手。一九三三年调任长冈乡苏维埃政府主席。他刻苦工作，以身作则，联系群众，关心群众生活和注意工作方法，受到群众的真心爱戴。一九三三年春荒时，他带领妇女赤卫连去百余里外的公略县采办粮食回来，救济群众，把自己分到的半担粮食让给别人。上级表彰他的工作，被评为乡苏工作模范。一九三三年十一月，他与王先怀、李述应等在瑞金向毛泽东主席汇报长冈乡工作，参加毛泽东作长冈乡调查的会议，是《长冈乡调查》中写到的三个模范乡干部之一。一九三四年春，他以"模范的工作人员"出席第二次全国工农代表大会，受到大会和中央工农民主政府的表彰，领受了大会授予模范长冈乡奖旗、奖品。同年春，调任县苏维埃政府军事部副部长。红军长征后，被派往城冈等地开展地下革命工作。当他召集城冈、枫边、方太等地共产党员会议时，被守望团包围逮捕。他在严刑拷打、残酷审讯中，坚贞不屈，骂不绝口。结果被敌人用刺刀刺杀二十余刀壮烈牺牲。

（《谢氏联修族谱·总谱卷二》，1996 年修，第 153—154 页）

**肖金莲** （女）毓旭之妻，兴国县长冈乡塘石村人。中共党员。一九三二年至一九三三年任杨殷县妇女部副部长。

（《谢氏联修族谱·总谱卷二》，1996 年修，第 154 页）

**毓湛** 旧制高小毕业，一九三二年任兴国县城区青委书记。

（《谢氏联修族谱·总谱卷二》，1996 年修，第 154 页）

**建诵** 兴国县均村乡石溪村人。一九二九年任少共杨殷县泮溪区区委书记。后被国民党捕杀。

（《谢氏联修族谱·总谱卷二》，1996 年修，第 154 页）

**国光** 兴国县均村乡石溪村人。平川中学毕业，小学教师。

一九三〇年任少共杨殷县委组织部长。一九三二年，编入红军部队，长征北上。

（《谢氏联修族谱·总谱卷二》，1996 年修，第 154 页）

**国华** 兴国县均村乡石溪村人。平川中学毕业，小学教师。一九二九年任中共永丰区委文书。一九三〇年编入红军第三军团，任政治部特务长、主任。后长征北上。

（《谢氏联修族谱·总谱卷二》，1996 年修，第 154 页）

**有法** 兴国县长冈乡秀水村人。生于一九一七年四月。一九三二年加入中国共产主义青年团。一九三三年四月参加中国工农红军。一九三六年由共青团转入中国共产党。土地革命战争时期，任红三军团第六师十六团一营一连文书兼青年干事，军委直属队后方政治部宣传分队长，红军总政治部组织部干事。参加了长征。抗日战争时期，任八路军政治部组织部干事，晋南军政干部学校政治处主任，八路军政治部组织科副科长，第一纵队政治部组织科科长，山东纵队政治部组织部部长，山东军区政治部组织部副部长、部长。解放战争时期，任津浦前线野战军政治部主任，山东兵团政治部主任，第三野战军九兵团政治部主任。中华人民共和国成立后，任中国人民志愿军第九兵团政治部主任，中国人民解放军总政治部组织部副部长，哈尔滨军事工程学院政治委员，中共中央基本建设政治部主任，沈阳军区副政治委员。中国人民解放军政治学院政治委员、顾问。一九五五年被授予中将军衔。获一级八一勋章、二级独立自由勋章、二级解放勋章和一级红星功勋荣誉章及朝鲜人民民主共和国授予的独立自由勋章。是第六届全国人民代表大会代表。一九九四年十二月十九日病逝于北京。

（《谢氏联修族谱·总谱卷二》，1996 年修，第 156—157 页）

**谢良** 兴国县长冈乡塘石村人。生于一九一五年四月。一九三〇年六月参加中国工农红军，同年七月加入中国共产主义青年团，十月转入中国共产党。土地革命战争时期，任红色警卫营班长，红一方面军四团三连排长，红三军八师二十四团三连指导员，红五军十三师三十七团、十五师四十五团政治委员，西路军五军十三师政治委员。参加了长征。抗日战争时期，任八路军一一五师留守处主任。解放战争时期，任陕甘宁联防军政治部组织部副部长，联防军后勤部政治部主任，冀鲁豫军区政治部组织部部长，冀鲁豫军区政治部副主任、主任。中华人民共和国成立后，任平原省军区副政治委员兼政治部主任，华北军区政治部第三副主任兼组织部部长，第三高级步校副政治委员兼政治部主任，石家庄高级步校、宣化炮兵学院政治委员，军委炮兵副政治委员兼炮兵学院政治委员。一九五五年被授予少将军衔。因战伤截肢，人称"独脚将军。"获一级八一勋章、二级独立自由勋章、一级解放勋章和一级红星功勋荣誉章。是中国人民政治协商会议第六届全国委员会委员、第七届全国政协常务委员，中国残疾人联合会评议副主席，中国肢残人协会主席，中国作家协会会员。著作有《在新疆女监狱中的斗争片断》《军队战斗力底最重要条件》《狱中怒火》《边城女囚》《五颗红星》《铁流后卫》《独脚将军传奇》等。一九九二年十二月十七日病逝于北京。①

（《谢氏联修族谱·总谱卷二》，1996 年修，第 158 页）

**国仪** 兴国县永丰乡西江村人。生于一九〇七年十二月。一九二八年参加赣西南农民起义。一九三〇年参加中国工农红军。一九三三年加入中国共产党。土地革命战争时期，任红四军警卫营二连战士、连长，兴国县西江乡自卫队队长，红三军团第六师十七团二连连长，第四师十一团连长，中央军委警卫营营长。参加了长征。抗日战争时期，任中国人民抗日军政大学第二分校直属支队支队长，晋察豫军区第四军分区五团副团长，六团团长，雁北军区第五军分区广灵县区队区队长。解放战争时期，任冀中军区第十军分区副司令员，天津军分区司令员。中华人民共和国成立后，任河北军区编练指挥部司令员，华北军区补充团集训指挥部部长，北京军

---

① 在塘石调研中，确定谢良将军的去世日期为 1991 年 11 月 28 日，此处照录原文。

区司令部动员处处长，山西省军区副司令员、顾问。一九六四年晋升为少将军衔。获二级八一勋章、二级独立自由勋章、二级解放勋章和一级红星功勋荣誉章。一九八一年七月离休。

（《谢氏联修族谱·总谱卷二》，1996 年修，第 164 页）

**象晃** 兴国县崇贤乡崇贤村人。生于一九〇八年十一月。一九二八年七月参加互助会、拥苏反帝大同盟、农民协会。一九二九年一月参加中国工农红军。一九三二年加入中国共产党。土地革命战争时期，历任兴国游击队、红二十一军五十八师一七二团班长、排长、连长、副官，红三军七师、一军团一师二十团管理排长、副官，一军团第三后方医院、军委卫生部供给科长、所长。参加了长征。抗日战争时期，任卫生部直属疗养院、八路军军部医院副所长、管理主任，军委第二兵站医院、中央管理局站长、经理、主任、处长。解放战争时期，任晋冀鲁豫军区总医院党委宣传员、行政处长，中原军区卫生部直属医院政治委员、党委书记，第四野战军卫生部行政处秘书、处长。中华人民共和国成立后，任中南荣军管理总局局长，中南局第三分区党委副书记，中南民政部优抚局局长，中南军政委员会民政局第一副局长，江西省外贸局党总支书记、副局长，江西省民政厅（局）长，省人大常委会副主任兼任省人大常委会法制委员会主任、中共江西省委政法委员会副书记。一九八五年九月离休后，任江西省老区建设委员会特约顾问。是江西省第二、三、四届人民委员会委员，中共江西省委第五届候补委员，六届省委委员，全国五届人大代表。

（《谢氏联修族谱·总谱卷二》，1996 年修，第 167 页）

**滋群** 原名有成，兴国县长冈乡秀水村人。一九一七年八月十五日生。一九三〇年六月参加中国工农红军，同年八月加入中国共产党。土地革命战争时期，任红军通信员、排长、股长、文书、团部指导员，保卫局主任科员、科长、局长、侦察部长等职。参加了长征。抗日战争时期，任陕北公安学校科长、校务部副部长，游击队研究室主任，中央军委战地考察团分团长，军政学院一队队长，军委总政治部秘书，卫生部政治处主任，中国医科大学政治委员。解放战争时期，任热河昭乌达盟分区副政治委员，骑兵第一师政治委员、党委书记，冀察热辽军区供给部政治委员。中华人民共和国成立后，任武汉市公安总局副局长兼公安总队政治委员，市公安局局长，市政法委员会主任，武汉市副市长、革委会副主任兼城建委员会主任，中共武汉市委常委、副书记、书记，武汉市人大常委会副主任、党组书记。

（《谢氏联修族谱·总谱卷二》，1996 年修，第 167—168 页）

**永胜** 兴国县崇贤乡崇贤村人。生于一九一七年十一月。一九三二年三月加入中国共产主义青年团，一九三五年转入中国共产党。土地革命战争时期，历任兴国县崇德乡少先队队长、兴国教导师、江西军区教导师战士。红一军团一师三团二营五连、一营三连、三团政治处青年干事，一军团三团一连政治指导员。参加了长征。抗日战争时期，任八路军一一五师师直通信队政治指导员，山东津浦支队政治教导员，山东纵队特务团、山东二旅五团政治处主任，一一五师四团二营教导员，滨海军区直属队政治协理员，渤海军区十七团政治处主任。解放战争时期，任十纵队八十七团、补充团副政治委员、政治委员、副团长，后备兵团一师四团团长、政治委员，第三野战军教导师二团政治委员。中华人民共和国成立后，任第三野战军司令部通信处副政治委员兼华东军区直属政治部代主任，南京军区军交处、中国人民解放军第六步兵预备学校政治委员，安徽省军区合肥市人民武装部、军分区第二政治委员，滁县、池州军分区政治委员。一九七〇年四月离休。

（《谢氏联修族谱·总谱卷二》，1996 年修，第 168 页）

**继友** 兴国县高兴乡文溪村人。一九一四年三月二十三日生。一九二九年十月参加中国工农红军。土地革命战争时期，历任红军战士、干事、指导员、政治教导员、团政治委员。参加了长征。抗日战争时期，任解放军总后勤部协理员，冀中八分区政治部组织科科长、团政治委员、政治部主任。解放战争时期，任冀中八分区政治部副政治委员，第九旅政治委员。中华人民共和国成立后，任空军十四师、九师政治委员，沈阳军区空军干部部部长。一九六二年离休。

（《谢氏联修族谱·总谱卷二》，1996 年修，第 168 页）

**特山** 兴国县永丰乡西江村人。生于一九一三年十一月。一九三二年二月参加中国工农红军，随后加入中国共产党。土地革命战争时期，任红五军团十四军供给处通信员，五军团司令部、红军总司令部、军委二局译电员。参加了长征。抗日战争时期，任抗大四期三大队一队指导员、二分校三团一大队教导员，冀中军区十分区二十九团总支书记，晋绥军区二十七团二营教导员。解放战争时期，任晋绥独立二旅十七团政治部组织科科长，十七团政治处主任，第一野战军三军七师二十一团政治委员。中华人民共和国成立后，任炮兵三十三师、第六炮校政治部主任，辽阳第五预校、炮兵三十一师、六十一师政治委员，北京军区炮兵司令部副政治委员、顾问。一九八一年离休。

（《谢氏联修族谱·总谱卷二》，1996 年修，第 169 页）

**谢群** 原名锦文，兴国县茶园乡里溪村人。一九〇七年九月生。一九三〇年六月参加中国工农红军。土地革命战争时期，历任红军战士、排长、事务长、出纳、会计、科长、部长、副主任等职。参加了长征。抗日战争时期，任新四军四师审计处、检查处处长，苏北盐阜行署粮食处副处长、处长，苏北行政公署供给科科长，华中银行第五分行行长。解放战争时期，任苏北十二纵队供给部政治委员，华东军政大学高干团一大队政治委员，南京市政府财经委员会秘书长。中华人民共和国成立后，任南京市机关生产委员会主任，税务局局长，江苏省人民银行行长，淮阴专员公署副专员。一九八一年病逝于淮阳。

（《谢氏联修族谱·总谱卷二》，1996 年修，第 170 页）

**爽秋** 兴国县良村乡中洲人。早年在上海复旦大学读书，从事地下革命活动。后受共产党密派至国民党《扫荡报》工作，曾任该报副总编辑。新中国成立后从事外事工作，曾于一九五四年随同周恩来总理兼外交部长参加日内瓦会议。继出任中华人民共和国驻越南大使馆政务参赞。"文化大革命"后曾任外交部顾问。已离休。

（《谢氏联修族谱·总谱卷二》，1996 年修，第 171 页）

**寿华** 兴国县茶园乡河背村人。生于一九〇四年。一九二九年参加中国工农红军，一九三〇年六月加入中国共产党。土地革命战争时期，曾任红四军宣传员。作战负伤后，留地方工作，任区苏维埃政府游击队长、劳动部长、工农检查部长。参加了长征。抗日战争时期，先后任红军供给员、出纳、会计，团供给处主任，旅供给处、军分区供给处处长。解放战争时期，任冀南军区独立四旅、二野十纵队二十八旅供给处处长，五十八军供给部副部长。中华人民共和国成立后，任二十一兵团五十三军、五十二军供给部部长，二十一兵团后勤部副政治委员，总后勤部南宁办事处主任，中国科学院基建局副局长、办公厅副主任兼西郊办公室主任。一九八一年七月二十二日在北京逝世。

（《谢氏联修族谱·总谱卷二》，1996 年修，第 171—172 页）

**良洪** 兴国县永丰乡马良村人。生于一九一八年四月。一九三三年三月参加中国工农红军，随后加入中国共产党。土地革命战争时期，历任红三军团模范师勤务员，五军团野战医院护士、护士长，新疆新兵营二大队卫生所卫生员、护士。参加了长征。抗日战争时期，任新疆兽医学校兽医处医生，牡丹江航校卫生队队长。解放战争时期，任哈尔滨第一航校卫生处处长。中华人民共和国成立后，任兰州军区空军后勤卫生部副部长，后勤部副部长。一九八一年离休。

（《谢氏联修族谱·总谱卷二》，1996 年修，第 172 页）

**礼顺** 原名礼富，兴国县社富乡社富村人。生于一九〇七年。一九二九年四月参加中国工农红军，随后加入中国共产党。土地革命战争时期，历任红军通信员、警卫员、通信班长、排长、副连长、连长等职。参加了长征。抗日战争与解放战争时期，先后任八路军八十一师营长，甘肃张掖军分区副司令员。中华人民共和国成立后，任西北军官学校一大队大队长，西北军政委员会人事处副处长，甘肃公安总队总队长兼党委副书记，甘肃公安厅副厅长，江西省人民检察院副检察长。一九六六年二月在上海逝世。

（《谢氏联修族谱·总谱卷二》，1996 年修，第 173 页）

**山龙** 兴国县樟木乡螺形村人。生于一九一四年三月。一九三〇年二月参加中国工农红军，随后加入中国共产党。土地革命战争时期，任红军工人师担架队指导员。参加了长征。抗日战争时期，任抗日义勇大队教导员、阜宁总队政治处主任。解放战争时期，任一四七师四二〇团副团长。中华人民共和国成立后，任桂林军分区副参谋长、桂林民警支队政治委员。一九六四年四月离休。

（《谢氏联修族谱·总谱卷二》，1996 年修，第 173 页）

**德伟** 兴国县长冈乡大塘村上迳人。生于一九一五年十二月。一九三三年五月参加中国工农红军，随后加入中国共产党。土地革命战争时期，历任红军独立师战士，陕北苏区兵站医院、二十八军卫生队看护长。参加了长征。抗日战争时期，任八路军十八集团军一二零师七一六团司药，三五八旅七一四团司药。解放战争时期，任第一野战军第五野战医院主治医师。中华人民共和国成立后，任川北行署卫生科科长，重庆市红十字医院院长，重庆市第二结核病医院院长。一九八二年离休。

（《谢氏联修族谱·总谱卷二》，1996 年修，第 174 页）

**连山** 又名荣盛、忠洧，兴国县永丰乡西江村人。生于一九〇七年九月。一九二八年参加革命，一九三一年十一月加入中国共产党，一九三四年参加中国工农红军。土地革命战争时期，历任红军游击大队班长，县职工裁判部部长，乡苏维埃政府纠察队队长，区委宣传部部长，中央教导师三团十二连排长兼党支部书记，三师四十五团排长，一军团工兵连指导员。参加了长征。抗日战争时期，任八路军一一五师工兵营、三三四师工兵连指导员，冀鲁豫三分区基干团教导员，三分区炸弹所、被服所所长，冀南七分区情报处协理员，抗属工厂厂长，抗属职校、妇女学校校长。解放战争时期，任华北军区兵站处第一中站教导员，二野三兵团政治部后勤部民运科科长。中华人民共和国成立后，任川东军区直属医院副政治委员、川东荣校政治部主任，四川省革命残废军人速成初级中学副校长，四川红军养老院副院长。一九六四年八月离职回原籍休养，一九七六年五月三十一日在兴国病逝。

（《谢氏联修族谱·总谱卷二》，1996 年修，第 174—175 页）

**谢辉** 又名辉遗，兴国县江背镇郑塘村人。一九二〇年生。一九三三年三月参加中国工农红军。土地革命战争时期、历任兴国第二补充师、红五军团、红二方面军六军团卫生员，第三后方医院、军委护士、卫生员。参加了长征。抗日、解放战争时期，任三军五旅卫生部、三军军医院医务主任、院长、办公室主任。中华人民共和国成立后，任兰州军区十五、二十一陆军医院、临潼二十六医院院长。一九八五年四月十四日在兴国逝世。

（《谢氏联修族谱·总谱卷二》，1996 年修，第 175 页）


## 2. 钟氏族谱中的苏区史资料

### 贤杰序

古所谓贤杰士必有非常之才猷，乃能建非常之事业，如吾族越国公祠创建于清同治甲戌年（1874），由廉访子宾先生董其成，司马怀周、司马兆云总理其事。邑庠隆吉，明经斗南、春魁，国学翰才、振褯，功输经费，于是建造总、副二祠，藉敬宗睦族，诚心发杨〔扬〕吾族光荣。至光绪己亥（1899 年），复经晓周、静波两先生购买左畔郭宅地基，扩大门面，讵意副祠哭遭回禄。迄民国乙丑（1925 年），民山先生倡议重建，并推举莘民、益臣、镇波、玉樵、光殿、石钧、人镜、鸿才、腾鸿、在田诸君为名誉总理，文哲、竹虚、叙五、曜岩、普生、荷虚、铭廷、晋山诸君为协理，文哲、竹虚、普生、铭廷、润频、葆虚、鹤年、允升、冠凡、南游诸君为募捐员，润频、道平二君为文牍，菊秋、景明二君任财政，铁侪君任会计，华载、发珠二君充庶务，规尽图式则有南游君，督理工程则有漱泉、养和、世炳、雁宾诸君，而以民山先生总其成。泊夫民国十七年（1928），吾邑惨遭兵燹，正祠被毁，维时我族当事诸公出亡在外，闻而心伤者久之。岁戊寅（1938年），族人复推民山、漱泉二君为正副总理，福嵌、才礼二君为财政，道平为文牍兼庶务，良拔、冠凡、海云、漱泉、循诚、怀德、道平、士泰、传远诸君为募捐员，华载、士泰、世炳诸君为购料员，泰城、公俊二君为监工员，集资方式以原有牌位续捐并新募牌位，计数千金，恢复正祠旧观。是吾族之有越国宗祠，由子宾、怀周、兆云等诸前辈创建于前，民山、菊秋、漱泉、景明等诸前辈继美于后。所谓莫为之前，虽美帛〔弗〕彰；莫为之后，虽盛弗传。吾人自应兴仰景崇，兹值祠宇告成，宗人以诸前辈有功于族，并嘱濂为之序，余愧不文，义弗克推，爰将事实始末撮要记之，曰贤杰。

民国己卯二十八年（1939）春月　吉旦

四十世裔孙效隆　谨撰

（《颍川堂·钟氏联修总谱》，1996年修，第110页）

## 国楚军长序

有非常之人，始有非常之才；有非常之才，始有非常之功，如龙砂国楚军长是已。军长字湘三，前清例授太学生德志公之孙、相僖公之子。其母邓太夫人身怀六甲时，感觉有异，迨呱呱堕〔坠〕地，听其声，知为英物。见迹履拇而生稷，梦燕投怀而生说，得毋类是。且清超拔俗，举止不苟，革命思想常萦脑际，大有击楫渡江、乘风破浪之志。时值东邻肆扰，中原鼎沸，延亲率貔貅与故〔敌〕周旋，不屈不挠，再接再厉，卒挫凶焰而存祖国。其才固大，其功亦伟，故于民国二十七年荣任新编第四军第六师第十六旅旅长，兼江苏省茅山军分区司令；三十七年升第三野战军第八兵团第二十六军军长；三十八年炮击英国兵舰于长江，使帝国主义者胆战心惊，是其胆识尤人所不可及，不特才大已也。德配李峥大女士相敬如宾，有孟光风，咸羡军长得佳偶。然尝闻军长之太封翁德志公见义勇为，惠遍桑梓，识者曰：有是祖故有是非常之孙，功业炳麟而增光于族，并增光于国也，天之报施，非昭然若揭哉。

中华民国三十八年岁次己丑孟冬月

本届联修族谱纂修主任宗弟小农敬撰

（《颍川堂·钟氏联修总谱》，1996 年修，第 156 页）

## 国琴师长序

古今来成大事立大功者，未有不坚毅刻苦，淬厉奋发。观于国琴师长而益信。师长钟其姓，舜赓其字，龙砂相健公之哲嗣也。幼年封翁见背，幸大夫人邱茹苦含辛，母道还兼匀〔父〕道，和九尽获，闱师无异经师。迨壮有大志，常以澄清中原、改造社会为己任，故于博览经史之余，悉心研讨孙吴兵法。久之揣摩功深，即将所学贡献国家。经二万五千里长征，不辞劳瘁。维时日寇猖獗，面目狰狞，竟欲并吞中国统一亚州〔洲〕。师长为求民族生存，免祖国沦陷，日率健儿与其周旋，身经数百战，迭奏奇勋，卒驱日寇于数千里以外，恢复锦绣河山。上峰以其能，故由排连长而隆隆直升，前任新编第四军第七师五十八团团长，现升皖北军区独立第一师师长兼蚌埠市警备司令。秉性清廉，治军严肃，诚模范军人也。原配萧夫人，生子一，效慧，倜偿〔傥〕不群。继配刘夫人英，系安徽芜湖刘豪公之次女，才思翩翩，风高柳絮，且极力提倡男女平权，解放女界数千年之束缚，而放一异采〔彩〕；生子一，名效敏，英姿卓荦，倜傥不群，咸以薜凤荀龙目之。己丑秋，钟氏联修族谱告竣，适师长荣归故里，得亲风采，轻装缓〔绶〕带，绰有羊叔子风，爰不揣固陋，敬掇数语，付诸剞劂，以志景仰，而为谱牒光云耳。

中华民国三十八年岁次己丑孟冬

本届联修族谱纂修主任宗弟小农敬撰

（《颍川堂·钟氏联修总谱》，1996 年修，第 157 页）

## 生盛先生序

从来能立大业，建殊勋，功烈彪炳于天下，传之世世而不敝者，未始非由艰难困苦所致。如孟子所云：天降大任，必先苦其心志，劳其筋骨是巳。今观吾宗叔生盛先生而益信矣。先生名生盛，字新庶，开荣公第三子。祖父以来做工务农为主要生产，世居高兴墟心田村。年甫弱冠，就学读书。因父母相继见背，无法就学，帮人做工。见地方人心恶劣，国民党政治腐败，遂抱革命思想以改造社会为巳〔己〕任，遂毅然加入农民协会、青年团、少先队。奈反动军尾追侧击，转战十一省，经二万五千里长征，无战不从，无役不克。日行百余里，受尽艰俭〔险〕。乃入红军大学，上级干部毕业，即就陕甘宁二十九军政治处主任，又充四团政治处主任及政治委员，在江西边区受三次特奖。迨抗日时消灭日本法西斯势力，冈〔同〕时保卫陕甘宁边区中央所在地。迄日本投降后，经过许多曲折，充热河军区及冀察热辽供给部政治委员等职。天津解放后，任行政学校校长及荣誉军人管理处处长。二十年来，经过数层阶段，历尽多少险阴艰危，造成辉煌事业，真可歌可泣，非楮墨所能声者。德配李云夫人幽闲贞静，大有姒氏遗风，襄夫革命，龟〔龟〕勉同心，为巾帼中杰出者。生子二，贞锋、贞铁，头角峥嵘，异日必为吾国柱石。女二，贞锐、平华，皆韶秀，亦将为门楣生色。兹值联谱将竣，余不揣固陋，据其所自述历史，联掇数语，以付梨束，俾传之世世而不敝云。

时

中华人民共和国公元一九四九年　冬月

清郡增生宗愚侄允升　敬撰

（《颍川堂·钟氏联修总谱》，1996 年修，第 158 页）

### 枟元先生序

名山大川之气，磅礴郁积，散之于物，而为异草珍禽；钟之于人，则为奇行杰士，以泄洩其灵气。吾邑龙砂地方，独山川灵气所钟者也。宜其奇杰挺生，贤豪叠〔迭〕出，如檀元先生是巳。先生为效熙公第八子，昆季八人，惟先生特异。十五六岁时感于社会恶劣，独具革命脑筋，以澄清中原为己任。所谓马氏五常，白眉尤著；曹家群彦，英<sup>①</sup>须为良。先生殆白眉、黄须之流亚欤，无异乎。二十年来，经二万五千里长征，受多少险阴艰危，战必胜，攻必取，隆隆直升第十九兵团六十五军政治部主任等职，现驻甘肃省兰州市一带工作。非山川灵气所钟得天独厚者不及此。夫人贤淑雅有师氏遗风，子亦灵敏，行当耸壑昂霄，蔚为国瑞，山川灵气之发泄，正有靡涯者。兹联谱将竣，敬述数言以垂巅末，不特为吾族光，抑且为邦家之光矣。故序之以风世耳。

时

中华人民共和国公元一九四九年　冬月

清郡增生宗愚兄允升　敬撰

（《颍川堂·钟氏联修总谱》，1996 年修，第 159 页）

### 苏区人物志

**人仿** （1914—1975），烘昌之子，白滩人。一九二九年加入中国共产主义青年团。一九三○年参加中国工农红军。一九三二年由团转入中国共产党。土地革命战争时期，任红四军第十一师三十一团政治处宣传员、技术书记，连政治指导员，师教导队政治委员，团特派员，红一军团保卫局执行科科长、执行部部长，军团保卫局代局长，军团政治部保卫部部长。参加了长征。抗日战争时期，任山西青年抗敌决死第二纵队参谋处处长、团长，军委一局第一科科

---

① 疑应为"黄"，照录原文。

长、处长、副局长。解放战争时期，任辽吉军区副参谋长，吉林军区副参谋长，东北军区独立第六师政治委员，警卫师政治委员。中华人民共和国成立后，任东北军区装甲兵副政治委员、政治委员、中国人民解放军装甲兵参谋长、副司令员、顾问、副司令员。一九五五年被授予少将军衔。

（《颍川堂·钟氏联修总谱》，1996 年修，第 90 页）

**人福** 炽昌之子，字心善，生于一八七七丁丑年十月二十五日丑时，一九三四年参加红军，往外音①。配上社谢氏，再醮。生子一，文迈。

（《颍川堂·钟氏联修族谱兴国第二修·祥瑞堂》，1996 年修，第 230 页）

**人祎** 耀昌嗣子，字心景，苏区曾任县劳动部部长，江西省政府劳动部部长。生于一九〇九己酉年正月十三日戌时，殁于一九八七年丁卯年四月十五日巳时。葬卷龙坪，坐西向东。娶村头曾昭容公女秀英，生于一九一七丁巳年十月十九日子时。

（《颍川堂·钟氏联修族谱兴国第二修·祥瑞堂》，1996 年修，第 237—238 页）

**人禚** 炤昌三子，字心高，生于一九一一年辛亥年润〔闰〕六月二十三日巳时。一九三一年参加红军长征，无音信，殁葬失考。配澄渡康显兰之女，生于一九一〇庚戌年十一月十六日，再醮。继娶王月香，省烈士，特等模范，参加数年国庆观礼和海南慰问团。生于一九〇五年乙巳年五月五日酉时，殁于一九七六丙辰年八月。日□时，葬卷龙坪。生子一，文万殇；文遂，抚堂弟人禖次子为嗣。

（《颍川堂·钟氏联修族谱兴国第二修·祥瑞堂》，1996 年修，第 240 页）

**人禖** 煜昌七子，生于一九一一年辛亥年八月十七日巳时。参军长征。殁葬失考。娶教场背许氏，再醮；继配文洒刘才光之女梅

---

① 疑有漏字，推测应为"往外无音"。

香，生于一九一一年辛亥年十月八日辰时，殁于一九八七年丁卯年五月十六日□时，葬卷龙坪坐北向南。生子二，文著，文遂出继堂弟人褥为嗣。

（《颖川堂·钟氏联修族谱兴国第二修·祥瑞堂》，1996 年修，第 243 页）

**人裎** 炎昌长子，字心毅，生于一九○八年戊申年三月二十八日戌时，一九三三年参加红六师，任连长北上，殁葬失考。娶社门前黄衍熹之女菊香，生于一九一○庚戌年十二月二日寅时，殁失考。葬大路背。生子一，文董。

（《颖川堂·钟氏联修族谱兴国第二修·祥瑞堂》，1996 年修，第 247 页）

**人祜** 燮昌四子，字云飞，号心受。民国癸丑二年，李都督委任陆军连司书。苏区任县军事部长、省合作总社社长。解放后任中央合作总社采购科科长、南昌市机制窑厂总经理。生于一八九二壬辰年四月二十三日子时，殁于一九五三癸巳年十月□日。葬南昌谢埠。配杨乐刘起昌之女自英，生于一八九二壬辰年七月十五日亥时，殁失考。葬卷龙坪洪沙塘。生子五，文华殇，文蔚，文葵殇，文福，文菁。

（《颖川堂·钟氏联修族谱兴国第二修·祥瑞堂》，1996 年修，第 250 页）

**文模** 人禄之子。生于清宣统庚戌二年，葬失考，殁于民国庚午十九年。现评为烈士。配吕忠英，再醮。

（《颖川堂·钟氏联修族谱兴国第二修·祥瑞堂》，1996 年修，第 251 页）

**人祥**[1] 炜昌次子，字元英，号心农，邑庠生，师范毕业。民国元年，委任南安营书记官。民国二年，委任本邑视学员兼学务课

----

[1] 1929 年春中共城郊区委成立后，钟人祥当选为区委委员。1930 年鼎龙区苏维埃政府成立后，担任区文化部长。

员。生于清光绪一八八四甲申年八月二十九日戌时，殁于一九三〇年庚午年四月吉日。合葬于欧氏，錾子窑下。娶大公井侯作藩之女，生于清光绪一八八九己丑年五月四日子时，殁一九六八戊申年三月吉日，葬枸杞坑。副娶杨村欧辅祈之女，生于清光绪一八八五乙西年正月十六日子时，殁于一九二一年辛酉年五月四日戌时。继娶塘石谢红娥，生于一九〇二壬寅年十二月三日，殁于一九九〇年庚午年正月二十四日，葬卷龙坪洪沙塘。生子八，文茂欧出殇，文英欧出殇，文芳侯出殇，文兰侯出，文芣欧出承桃胞兄人禧为嗣，文菘侯出，文蓁谢出，文华谢出。生女八，椿风侯出适南门黄芳椿，次女欧出适社坑谢远楷次子，三女欧出适车溪黄人文，四女侯出适山垇岭梁应椿子，七女欧出适塘石谢育丰，八女侯出适决岭谢德洲。

（《颍川堂·钟氏联修族谱兴国第二修·祥瑞堂》，1996 年修，第 257 页）

**炘昌**　荣棣长子。生于一九〇二壬寅年四月二十二日，殁于一九三〇年庚午年，革命烈士。配澄塘王继海之女述腾，生于一九〇四甲辰年三月一日。夫妇基墓位卷龙坪洪沙塘，坐西向东。生子二，人祛，人禅。生女一，夭。

（《颍川堂·钟氏联修族谱兴国第二修·祥瑞堂》，1996 年修，第 265 页）

**烽昌**　荣棣次子，字明高。生于一九一三癸丑年四月十六日午时，殁葬失考。红军长征路上牺牲，烈士。

（《颍川堂·钟氏联修族谱兴国第二修·祥瑞堂》，1996 年修，第 265 页）

**荣榛**　正浩四子，字茂山。生于一八八四甲申年十月五日寅时，殁于一九三〇年庚午年十二月。革命烈士。娶岭背许汤振之女，生于一八八三癸未年四月十四日，再醮。生子一，焞昌，抚胞兄荣棣六子为嗣。

（《颍川堂·钟氏联修族谱兴国第二修·祥瑞堂》，1996 年修，第 267—268 页）

**焯昌** 荣榛嗣子，生于一九一七丁巳年九月五日酉时。曾任红军连长、县油脂公司干部。殁于一九九六年十二月二十二日酉时，葬卷龙坪，夫妇同穴。配埠头刘大坤之女建华，生于一九二○庚申年八月五日，殁于一九九五乙亥年六月十日，葬卷龙坪红沙塘，座〔坐〕西向东。生子一，人杰，抚园塘华兴次子为嗣。生女一，适塘石谢邦准。

（《颍川堂·钟氏联修族谱兴国第二修·祥瑞堂》，1996年修，第268页）

**燧昌** 荣抿之子。生于清光绪甲午二十年九月十七日寅时，参加红军牺牲，殁葬失考。配富坪潘亮标之女彩连，生于清光绪甲午二十年十二月初七日寅时，殁于一九七六年八月二十六日，葬洲田，坐南向北。生子四，人裆殇，仁仲，仁晖，人裕殇。生女二，珍凤适五里亭黄邦培，孝贞适杨乐刘益民。

（《颍川堂·钟氏联修族谱兴国第二修·祥瑞堂》，1996年修，第270页）

**熄昌** 荣楹嗣子，字瑞廷，生于清光绪戊戌二十四年九月十八日申时。一九三○年参加革命，曾任洛口县苏维埃主席、中央洛口县委书记等职。一九三四年在宁都洛口县牺牲，烈士。娶塘石谢氏，生于清光绪丁未三十三年六月初四日午时，再醮。生子一，人祚，抚胞弟炽昌三子双桃为嗣。生女二，珍秀适大禾场蔡茂江，冬秀适澄塘刘久明。

（《颍川堂·钟氏联修族谱兴国第二修·祥瑞堂》，1996年修，第273页）

**人仿** 烘昌之子，字义成，生于一九一四甲寅民国三年十二月十五日未时。一九三○年参加中国工农红军，参加过二万五千里长征。曾任中国人民解放军总参、装甲兵参谋长、副司令员等职。一九五五年授于〔予〕少将军衔。卒于一九七五年十月九日，葬北京八宝山。娶山西省人阎萍，生于一九二四年元月二十六日，司级干部，已离休。生子一，远志。生女二，长女远惠适北京部队沈澄，次女远芳大学毕业，医生。

（《颍川堂·钟氏联修族谱兴国第二修·祥瑞堂》，1996 年修，第 277—278 页）

**爏昌** 荣林次子，字立忠，生于清光绪丙午三十二年七月初七日未时。为革命牺牲，殁葬失考。

（《颍川堂·钟氏联修族谱兴国第二修·祥瑞堂》，1996 年修，第 281 页）

**燔昌** 荣招嗣子，字佐汉，生于清光绪戊申三十四年六月二十四日卯时。参加红军牺牲，殁葬失考。娶寨下陈瑞连，生于一九一二壬子年十一月十七日亥时。生子一，人祂。

（《颍川堂·钟氏联修族谱兴国第二修·祥瑞堂》，1996 年修，第 285 页）

# （三） 塘石村碑刻、契约文书中的
# 苏区史资料

## 1. 敦本堂碑刻中的 "革命英烈名谱"

敦本堂位于塘石村中央，为谢氏宗祠，建于明成化丙戌年（1466），明朝万历丁巳（1617）、清朝康熙甲子年（1684）、雍正乙巳三年（1725）、乾隆癸酉年（1753）、乾隆戊戌岁（1778）、嘉庆戊寅年（1818）对祠堂进行过重修与扩建。"文革"期间，敦本堂被拆毁，并建起了私人住宅。2012 年下半年至 2014 年上半年重建。

谢氏宗祠敦本堂上厅，除正中为一扇通往后栋肇庆堂的红色大门外，腰墙以上全是碑刻，镌刻于 2014 年 10 月，内容依次为：前言、名人录、重建谢氏宗祠理事会成员鸿名、各房集资鸿名、历史人物、革命英烈名谱。其中的 "革命英烈名谱" 记载了土地革命战争时期牺牲的本族烈士姓名、入伍时间、牺牲时年龄、职务。照录如下：

在 20 世纪 30 年代的土地革命战争时期，在那个石破天惊、惊涛骇俗的红色风暴中，在 "唤起工农千百万、同心干" 的旗帜下，塘石谢氏子孙就有一大批青年战〔站〕在了革命斗争的风口浪尖。在创造 "模范兴国" 和扩大红军的过程中，涌现了一大批革命英烈，县、团级以上的革命先烈就有谢名仁等六位，除有姓有名的英烈之外，还有 59 人杳无音讯，是全县著名的英烈村。因苦难所激发的自立与自尊，忧国忧民的担当和千年淬炼的骨气，激励着他们义无反顾地用宝贵的生命去换取共和国的今天。他们同所有的中华英烈一样，用殷红的鲜血浸染了五星红旗，用刚强的身躯奠立了共和国的基石。

"身在异域，魂归故乡，凤凰涅槃，人天共仰，为国舍命，日月同光"，今天，我们将为革命光荣牺牲的谢氏英烈姓名保存在曾经是兴国模范师师部的谢氏宗祠内，就是证明先烈们的精神永存，人民英雄永垂不朽！

拂去岁月厚厚的封尘，抚平冉冉逝去的光阴，那刻骨铭心的历史，将永远勉励后世子孙励精图治，敬业奉献，为实现中华民族的伟大复兴生命不息，奋斗不止。

### 敦本堂碑刻"革命烈士名谱"

| 姓名 | 入伍时间（年） | 牺牲时年龄（岁） | 职务 |
|---|---|---|---|
| 谢名仁 | 1933 | 24 | 中华苏维埃执行委员，中共兴国、瑞金县委书记 |
| 谢名政 | 1928 | 36 | 中共兴国县委书记 |
| 谢友亲 | 1929 | 29 | 中共兴国县委书记 |
| 谢名敬 | 1933 | 23 | 红军 22 军师长 |
| 谢远崧 | 1927 | 26 | 兴国模范师政委 |
| 谢名伟 | 1927 | 26 | 宁都、瑞金、石城军分区司令员 |
| 谢名芳 | 1927 | 36 | 兴国长冈乡游击队队长 |
| 谢树德 | 1928 | 33 | 中共鼎龙区委书记 |
| 谢毓岱 | 1929 | 28 | 苏维埃政府检察委主任城岗区苏维埃主席 |
| 谢毓栋 | 1932 | 37 | 兴国县塘石乡苏维埃主席 |

续表

| 姓名 | 入伍时间（年） | 牺牲时年龄（岁） | 职务 |
|---|---|---|---|
| 谢远嶂 | 1930 | 26 | 红军某部营长 |
| 谢毓漳 | 1930 | 30 | 红军某部指导员 |
| 谢邦仙 | 1934 | 26 | 兴国县长冈乡游击队队长 |
| 谢名椿 | 1929 | 19 | 宁都、少〔广〕昌、石城县团委书记 |
| 谢持泮 | 1920 | 28 | 兴国县、泰和县游击队队长 |
| 谢德锡 | 1932 | 43 | 长冈乡苏维埃政府副主席 |
| 谢德华 | 1928 | 23 | 长冈乡苏维埃政府干部 |
| 谢毓粃 | 1930 | 29 | 红军某部连指导员 |
| 谢大标 | 1930 | 20 | 红军某部排长 |
| 谢远溢 | 1929 | 20 | 红军某部排长 |
| 谢菊红（女） | 1932 | 25 | 兴国县苏维埃政府宣传员 |
| 钟才秀（女） | 1932 | 22 | 红军四分院洗衣队队员 |
| 谢大杰 | 1931 | 18 | 战士 |
| 谢德业 | 1933 | 28 | 战士 |
| 谢毓燐 | 1931 | 29 | 战士 |
| 谢毓佳 | 1932 | 41 | 战士 |
| 谢毓姚 | 1930 | 36 | 战士 |
| 谢毓炜 | 1930 | 37 | 战士 |
| 谢庭荣 | 1930 | 20 | 战士 |
| 谢持坚 | 1934 | 38 | 战士 |
| 谢持涵 | 1929 | 21 | 战士 |
| 谢毓坤 | 1933 | 32 | 战士 |
| 谢炎德 | 1930 | 18 | 战士 |

续表

| 姓名 | 入伍时间（年） | 牺牲时年龄（岁） | 职务 |
|---|---|---|---|
| 谢毓享 | 1934 | 35 | 战士 |
| 谢毓堂 | 1932 | 18 | 战士 |
| 谢毓滋 | 1930 | 20 | 战士 |
| 谢毓浩 | 1930 | 32 | 战士 |
| 谢毓俊 | 1934 | 37 | 战士 |
| 谢荣铭 | 1930 | 25 | 战士 |
| 谢荣瓒 | 1930 | 25 | 战士 |
| 谢名优 | 1930 | 20 | 战士 |
| 谢毓峰 | 1929 | 26 | 战士 |
| 谢名运 | 1933 | 20 | 战士 |
| 谢毓淮 | 1930 | 21 | 战士 |
| 谢德茂 | 1932 | 18 | 战士 |
| 谢毓波 | 1932 | 17 | 战士 |
| 谢毓松 | 1930 | 23 | 战士 |
| 谢毓梯 | 1930 | 23 | 战士 |
| 谢毓梃 | 1929 | 19 | 战士 |
| 谢远深 | 1934 | 31 | 战士 |
| 谢才浦 | 1930 | 26 | 战士 |
| 谢芳德 | 1930 | 21 | 战士 |
| 谢俸才 | 1933 | 27 | 战士 |
| 谢邦禄 | 1933 | 19 | 战士 |
| 谢邦祥 | 1930 | 22 | 战士 |
| 谢大权 | 1932 | 25 | 战士 |
| 谢大模 | 1930 | 25 | 战士 |

续表

| 姓名 | 入伍时间（年） | 牺牲时年龄（岁） | 职务 |
|------|------|------|------|
| 谢持梁 | 1930 | 28 | 战士 |
| 谢远澄 | 1934 | 35 | 战士 |
| 谢毓烜 | 1933 | 29 | 战士 |
| 谢邦仕 | 1929 | 23 | 战士 |
| 谢邦信 | 1933 | 34 | 战士 |
| 谢名持 | 1932 | 20 | 战士 |
| 谢邦修 | 1930 | 19 | 战士 |
| 谢名招 | 1933 | 15 | 战士 |
| 谢邦喜 | 1929 | 21 | 战士 |
| 谢毓珠 | 1930 | 19 | 战士 |
| 谢远梯 | 1930 | 15 | 战士 |
| 谢持喧 | 1930 | 18 | 战士 |
| 谢德修 | 1930 | 21 | 战士 |
| 谢毓昆 | 1933 | 32 | 战士 |
| 谢名春 | 1930 | 20 | 战士 |
| 谢德福 | 1930 | 26 | 战士 |
| 谢毓湛 | 1930 | 17 | 战士 |
| 谢毓樟 | 1930 | 24 | 战士 |
| 谢毓汉 | 1929 | 28 | 战士 |
| 谢焌德 | 1930 | 30 | 战士 |

## 2. 契约文书中的苏区史资料

### 过继字 ①

立出嗣字人谢毓海，因堂兄毓浩为革命先烈，其母王招喜亦于今年四月病故，别无直系遗属以继其志。海有见及此，不忍毓浩名下绝嗣止户，爰与村负责人及亲族等相商议妥，将次子保定过继与其为嗣。当经言明，自过继之后，除其母王招喜之丧葬已由继承人料理完毕外，关于毓浩之遗产则全部归继承人永远管业。

恐后无凭，立此为据

在场人：谢烘德 谢名钟 谢僖才 谢金华 萧采芹 谢萌德、谢德庚 谢德祚 吴义招 彭凤英 谢德菱 谢毓樋

谢毓淳 毓柯 名远 邦祯

代笔人：谢毓溪

公元一九五二年十二月 日立出嗣字人谢毓海

### 并户字 ②

立合同字人谢毓海与烈属钟义秀双方自愿并户，双方协议订立合同，条件列于后：

收养户谢毓海提出保证条件于下：

（1）保证长子名森过继一半钟义秀名下为嗣。

（2）保证不弱〔虐〕待烈属钟义秀。

（3）保证同抬 ③ 饮食。

（4）保证今冬做衣服两身、剪绸一匹做单被一床，明年起每年

---

① 标题为笔者所拟。

② 标题为笔者所拟。

③ "抬"同"台"，同地方言中称饭桌为"台"。

做衣服一身，以及料理鞋袜、洗衣、缝补。

（5）保证烈属发生有病痛时及时请医生及照顾。

（6）保证烈属钟义秀有自由权利。

（7）保证答适①钟义秀的人情世务。

（8）保证钟义秀不去做重工伕，由他自愿的劳动下，不强迫、不弱（虐）待他去做。

（9）保证烈属钟义秀就是自己的母亲一样看待。

（10）保证生养死葬周并烈属钟义秀。

合并户钟义秀提出保证条件：

（1）保证甘愿合并户无意见。

（2）保证合并户后不反覆〔复〕。

（3）保证合并户后不闹事、不吵口，保证和睦

（4）保证合并时不浪费，就是自己的家一样

（5）保证自愿的劳动下帮助收养户谢毓海。

（6）保证满足收养户以上十条件。

（7）保证一切东西归于收养户谢毓海名下掌管，其他外人不得侵犯。

证明人：塘石乡人民政府

在场人：肖采琴 谢金华 谢毓海 谢□才 谢德祚 刘华英

公元一九五二年旧历八月二十八日立合同字人

收养人：谢毓海

合并户：钟义秀

**中共兴国临时县委旧址的买卖房屋字据②**

中共兴国临时县委旧址原为钟人祥的住宅。钟人祥，塘石村白坑（即白滩）人，生于1886年，1927年与堂兄弟钟人祯、钟人祜

① "答适"为方言，意为"负责"。
② 标题为笔者所加。

等人先后加入中国共产党，钟人祯担任中共鼎龙区委书记，钟人祜担任县苏维埃政府军事部长，成为党组织信任的革命家庭。1929年2月中共兴国县区委在其家召开会议，决定成立中共兴国（临时）县委，机关即驻其家。中共兴国（临时）县委驻塘石期间，领导了兴国县城第二次暴动，再度夺取兴国县城，收缴了商团武器，成立赣南第一支正规红军——江西红军独立第四团；并先后迎接从井冈山突围而来的毛泽东、朱德率领的红四军和彭德怀率领的第五军转战兴国。1929年春中共城郊区委成立后，钟人祥当选为区委委员。1930年鼎龙区苏维埃政府成立后，担任区文化部长。1931年夏投身反"围剿"斗争中，在古龙冈工作期间牺牲。

房屋建筑的具体年份不详，其后人钟定鸥只能说出"是在我爷爷（即钟人祥）手上建的"，推测应该为晚清民初时期所建。从远处看，建筑呈凹字形，两层，中间为正栋，建有骑楼，略高于两侧的横屋，悬山顶，盖以黑瓦。墙脚用七条红色麻条石砌成，上面部分基本是青砖。建筑带有中西结合的风格，门窗顶部的造型采用圆拱形或三角形。正栋门廊用四根两层高的青砖方柱支撑，正中的大门用红色麻条石作门框，与当地的其他建筑不同，门框顶部为圆弧形。在塘石，题写门额习惯用主人名字中的某个字开头，这栋建筑也不例外，门额上题"祥麟威凤"四字。建筑以正间为中心，两侧对称，包括正间、塞口、横屋、厨房等部分。

新中国建立初的土地改革时，这栋房屋被分给三户人家居住。后来，左侧横屋被拆除。1990年，钟人祥之孙钟定鸥出资买回一部分，但仍有一部分归其他人所有。2012年，这栋建筑被纳入兴国县第三次全国文物普查近现代类保护名录，命名为"中共兴国临时县委旧址"，成为兴国县文物保护单位。建筑外观较好，但内部有待修缮。

1990年，钟定鸥出资买回老宅时，特意与卖房人钟文董立下了字据，照录如下：

### 买卖房屋字据

卖主钟文董因全家迁居他乡，故将坐落在白滩村的房屋全部卖给钟定鸥，现将有关事项立字据如下：

一、房屋数量与价格：前正栋房屋贰间，西边祠厅壹间，厨房壹间，厕堂前半间，牛栏壹间，以上房屋均为从地面到屋面，价款共计人民币陆千伍佰元正。

说明：前正间左边的这间是与吴义兴对换的。

二、买卖房屋的界址，以 1953 年 1 月 2 日兴国县人民政府颁发的"2548 号"地房产所有证，和 1985 年 9 月 1 日兴国县土地管理办公室颁发的兴土字 02 农居字第塘石 20-14 号城乡房屋宅基地使用证所记载的为准。该二证件从立字据之日，由卖主交给买主保存，并由买主按政府规定办理产权手续。

三、付款办法，全部价款分两次付清。第一次为立字时付人民币叁仟伍佰元，第二次为一九九一年十月付人民币叁仟元正。

四、需要说明的几个问题：

（1）所堂与钟士才共同使用，维持现状，产权划分按房间中垟垂直为界限。

（2）卖主之母黄菊香在百年之后，需向买主借用此房屋一次，供以接待客人之用。

此字据一式二份，买卖双方各执一份，自一九九〇年二月十日起生效。

卖主签字盖章　钟文董　黄菊香

买主签字盖章　钟定鸥

在场人：

文正、人祠、文源、定辉、钟文芹、黄菊秀、谢名业

执笔：文岁△

监证：村委会代表：黄菊秀、谢育梧

公元 1990 年 2 月 10 日立

### "谢良将军奖学金"协议书 [1]

塘石素有"耕读传家"的传统,在辛勤耕作的同时,重视子弟的教育。近些年,重视教育的传统与红色文化的构建、传承和弘扬结合在一起。2016年,谢良将军的儿子谢斌、侄子谢名苞和谢名芳、侄孙谢海滨联合发起,每年捐资10万元左右,在塘石村设立了"谢良将军奖学金","以志谢良将军热爱家乡、关心下一代成长的精神和愿望"。为此,谢良将军奖学金董事会与长冈乡塘石小学就相关事项签订了协议书,并制定了《"谢良将军奖学金"章程》、《"谢良将军奖学金"实施方案(试行)》。现将协议书、《"谢良将军奖学金"章程》、《"谢良将军奖学金"实施方案(试行)》照录如下:

协议书

甲方:谢良将军奖学金董事会

乙方:长冈乡塘石小学

为推动长冈乡塘石村基础教育以展,激励塘石小学教师勤奋教学,学生刻苦学习,积极向上,不断提高学校教育教学质量,双方同意在塘石小学设立"谢良将军奖学金"(以下简称奖学金)。

有关事宜协议如下:

1. 双方的合作按"谢良将军奖学金章程"确定的原则进行。

2. 甲方自2016年起,每年捐资人民币5万—10万元。通过监事会交给管委会按"谢良将军奖学金实施方案"的规定使用。

3. 乙方协同管委会按照公开、公平、公正原则,严格对教师业绩、品德言行,学生成绩、在校表现、品德素养多方面考核,评选出优秀教师、学生和高考优秀学子。

4. 乙方将协同管委会组织好颁奖仪式、媒体报道,建立奖学金完整档案(档案一式两份,学校和董事会各存一份)。

---

[1] 标题为笔者所拟。

5.乙方奖学金工作同学校日常工作结合起来进行，并接受奖学金监事会检查监督。

双方第一期合作暂定为五年，从本协议签字起生效。协议一式两份，双方各执一份，各份具有同等效力。

6."谢良将军奖学金章程"、"谢良将军奖学金实施方案"作为本协议附件，双方均遵守执行。

合作中出现的问题，双方协商解决，如久未果，任意一方可终止合作。

本协议未尽事宜双方协商后以补充条款形式给出。

甲方（代表签字）：谢海斌

2016 年 4 月 22 日

乙方（代表签字）：刘红生

2016 年 4 月 22 日

## "谢良将军奖学金"章程

1. 为提升塘石村小学教育水平，造就更高素质优秀人才，谢名苞、谢斌、谢名芳、谢海滨联合发起，在塘石村创立奖学金，用于奖励塘石小学优秀学生和教师，以激励师生教、学热情。

2. 奖学金冠名"谢良将军奖学金"。谢良将军是土地革命时期从塘石村走出来的革命先辈、开国将军。谢良将军是几十年来跟随共产党南征北战，历尽艰难困苦，为革命事业进行了艰苦卓绝的斗争，是时代的优秀代表。建立"谢良将军奖学金"（以下简称：奖学金）以志谢良将军热爱家乡、关心下一代成长的精神和愿望。

3. 董事会。由发起人组成奖学金董事会，谢名苞任董事长。董事会负责：（1）筹集捐赠资金；（2）制定和修改奖学金章程。

4. 奖学金发放范围和额度。奖学金每年发放一次，年度金额暂定控制在 10 万元以内。受奖学生控制在学生总数 5% 以内，应品学兼优，积极向上；受奖教师控制在教师人数 20% 以内，应为人师表，尽心教育工作。

5. 监事会。由董事会委托谢爱民、刘红生、谢建平、谢伟平四人组成。监事会负责：（1）监督塘石小学奖学金管委会的有关宣传、考核、奖励工作；（2）审核管委会提交的优秀学生和教师名单；（3）在董事会拨付奖学金后，及时提取现金交付管委会；（4）协助管委会组织奖学金颁发仪式。

6. 管委会。由塘石小学的刘红生、叶琳、谢志浩组成奖学金工作管委会。管委会负责：（1）起草具体的考核奖励办法，报董事会批准后分步实施；（2）向全校学生和教师宣传奖学金的意义和考核奖励办法；（3）建立对学生和教师的日常考核档案；（4）每年定期制订年度奖励方案报监事会审核后实施。

7. 颁奖大会可以邀请有关方面领导和人士、塘石村管委会代表、奖学金发起人参加。

8. 奖学金实施情况应有完整档案记录，保存于塘石小学并抄送董事会备案。奖学金发放情况，受奖学生、教师基本情况的资料由塘石村小学负责收集和整理。

9. "谢良将军奖学金"应是个长期的计划。先作十年规划，第一期实施按五年计划，为了达到更好效果，具体方案可每年进行局部调整。

"谢良将军奖学金"实施方案（试行）

为发展教育、造福后代，情系家乡、爱献教育，远在千里之外的谢良将军亲属决定，自2016年年起，每年捐献10万元资金，在塘石小学设立"谢良将军奖学金"。旨在促进塘石村基础教育发展，激励教师勤奋教学、学生刻苦学习、学校提高教育教学质量。特制定本实施方案：

一、学生奖（仅在四、五、六年级设立）

1. 优秀学生奖（综合奖）

每学年对在全年级总分排名（语文数学英语）第1—7名的学生实施奖励。第1名500元，第2、3、4各300元，第5、6、7名各200元。

2. 特殊单项奖

鼓励学生积极参加学校和乡、县、市组织的各项竞赛活动，对取得优异成绩的学生实施奖励。获得县级及以上一、二、三等奖者，分别奖励 200 元、150 元、100 元；奖得乡级一、二等奖者，分别奖励 100 元、50 元。

二、教师奖

1. 优秀教师奖（综合奖）

每年学校对教学一线的教师，在学科教学、发表论文、指导学生、素质教育、为人师表等方面进行综合考评，对优秀教师进行奖励。在乡冈乡 13 所小学综合考评中：

（1）塘石小学没有进入前三名，则优秀教师奖励面为全校（16名）的 20%，即 3 名。奖金分别为：5000 元、3000 元、2000 元。

（2）考评为第三名，优秀教师奖励面提高到 30%，即 5 名。奖金分别为：5000 元、3000 元（×2）、2000 元（×2）。

（3）考评为第二名，优秀教师奖励面提高到 50%，即 8 名。奖金分别为：5000 元、3000 元（×3）、2000 元（×4）。

（4）考评为第一名，优秀教师奖励面提高到 75%，即 12 名。奖金分别为 5000 元、3000 元（×4）、2000 元（×7）。

2. 发表论文奖：在县、市、省、国家级发表教育教学论文，每篇分别奖励 100 元、150 元、200 元、300 元；在江西基础教育网上传教育教学方面内容被采用的，每条奖励 50 元。

3. 参与竞赛活动

（1）个人荣誉奖：获得乡级 1、2 等奖的分别奖励 50 元、30 元；获得县级一、二、三等奖的分别奖励 200 元、150 元、100 元；获得市级以上一、二、三等奖的分别奖励 300 元、200 元、150 元。（荣誉中不包含个人论文评奖；所获荣誉的时间应该是该学年期间）

（2）指导学生奖：指导学生参加语文、数学、英语及文体等学科竞赛活动，获得乡一、二等奖的分别奖励 100 元、50 元；获得县级 1、2、3 等奖的分别奖励 200 元、150 元、100 元；获得市级以上一、二、三等奖的分别奖励 300 元、200 元、150 元。全乡运动会、六一儿童节、元旦表演等大型集体性难度大的节目，时间长的活动，获得第一、二、三名的指导老师，分别奖励 300 元、200元、150 元；获得演讲朗诵比赛全乡一、二等奖的，指导教师分别奖励 100 元、60 元。

三、优秀管理者奖（综合奖）

在全乡 13 所小学年度考评中，塘石小学获得优秀成绩时，对校长、教导主任进行奖励：

（1）塘石小学没有进入前 3 名，该项奖空缺；

（2）塘石小学为第三名，奖励校长 5000 元，教导主任 3000元；

（3）塘石小学为第二名，奖励校长 8000 元，教导主任 5000 元，其余没有获奖的教职工各 200 元。

（4）塘石小学为第一名，奖励校长 12000 元，教导主任 6000元，其余没有获奖的教职工各 500 元。

四、高考学子奖

参加当年高考、总分在二本线以上且被录取的塘石籍学子，按总分排序前三名授予优秀学子奖（其中第一名总分必须在一本线以上，否则视为空缺）。奖金 5000 元，其中被 211 大学录取者增加到8000 元，被 985 大学录取者增加到 10000 元，被清华、北大录取者增加到 12000 元。（凭录取通知书颁奖）

五、为了提升学生课外兴趣，开阔视野，鼓励开展课外阅读活动，每年为学生购买图书等教学用具 5000 — 10000 元，由学校统一管理。

塘石小学的提升是教、学相长综合素质的提升，除了校内教学，校外素质教育也是重要环节。为了让每一个塘石孩子能够认识家乡历史，了解家乡许多英雄事迹，领略家乡优秀传统文化，学校每学期组织学生到村、乡、县展览馆、烈士陵园等革命传统教育场所进行教学实践，并在 4、5、6 年级学生中开展征文、演讲、讲故事等丰富多彩活动，对在征文、演讲、讲故事比赛中获得年级前3名的学生及指导教师各50元/人的奖励。

　　希望通过设立"谢良将军奖学金"，有助于塘石小学形成健康活泼，积极向上，教学相长的局面，有助于塘石村人才辈出，更好地回报社会。

# （四） 公藏机构中的塘石村苏区史资料

## 1. 兴国县塘石乡土地调查

《兴国县塘石乡土地调查》现存于江西省档案馆，未标注调查的具体时间，也未署名。通读全篇内容可知，调查系土改工作人员在土改期间进行的。塘石乡土地改革时间自 1950 年 11 月 16 日起，至 1951 年 1 月结束。因此，调查时间应在此期间。这份调查报告是我们了解土地革命时期、红军长征后、新中国成立之初塘石的政治、经济、社会状况的珍贵资料。以下为原文。

塘石乡距城 12 华里，平川地，土地较集中，可代表兴国平川富庶地区情况。

表一　目前各阶层户口、人口、土地占有的对比

| 项目<br>数目<br>阶级 | | 户数<br>% | 人口<br>% | 劳动力<br>% | 土地占<br>全村土<br>地 % | 土地使用 | | | 每人平<br>均分得<br>田（担） | 每个劳<br>力耕田<br>数（担） |
|---|---|---|---|---|---|---|---|---|---|---|
| | | | | | | 自耕<br>占 % | 租入<br>占 % | 租出<br>占 % | | |
| 地主 | | 1.6 | 2 | 0.65 | 9 | 11 | | 89 | 33.2 | |
| 富农 | | 2 | 3.4 | 1.78 | 6 | 58.6 | 3.4 | 41.4 | 17.8 | |
| 中农 | 富中 | 0.7 | 1.4 | 0.84 | 1.4 | 72 | 9.3 | 28 | 9.4 | 17.2 |
| | 中农 | 16.6 | 19.3 | 22.1 | 21.1 | 95.2 | 17.7 | 3.8 | 7.88 | 13.9 |

续表

| 阶级 | 项目 | 户数% | 人口% | 劳动力% | 土地占全村土地% | 自耕占% | 租入占% | 租出占% | 每人平均分得田（担） | 每个劳力耕田数（担） |
|---|---|---|---|---|---|---|---|---|---|---|
|  | 佃中 | 3.5 | 4.7 | 4.2 | 2.2 | 97 | 163.8 | 8.9 | 3.7 | 18 |
|  | 小计 | 21 | 25.1 | 27.14 | 24.7 | 94.8 | 34.3 | 4.2 | 7.2 | 15.3 |
| 贫农 | 贫农 | 35.8 | 28.8 | 28.9 | 18.1 | 94.9 | 63.2 | 5. | 4.3 | 12.1 |
| 贫农 | 佃贫 | 32.8 | 35.1 | 33.5 | 6 | 91 | 405 | 9 | 1.5 | 11.1 |
| 贫农 | 小计 | 68.6 | 64 | 64.4 | 24.1 | 93.9 | 156.9 | 5.1 | 2.6 | 11.8 |
|  | 小商 | 0.2 | 0.3 | 0.2 |  |  |  |  |  |  |
|  | 手工业 | 5.3 | 4.2 | 5.1 | 0.78 |  | 228.8 |  |  |  |
|  | 自由职业 | 0.5 | 0.3 | 0.32 | 0.3 |  | 24.4 |  | 1.17 | 6.3 |
|  | 游民 | 0.2 | 0.06 |  |  |  |  |  | 6.6 | 9.9 |
|  | 公田 |  |  |  | 21 |  |  | 100 |  |  |
| 外村 | 地主 |  |  |  | 2.6 |  |  | 100 |  |  |
| 外村 | 富农 |  |  |  | 1.1 |  |  | 100 |  |  |
| 外村 | 中农 |  |  |  | 0.7 |  |  | 100 |  |  |
| 外村 | 贫农 |  |  |  | 0.3 |  |  | 100 |  |  |
| 外村 | 小商 |  |  |  | 1.2 |  |  | 100 |  |  |
| 外村 | 手工业 |  |  |  | 0.3 |  |  | 100 |  |  |
| 外村 | 公田 |  |  |  | 6.8 |  |  | 100 |  |  |
| 合计 |  | 390 | 1668 | 950 | 12040.4 | 6271.85 | 576855 | 576855 |  |  |

注：1. 户口数、人口、土地占有的％数指各阶层与全村的对比。

2. 自耕与租出、租入的％数指各阶层本身占有土地的比例。

3. 手工叶〔业〕包括工人，小商包括摊贩。

4. 公田包括公堂田、神会田、学田、桥田、水利田，其中学田占全村土地0.34%，桥田、水利田占全村土地1.31%（指本村），外村学田、桥田、水利田□少。

5. 公田解放前大部分为地富经营。

表二　从苏区前到目前的阶级变化

| 阶级 | 苏区前 | 上升数 | | | | 下降数 | | | | 现在 | 占全村户数% |
|---|---|---|---|---|---|---|---|---|---|---|---|
| | | 地 | 富 | 中 | 贫 | 地 | 富 | 中 | 贫 | | |
| 地主 | 8 | | | | | | 1 | | 1 | 6 | 1.64 |
| 富农 | 21 | | | | | | | 15 | | 8 | 2 |
| 中农 | 不详 | | 1 | | | | | | 3 | 84 | 21.6 |
| 贫农 | 不详 | | 1 | 20 | | | | | | 268 | 68.7 |
| 雇农 | 21 | | | 2 | 19 | | | | | | |

1. 如表二地富有某些下降，尤其是富农由 21 户降到 8 户。

2. 如表二雇农大部变成贫农，有个别变成中农。

3. 现举出内中几家变化的具体情况：

甲、谢方桂：土革时被杀，经过革命 7 口人，只剩了 2 口人（二孙）后又分家，土地财产没有全部收回。遂由地主变为贫农。

乙、谢得健：苏区时 5 口人，有田 150 担，红军北上后，父老母死，娶一后母，花钱很多，且不劳动，土革时财产被没收，未收回，田薄收成不好，年年卖田，现在自耕仅 40 余担，原来是富农，现降为中农。

丙、谢才挑：家有 12 口人，田 120 担，曾雇长工，苏区时是富农，土革时，财物被没收以后，未能全部收回。逃跑时支出大，欠债多，以 40 担田抵债，3 个儿子死了 2 个，所剩一个教书，本人和妻子儿媳劳动，农忙时才请零工，现降为中农。

丁、谢毓娃：土革时是贫农，因私打土豪，捞到富农远涛、远濂的空室清野的一批贵重的东西，红军北上后，即放债，开客店、屠坊，兼营本房公堂。作公堂田华利轻，日后儿子也大了，老婆和自己私房钱，均用来放债。原为贫农，现上升为富农。

戊、谢毓澄：土革时 6 口人，2 个哥哥当了红军，参加了长征，两个嫂子改嫁，他就继承了 15 石田的产业，国民党时当了 5 年甲长，多少免去了一些苛捐杂税。近年来又买了 8 石谷田，原来为贫农，现升为中农。

己、谢汝德：原来是雇农，当红军攻打翠门寨（现在的翠微峰，是当时地富的集中地），私下捞了一笔财物。土革后，娶了一个妇娘，劳动好，两口子作田帮零工，每年有余，放债得典田十八担，现升为中农。

三、苏区前和目前产量、地价、租额、雇佣、借贷关系变化情况：

甲、产量

| 种类<br>时期 | 苏区以前 | 苏区以后 | 备考 |
|---|---|---|---|
| 上田 | 4 | 3 | |
| 中田 | 3 | 2.5 | |
| 下田 | 2.5 | 1.5—2 | |

注：1. 田以秧担（每担秧田为 3 担谷田）为单位。

2. 产量以担计算（稻谷）。

乙、租额：

| 种类<br>时期 | 苏区以前 | 苏区以后 | 备考 |
|---|---|---|---|
| 上田 | 一般的每担秧田<br>为 2 担华利 | 按原租额 8—9 折 | |
| 中田 | 同上 | 按原租额 7—7.5 折 | |
| 下田 | 同上 | 减为 1.8 担的 7 折 | |

注：1. 田以秧担为单位。

2. 解放前的华利有的占到正产物的 60%，只有很少一部分公堂田的利，占正产物的 30%。

丙、地价

| 时期\种类 | 苏区以前 | 苏区以后 | 备考 |
|---|---|---|---|
| 上田 | 50 担谷田，100 元（光洋） | 30 担谷，3 担油 | |
| 中田 | 35—40 担谷，70—80 元（光洋） | 25 担谷，2.5 担油 | |
| 下田 | 10—20 担谷，20—40 元（光洋） | 5—10 担谷，0.5—1 担油 | |

注：塘石田一般较好，据高兴区殷富村群众谈，苏区以后一担田、一担油左右。

丁、雇佣

本村没有长工（前 3 年有雇 1 个长工的），地富雇短工的数字也不大，农民之间在农忙时（蒔田、割禾等）如耕作需要也雇短工，详情如表：

| 项目\数目\成分 | 地主 | 富农 | 佃中 | 贫农 | 佃贫 | 手工业 | 小商 | 游民 | 中农 |
|---|---|---|---|---|---|---|---|---|---|
| 户数 | 2 | 1 | 4 | 32 | 31 | 11 | 4 | 2 | 24 |
| 雇工数 | 70 | 20 | 37 | 201 | 65 | 40 | 15 | | 263 |
| 占 % | 9.8 | 2.8 | 5.1 | 28.2 | 4.5 | 5.26 | 2 | | 36.9 |
| 平均每户雇工数 | 35 | 20 | 9 | 6.2 | 2 | 3.6 | 3.7 | | 10.9 |

注：贫农雇工原因有三：

1. 孤老：雇工户中，有 9 户无男劳动力，须雇工 154 名，占贫农雇工总数的 76.6%。

2. 赌博：雇工户中，有 2 户因赌博而雇工的，请 30 个工，占贫农雇工总数的 14.7%。

3. 特殊情况：雇工户中，有 2 户因特殊事故而请 32 个工，占贫农雇工总数的 15%。

出雇情形

| 成分 数目 项目 | 中农 | 佃中 | 贫农 | 佃贫 | 工人 | 商人 | 总计 | |
|---|---|---|---|---|---|---|---|---|
| 卖工数 | 22 | 25 | 140 | 492 | 23 | | 702 | |
| 占 % | 3.1 | 3.56 | 19.4 | 70 | 3.27 | | | |
| 全村户数 | 24 | 4 | 32 | 31 | 11 | | | |
| 卖工户数 | 6 | 2 | 20 | 27 | 3 | | | |
| 占 % | 25 | 5 | 12.5 | 87.1 | 27.7 | | | |
| 平均每户卖工 | 2.4 | 12.5 | 7 | 18.2 | 7.6 | | | |

工资情形

| 种类 | 工资（斗） | | 备考 |
|---|---|---|---|
| | 一般 | 最高 | |
| 莳田 | 2 | 2.5（一天） | |
| 耘田 | 0.6 | 0.8（一天） | |
| 水车 | 0.6 | 0.8（一天） | |
| 杂工 | 0.6 | 0.8 | |
| 割禾 | 2 | 2.5 | |
| 犁田 | 1 | 1.2 | |

　　解放后，雇工一般都减少，因为怕算剥削，提高阶级，农民之间的雇佣关系也减少了些，如中农名全往年要请30工，今年他学会了犁田，只请9个工。又贫农毓彬往年赌博，要请工40天，今年不赌博只请20天。贫农名峻，往年要请工犁田，今年不请工犁田。

　　戊、借贷：借贷关系比苏区以前利息高，借贷数目和借贷户也多了（八村殷富村的调查，一般的利息20%）。本村苏区前，一般借贷利息为二分半，也有三四分的，但较少，现在则一般为3分（殷富村一般为4.5分—5分，有的四五分，利息往往超过1倍或2倍）。地富与放高利贷，塘石14户地富中，有9户放债，其中放债收入超过总收入60%以上的有2户。

公堂义仓也放债。利息较轻，一般为10%~20%或30%，农民除向地富公堂借贷以外，农民中也发生这种借贷关系，根据塘石材料（塘石区涝水村）

四、分田问题：

（一）几种分配方案试算

| 没收或征收 | 参加分田的阶级 | 商、工人每人分一份（旦） | 占平均数% | 工商每人分一份 | 占平均数% | 备考 |
|---|---|---|---|---|---|---|
| 本外村地主公堂 | 地主、缺田中农、贫农、工人、商人等 | 6.59 | 87.4% | 6.39 | 84.7% | 1. 平均数是拿全村土地【除】以全村人口平均分配的数字。2. 富农参加分田，仅得自耕部分。3. 参加分田的阶层所占有的土地皆拿出来分。4. 缺田中农在分田时有进无出。 |
| 本外村地主富农出租几份公堂 | 同上 | 6.9 | 91.5% | 6.61 | 87.6% | |
| 本外村地主公堂 | 地、富、中农、贫农、工人、商人 | 6.87 | 91.1% | 6.67 | 88.4% | |
| 地、富、中、外村中农以下土地全不动 | | | | | | |
| 打乱平分 | 同上 | 7.54 | | 7.28 | | |
| 注： | 缺田中农，以他家人口数对他所占有的土地平均每人未到六担者。 | | | | | |

土地分配试算：

1. 若本村地完全打乱平分，每人平均可分得7.54担。

2. 若富农土地不动，可缩小打击面 2%，缩小打击面的人口 3.4%，每人平均可分田 6.59 担，占全村平均土地 87.4%。

3. 若仅动富农土地的出租部分，每人平均可分得 6.9 担，占全村平均土地 91.5%。

（二）群众对分田的意见

1. 几种田地处理

甲、中农的田

| 占全村户数 | 占全村土地 % | 每人平均占有土地 | | 每人平均土地小于平均土地以下的户数 | 备考 |
|---|---|---|---|---|---|
| | | 数 | 占全村每人平均的 % | | |
| 21% | 24.7% | 7.2 担 | 95.5% | 31 | |

多数群众主张按人平均分配，认为中农田多，地富田少，中农田也应该分。

乙、客田

| 成分 | | 户数 | 占有土地 | | 备考 |
|---|---|---|---|---|---|
| | | | 数 | 占本村土地 | |
| 地主 | | 5 | 318.72 | 2.6 | |
| 富农 | | 6 | 144.04 | 1.1 | |
| 中农 | | 5 | 84.85 | 0.7 | |
| 贫农 | | 20 | 40.6 | 0.3 | |
| 小商 | | 11 | 146.91 | 1.2 | |
| 手工业 | | 3 | 41.9 | 0.3 | |
| 公产田 | 公堂 | 14 | 797.1 | 6.62 | |
| | 神会 | 2 | 8 | 0.13 | |
| | 学田 | 2 | 16.22 | 0.06 | |
| | 桥田 | | | | |

对客田的处理，大多数群众认为不分成分，都拿来分；对解放后迁入本村的贫农，本地主张不应分田，只有解放前迁入的才可以分。

丙、皮骨田和典当田

皮骨田产生的历史尚无从考据，"骨"指所有权，"皮"指使用权，但皮亦可买卖，有皮权者交租（交给骨权），每担秧田（3担谷田）的华利为一担谷的双8折（即6斗4升），公堂多皮骨田，贫农买皮者多，如下表：

| 成分 | 地主 | 富农 | 中农 | 贫农 | 公堂 | 合计 |
|------|------|------|------|------|------|------|
| 骨权 | 15担 | 9 | 3 | | 150.9 | 177.9 |
| 皮权 | | | 80.8（旦） | 97.1 | | 177.9 |

群众对这种田，有的说田皮权人得，但大部分群众认为如是中、贫农的皮，地富的骨，则皮权人得一半，余没收后分给农民，如是中、贫农之间，则皮骨各得一半。

典当田数目不大。在减租中有12户，已赎回土地15.3担。对于典当田的处理，有的主张不分阶层，凡典当田都没收，然后统一分配。另一主张是典与中农的田，如中农占有土地很多，则典入的田应拿出来分；如中农田不多，则典入的田仍归中农；又有部分群众认为可按典当时，折合地位①，超出地价的土地，应退还出典人，贫雇中农典给地富的田则无条件收回。

丁、借贷

本村地富放债的在总额的30%左右，其余皆为农民之间的借贷。

群众意见：一种是3分以上算高利贷，以下不算（有的主张2分）；另一种是地富的算高利贷，农民之间的不算，利率太高的可酌量减息（也有主张不减的）。土改中可提废除高利贷，群众意见

---

① 原文如此，"地位"疑应为"地价"。

是反正借不到地富的债了，提了没关系。

2. 对几种人的处理

甲、军烈属在外人口：本村军属有 141 户，占全村户数 36%；烈属 47 户，占全村户数 12%。共 188 户，占全村户数 48%。

烈属都反映：为革命牺牲有功，本身也该分一份，一般群众也同意，有部分群众认为烈士本人可不分田，不过他家有什么困难（如缺劳动力等），大家要帮助解决。烈属听说死的不分田时，气愤地说："烈士有什么光荣？田都分不到。3 岁孩子有什么功劳，还有田分？"

对于军人一般群众认为，凡有信和证明文件寄到家来的就分田，有信就有人，见信就分田，这意见大家都赞成，也有主张没信的同样分田。

乙、手工人：本村共有 21 户手工人，多半是半工半农，以木匠、竹匠为多，占有田 94.93 担，占全村土地 0.38%，平均每人 1.1 担，租入田 215.14 担。

群众意见：工人同样分田，理由是：

（1）作工不多，尤其解放后作工更少，不分就要饿死。

（2）工人不分田就没有那个作工人，工人也表示态度："若不分田，现在我就不干了"。

（3）工人是无产阶级，是领导革命的，不能不分田。

只有很少群众讲："工人都分田，都变成了农民，那〔哪〕个还做工呀"，意思是不分或少分。

丙、教员：教员要分田，教书也是贫雇农。

丁、小商人：小生意赚不到几个钱，同样要分田——多数人的意见。

戊、单身汉：可分两份。

己、游民：可以分田，使他们以劳动中改造，暂不发土地证，游民本身近来为了分田，劳动也更积极了。

庚、地主：大部分群众反映："地主过去剥削我们太多了，自己不劳动，生活过得好，这次分坏田给他们，让他们也吃吃苦"。

辛、富农：有两种意见，一种是将其自耕部分留下，不给他分进；一种是照人口计算，自耕的土地如不够也应分进。

壬、好坏田

本村依自然条件，田可分上、中、下三种，上等每担谷田可产一担谷，有的产一担三四斗，还可种杂粮，杂粮收入约占正产物20%，中等田每担产 9 斗或 8 斗，一半可种杂粮。下等田平均每担可产六七斗，也有产 9 斗或 5 斗的，产量很不齐，不能种杂粮，常遭水灾，有时连种子都赔光了。群众说："拿下田两担换人家上田也换不到 1 担"。上、中田约各占 25%，下田约占 50%（可能要少些）。

群众意见：原耕为主的办法，受到欢迎。毓春说："我借的都是好田，已耕了 10 多年，每年下好肥，两年可不下肥也一样打粮，最好分给自己。"坏田多的要求换些好田，如佃贫农名江借了 21 担田，都是下等田，积极要求换些肥田，有些坏田多的中农也要换些好田或秧场田。

3.……

4. 几个具体问题

甲、群众一致要求田要分得匀，好坏田也要评好，搭配均匀，谁也不吃亏。

乙、土地要丈量。丈地时要选好干部，使土地丈得准，评得上，最好出榜公布通过。这种意见以小房（势力小）要求更迫切。另象村干部忠亮，上次丈田（秋征）占了便宜则说："丈田费时间，有黑田可以利用自报公议的办法斗争出来，用不着丈量"。

丙、单位：最好以乡为单位，500 至 600 户，因为群众都熟悉情况，或以天然界（如山川、堤、圳等）为划分标准，同时要结合处理山场、水利等问题，计算单位以担（谷田）为最好，群众熟悉，单位小且好抽肥补瘦。

丁、分田时间

二、塘石村苏区史资料的收集与整理 | 227

都同意秋收后，有的提议在旧历四五月最好，那时不太忙，因为丈田要半月到 20〔日〕左右，不然秋收后，误了翻田种菜事，影响生产。这种意见，在工作好的地方可以采纳，就是秋收后分田，也要先作准备，免得临时拖延太久。

5. 房屋、耕牛、水塘及主要农具占有的情况与群众的反映：

一、房屋：地富和少数富裕的中农住砖房，很阔气，楼有走廊，楼上绣花，仓库好几间。最近几年造房子的风气更盛，其余的都是民房，贫农住的更烂，一般的都为自有，少数也得租房，或房子不够用发生困难。

占有情况：地主平均一人两间好房子，富农平均一人一间，中农平均一人一间，但也有个别多的。如远濂 7 口人（2 人在外）住 16 间，解放后，把空房子都弄起灶，将人分开住，怕贫农或扎军队，贫农平均三人二间。

涝水村 110 户中没有房的有 4 户，也有少数几家住一幢房子的，如毓燕 5 口人住 2 间房子，连厨房在内，没房子还影响养猪。

老塘石村（四个自然村）租房子的有 7 户，共计 9 间，租金每间每年约在三四斗左右。

群众意见：一般地实行抽多补少，地主的没收，不过留下他自己住的，也有对换的意见。邦伟说："地主住的房子那么漂亮，今天也应该给我们来住住，让他们来尝尝我们那种坏房子的味道。"

二、耕牛

耕牛一般不缺，本村共有 119 头（大水牛 9 头，每头可耕 150 担；黄牛 105 头，每天可耕 80—120 担；小水牛耕多少不一定），平均每头只耕 101.2 担，地主没有牛，（有一头清算时没收了），富农有 3 头（原有 6 头，解放后卖了 3 头），实耕 347.46 担，平均每头实耕 116 担亩，中农有 47 头，平均每头实耕 86.5 担，贫农有 29 头，平均每头实耕 102 担，缺牛的贫雇农则向富农、中农或某些贫农租牛，也有实行换工和帮工的。租牛牛税每担秧田 2 斗谷（包租人工在内）。

分配意见：

（1）富农的牛要分，如富农远涛自己有大水牛1头，自己只耕了60担田，可拿出来分，分给几家有劳力耕田和能饲养牛的贫农，同时也给被分富农代耕。

（2）富农故意损害或卖掉的牛，要他们赎回，并看管现在的牛。

### 三、主要农具

| | 阶层 | 地主 | 富农 | 中农 | 贫农 | 工人 | 其他 | 合计 | 备考 |
|---|---|---|---|---|---|---|---|---|---|
| 犁 | 数 | | 4 | 48 | 67 | 2 | | 121 | |
| | 一犁耕数 | | 86.96 | 84 | 106 | 155 | | 105.4 | "合计"里是平均数 |
| 耙 | 数 | | 31/2 | 43.1/2 | 58 | 2 | | 107 | |
| | 一耙耕数 | | 99.4 | 92.5 | 124 | 155 | | 117.7 | "合计"里是平均数 |
| 水车 | 数 | 2 | 5 | 74 | 168 | 17 | 3 | 269 | |
| | 一车灌田 | 68.2 | 64.5 | 55 | 42.5 | 18.2 | 16.5 | 44.1 | "合计"里是平均数 |

主要农具有犁耙（有牛就有犁耙）、水车、锄头、箩筐，一般的不缺，各阶层占有使用情况如上表。

个别富农的农具尚有多余，少数贫农有缺乏的，要求抽多补少，目前要监视富农，不使他们破坏。

### 四、水塘

全村共有水塘30余口，私人的不多，大都为房族共有的，如白滩村有13口水塘，其中8口是共有的。

群众对水塘的处理，主张可以几家共分一个，和土地革命一样。没塘的贫农要求得最迫切，如贫农吴义招说："水塘要分，不然塘泥都搞不到。"

（原文缺第五部分内容）

六、地富目前动态

（一）本村地主六户，富农 8 户，地主都是老地主，比苏区前占有土地减少了；如远涵原有田 1000 多担，卖后只剩 262.98 担。地主在政治经济上都很有地位，如远涵是前清翰林，国民党统治时，任过代理省长、专员等职，声名甚著。其弟远湛，做过二任县长，并兼民社党县委书记，为本村恶霸，其他地主多数靠于他，在他县内被称为"望族"，与国民党县党部书记谢远雁为本家，故谢氏在兴国县内有声有势。地主德刚为国民党部县委之一。地主说话算〔数〕，活动势力大，当权派虽被打倒，但仍顽固地麻痹群众，常利用弱点，侧面进攻。

富农 8 户中，由地主下降的 1 户，贫农上升的 2 户，他们占有土地最多的为 144.75 担，最少的为 39.5 担。其中有 7 户出租土地，占本阶层占有土地 41.4%。6 户放高利贷，有 2 户高利贷收入占其总收入 60% 以上。又有 1 户小押（当馆）；兼营商业的有 3 户，做反动官的 1 户，自由职业 1 户，兼管全村大公堂的 1 户。没有 1 户雇长工的，大部雇用零工，平均每户每年雇 35 个工以上。

（二）目前地富活动的主要办法

1. 通过狗腿子，落后群众、干部，企图篡夺农会，挑拨干群关系。以地主炳才为例，过去好地都租给本房人作，本房贫农多向其借贷，外房人借不到（租额虽高，但外房人得不到此种好田种），为人和气，红军北上后，未直接杀过人，没有什么争吵（其儿子在国民党县党部为委员，但未在本村直接作恶）。解放后借给本房穷人很多谷，也不要本房村干部的租谷，上次划成份，本房村干部替他划成富农，本房群众都同意。本房又大（1000 多人），像这次退租中，又通过狗腿子活动，说破坏话，并把粮食存在贫农家里。炳才媳妇几次到邦伟（青年团员）家里找他母亲说好话，说"你的儿子说了算，我们又是一房人，这次你帮了忙，以前借的谷也不要了。"邦伟的母亲很落后，这样连软带硬，一闹就急了，不让邦伟出去做工作，把邦伟在家里关了一天。如远湛的狗腿子活动保他，

刑，欺骗群众说："宽大政策，可以放。"竟有一百多群众具了
又如地主毓深，每当农会干部开会后，他都知道消息。差不多
个地富都利用物质利诱、房族观念、小恩小惠、朋友亲戚关系
，进行各式各样的反抗斗争。

2.逃走躲避，分散土地财产，装穷叫苦，削弱群众斗争火力。
统计，本村逃走搬家或本人不在家者6户中，地主即占5户。地
富逃跑搬家，除影响社会秩序与生产外，直接对群众有很大损失，
如减租退租运动中，应退稻谷70担，有30担因地主不在家而未退
回。其他如分家，分散隐匿财产，出卖土地、农具、耕牛等，装穷
的现象则比比皆是。

3.进行合法斗争，如富农文松，地主炳才，都搬条文进行斗
争，这次借粮当中，只认退租，借粮就没有。

另有部分小地主、富农，在某种程度上已表示愿意遵守政治法
令，向群众低头，进行生产。

七、群众觉悟与组织情况

本村苏运时和目前都是我们的重点，国民党统治时代也是乱
人的重点。廿几年来的剧烈阶级斗争，至今尚影响着目前的阶级斗
争。

（一）解放以前的斗争

塘石过去时〔是〕苏区的模范区，曾一次动员100多名青壮年
参军。目前尚有过去参加过革命的（党、团、荣军）60余人，荣
军军烈属215户，占前〔全〕村户数55.1%。红军北上后，国民党、
地富统治也最严，也有"模范区"之誉。打土豪时（土地革命）本
村斗争很激烈，死人很多，逃赣州城的就有29户。红军北上后，
除了积极收回财产，挖起底藏的财富外，还敲诈勒索，如毓汗全部
财产被没收，玉贵没收4次，革命干部所寄存的财产亦被吞没，同
时进行了疯狂的屠杀，为地富掌握的保办事处为其执行机关。其主
要负责人远和、财珠（富农）、德伦（中农）、德均（地痞、烟鬼），
都受地主远湛的指挥。1935年，杀了张英辉、持年、持衍、持金、

德森、王衍阶、曾成亮等 11 名，过去参加工作的进行登记自新（据谈仅有 3 人未登记自新）。广大群众受尽蹂躏与虐待，远和霸占玉海的嫂子，打死明重的婶子。1940 年破坏了地下党，负责人被扣押。在这次解放前，曾一度要逮捕过去党的活动份子，但事先躲开了未抓到。同时也利用麻痹的办法，如炳才、远湛等出面保过去党员玉贵、玉源等号召自新，在某种程度上也减过租。

（二）解放后群众发动情况

此地经过支前、反霸，斗倒谢远湛，判徒刑 5 年，双减秋征退租，生产各种斗争，群众觉悟已大提高，要求分田，群众说："从解放就知自己人来了，该分田过好日子"。去年多数群众，自动进行减租或不交租，退租也较普遍彻底。目前乡的政权农会都已建立，农会会员有 283 名，民兵 62 个，女会员 60 余名，团员 29 名。也组织了少儿队。成分一般较纯洁，农会会员贫农占 73.3%，中农占 18%，也有店员、自由职业者、妇女参加。农会委员 13 人中，有 5 个中农，工人 1 名，店员 1 名。11 个妇女是在第一次革命时参加过工作的。在秋征送粮中有 80% 妇女参加送粮。

老关系熟悉斗争，对群众影响也很大。支前反霸中起了带头作用，尤其是刚解放时。

目前由老关系组织成学习会，约廿几人参加，组织学习，互相提高审查，协助村中进行工作，学习会成立后，作风太坏、立场不稳、工作消极的都受了批评，这就大大提高了老关系在农村中的正确作用。

青年团已建立起来，有团员 29 名，已经逐步在群众中树立起威信，各种组织都有青年团员，工作中起带头作用。工作热情，斗争坚决，退租中很多群众找青年团员干部帮助。

（三）目前存在问题

1. 农会会员仅占农民 18%，不普遍，也不健全，有流氓，有替地主送信的。

2. 在认识上群众普遍存在房族观点，本房护本房，斗争外房地主则积极。这种现象在斗争深入时更明显。群众一般反映："没有一个没有房族（房间）观念的。"斗争本房地主则消极或进行包庇，如秋征时炳才一房人替炳才降成份。这次退租，别房未退，则特别积极；本房群众则表示观望态度，甚至替炳才讲话："他没有粮了，他也好苦。"另外多数群众思想麻痹，认为地富现在都老实了，不敢活动，并认为政府不宽大，上次远湛（已判徒刑）曾派狗腿子德伴活动保他，有100多群众受其欺骗，签名保他。退租时反动份子贴标语，"打倒邦伟、毓珠——青年团员，退租积极份子——拥护地主不减租不退租"。而群众认为"这是外来特务贴的，本村无此人"。地主叫苦无粮，群众也容易相信。

3. 群众发动不普遍，尤其是一部分妇女和受过地主小恩小惠、假仁假义，欺骗过的，像这次退租中，替地主喊无粮，大部是妇女，像毓明等借过地主的谷子，买牛借过地主的钱，种着地主的好地——虽然租息很高，但一般还有借不着种的——退租不去，工作队去找他就躲了。

4. 流氓或被利用的落后群众，替地主活动，像这次退租中，一个流氓讲："你们还不想交华利了。"说破坏话，群众估计贴反动标语可能是流氓贴的。

5. 老关系中也起了变化，主要表现在斗争激烈时，不坚决，已丧失了斗争意志，同时和青年积极份子、外来干部关系搞不好。

（1）据塘石情况，几个主要活动份子（玉贵、玉源、烘德）等，都与地富有关，玉贵、玉源都被远湛保过；烘德儿子不当壮丁，是炳才替他说了话。上甲村村长持清公开讲："远滋（富农）救过我们，不该斗争人家。"象玉贵、玉源等因已变成流氓或者赌徒（长期不参加生产），但这些人活动很大，在村中抓权，群众看他们的脸色，玉源所住周围的群众多不积极，玉贵在斗争中也不坚决，说破坏话，两人都同时贪污斗争果实（玉贵自己清算四十斤油），这些人受人家批评后意见更多，各处讲述过去斗争历史，藐视青年积极份子和区干部。地主知道他们说话顶事，利用他们活动，如远祥（老关系，是目前老关系乡代表）曾几次替远涵、远滨瞒成份，要求降低成份，群众不敢说话。一般的老关系中，都"自新"过，顾虑大，且丧失了斗争勇气，斗争越深入则越明显。

（2）去年秋征，有的讲"过去红军8万人能翻身，现在国民党30万人，怎知能不翻身？"因此对地主直接斗争时，人人怀戒心。同时都年老，一般都在30岁以上，自己也认为"年老了，不管事"，这种是多数。据39个老关系的调查中，只有6个工作立场稳、表现好，消极的占大多数，起坏作用的占少数，但影响很大。有一部分，因政治待遇（组织关系）未能很快给以解决，也消极了，有的讲"关系不解决，没法工作""现在干部都要年轻的，我们老的不行了"。

（3）老关系与青年干部、外来干部不团结。青年干部积极时，老干部表示讽刺的态度说："青年人，没年纪，不能办事""你们青年人做吧！看你们做得怎样"，不听区干部指导，经常表示自搞一套的现象。划阶级时老关系表示"划阶级过去几年都没有划好，你们划不好"，又时常讲历史多长，对目前工作不太愿意做，"你们分配也不一定对"。目前学习正针对这种情况，进行教育审查，团结历史好和表现好的老关系，发挥其积极作用，同时也适当批评历史、表现坏的。

（4）乡村干部的领导，7名乡村干部中有2个较好的，3个斗争不坚决，2个替地富公开讲话，如忠亮（中农）在斗争玉亮时替他通讯、减罚，允许卖牛。其他都或多或少的对某些地富有关系，有顾虑。

目前，已初步发现干部有自私自利的现象，如乡长那一组的田，丈的松（少的意思），等级评得低，少出公粮，贷款时干部比群众先领。

尤其是村干部中，未有领导核心，老关系多不坚决，新的受老的排斥，同时也因为区里没有很好地注意培养领导核心，放手让他们去做，离开区上直接领导时，工作形成停顿状态，地主从事活动。

八、敌特政治统治的初步调查

红军北上后15年当中，国民党匪帮，除实行残酷的军事清剿外，政治上采取了屠杀、监视、欺骗、利诱等各种办法，以实行其反动统治，这种统治势力是由特务、封建地主、豪绅（保甲）制度、反动党团、法西斯军官、封建会门，密切结合而成的。其中各种势力时有涨落，但特务统治则为一切统治的中心，对付共产党则是一致的。

（一）军事进剿：

三十四年秋，敌人以绝对优势兵力，实行对苏区的第五次围剿，红军根据敌人的进攻和日帝侵入中国的形势，乃决定北上，当主〔年〕八九月间，尚在高兴阻击敌人的主力，撤退到于都后，敌乘机前进，直到1935年1月敌紧缩包围清剿，击败县委员会领导的武装后，敌在军事上完全控了兴国。

（二）政治统治：

1. 配合军事清剿，各地普遍建立清剿委员会。37军在高兴竹篙山成立"肃清共党"委员会，专从事反共活动。解放前又成立反共委员会，主要负责人为钟石铨、欧阳文昌、王新源、刘少基、李家胜、李怀尚（叛徒）……

2. 建立保甲制度。设立联保办事处，实行户口登记，进行对广大革命群众的监视和镇压。乡保人员多为地富或叛徒。卅七、【卅】八年以后，村中事不好办，捐税太重，地主、富农下只让一般富农、中农、流氓、叛徒出头办事，但实际上仍为地主所掌握，保长以上人员多为国民党员，乡保是国民党特务、地富进行统治的工具，并与青帮密切结合着。

3. 卅四、【卅】五年间，蒋介石行营的行动组（特务）在此地直接活动；以后十五年当中，一直设有特务司直接领导（据说是中统系统），设通讯网（秘密特务）、行动组（公开特务）并直接掌握绥靖大队，下边每个保都设通讯员1人，对革命群众实行广泛的监督，特务司杀人是秘密的，特务头子欧阳禹讲过"错杀一百个，不放走一个'匪'"。特务司主要工作方式之一是利用叛徒。我地下党县委书记曾有3个叛徒,高兴一个区163个党员中,有44名投敌的。在县委书记钟昌顺叛变后,供出了代理县委书记谢名正,并与敌人约好召集一个支部党员开会,被敌人一网打尽。解放后,又受敌人特务头子段文继的委任,"装老革命,打进共产党内部",进行活动并报告消息(现已被揭穿逮捕)。另县委书记郭进柱于40年献出全县党员名单(690名),高兴区书江由述叛【变】后把全区名单交给了敌人。

另保安司令部亦设有政工队,党部设有调统组、民社党等各种组织,都密切配合特务工作,广泛设置特务网,利用各种人物为特务服务,像过去商会长黄炳业(地主)曾在大革命时期就进行特务屠杀工作,在赣州杀过当时工会会长陈赞业。

4.国民党部。国民党部亦为特务机关之一,并大量培养特务,瓦解革命阵营。党部设有调统组,由副书记长张声著负责,专门作特务工作,用利诱威吓等办法,使共产党员"自首自新",或使其参加国民党,如吕良桓就是自新,同时又填了国民党志愿书。党部负责人讲"使共产党入了国民党,至少转变了其政治心理。"我县委书记王太来在狱中很坚决,受了严刑拷打,出狱后受地主诱惑劝说,亦入了国民党(据说未作坏事)。国民党时常办训练班,训练教职员、乡保人员,进行大规模发展党员,由40年(1000人)到解放前发展到2400人(不止此数)。党员成份,公教人员占40%,其次则为乡保人员、士绅……由城市到乡村发展及广泛,如联中教员中21个人,有19个是党团分子;乡保人员大部分都是;如高兴区后塘村,90户中,有20户有党员;九区龙沙一村有国民党员19名;大禾乡一带更多。

解放前,由张声著组织青年工作队(亦即特务队),张并参加由胡信所领导的大信部(23军),任团政治指挥司主任,担任军队内的特务工作。

5.参议会。实际上是地主豪绅的集合场所,参议员差不多都是地主豪绅。参议长王新元（地主）从【民国】三十二年筹备时，王就任参议长。王的地方势力很雄厚，地方士绅、参议员、中学教员都支持他。县内大事都经过参议会讨论。王为清剿委员会委员，这些参议员都是国民党反动政府屠杀镇压工农的积极赞助者和执行者。

6. 在乡军官会。会长胡信，二十三军二百三十一师师长；另一负责人为胡恢群（副师长）。四十七军官会成立，参加的都是在乡军官，同时结合发展青红帮。胡为青帮头子，势力逐渐超过参议会，横行无阻；解放前活动最厉害，反共最坚决、最露骨，禁止报纸（潋江日报）报道程潜、陈明仁起义消息，号召"组织起来消灭共产党"、"成立大信部（二十三军），收编游击队"。胡恢群担任反共委员会主任并第三游击队第七支队长，反共最坚决，是地方性的组织。

7. 青红帮。全县青红帮，据估计有万余人（？）。城市每三家中约有一家参加青帮（？），农村也很普遍，最多的以高兴区黄绛乡山石村为例，70户中，除2户不是外，其余都是青帮。其他各村或多少也都有一些。青帮首领多为国民党员，或恶霸地主。过去特务等多利用青红帮进行活动，最近文溪村，所发动的械斗准备，除了姓族关系外，主要是青帮在搞鬼。

红军北上后，国民党初曾利用青帮活动，党部内由青帮设立"新中国事业建设会"。青帮乃大发展，以后肆行犯罪无所忌惮，名声太坏，乃图取消。但由于国民党负责人大部参加青帮，特务司也参加，并利用青帮，所以实际上只取消了名义而已。到四五年六十师教养院搬来后，发展更多，群众认为"参加可保，不出壮丁，保护财产，打架有帮手不吃亏"，亦多参加。四六年，胡信回乡后更大发展，保长地主豪绅也都迎风而入了。

红帮较少，靠泰和、永丰和竹坝一带较多，过去和青帮有矛盾，以后屈服于青帮。

8. 民青党。民社党成立了县委员会，有党员30多人，（？）负责人谢远湛，是恶霸地主（兼国民党员），党员多为跨党分子，即兼国民党员，兼做特务。青年党 100 多人，亦多跨党份子，负责人谢远洲，为国民党县仓库主任。

9. 教门：以真空教为最多，佛教次之，天主教、耶稣教更次之（活动不详）。

10. 姓族的统治：国民党很注意姓族统治作用。解放前，黄镇中系县长许勋，发起组织姓族反共委员会。解放后，在秋征、减退、划阶级斗争中，都表现了姓族（或房间）对群众蒙蔽欺骗作用。

国民党在苏区统治表现为高压与麻痹欺骗两方面。卅四、【卅】五年，红军北上和四〇年皖南事变后，屠杀最厉害，数达一二百人。苏区时代做过一点小事的也被监视，甚至红帮也有误认为共产党员而被逮捕的。解放前还准备每保屠杀一二个共产党份子，以防止暴动，并实行"联坐切结法"——犯罪者无十家保不能释放，嗣因解放军来得快，未得实现。表现在麻痹欺骗方面的是：当红军撤退，全县处于游击战争期间，国民党除实行残酷的清剿外，并广泛进行欺骗、宣传："宽大为怀""对俘虏人员发证明回乡""只杀罪首，胁从不问""觉悟归来，回头是岸""共产党主力全消灭了""回来的发良民证，给以买盐方便"（当时买盐困难），号召自首，"自新群众一律优待"。口里说宽大，公开只杀了 8 人（农村中，地、富私杀人的很多），但回来的重要党员也有被捕的，也有的需要讨 3 个保（绅士保），才能放，自新的被编入小组监视，重要的干部要做反共宣言，自首的动员参加国民党，为其做特务工作。

（三）敌内部情况：

带历史性的统治派别为参议会，成份多系士绅（老牌地主）和一部分老中学教员。四十三年，该集团开始形成。到四十七年，以军官令为核心的青帮势力膨大后才逐渐削弱。参议会派头子王新元，为地方绅士所拥护，并直接与江西省建设厅长胡嘉诏（兴国人）一脉担重。王的二哥王友兰为省参议会副参议长，五哥王友庸曾为省民政厅长，后随熊式辉任东北行营秘书长。王新元和他所领导的《敛〔激〕江日报》总编辑陈昌溶等，都是江西地方政治研究会的人，所以王与地方旧官僚联系紧密。

另一主要派是以军官会为核心的青帮势力，国大选举前夕，青帮势力膨胀更甚，为首的胡信（做过永丰县长、师长），为黄浦〔埔〕军校二期生。在乡军官都称之为老大哥，胡与国防部第三编练兵团司令沈发藻，有联系，与省保安局龚建勋也有关系，胡信派势力形成日期虽短，但发展迅速，争权夺利伎俩，也更带流氓气。前县长王恩莱□职日来，胡信曾约二三百青帮，并由永丰借来手枪20枝，清算王恩莱，结果罚谷900担，为胡装入腰包。国大选举前夕，胡强迫选他，王新元所办的《潋江日报》以"暴民"为社论讽刺胡信一手拿选票，一手拿手枪的强迫选举。胡乃聚集青帮流氓多人，前往包围报馆，要杀毙撰稿人，进行威吓，致使王新元不得不服气说："现在地主青帮势力太大，不得不忍耐。"胡信看选举将失败，便强迫王新元所掌握的均村选他。

国民党部，靠近胡信，过去新源中学（伪省主席胡家凤一派）一派亦靠近胡信。地方豪绅，黄炳业因受其他士绅唾弃，也拜在胡信门下，四十八九年，王新元一方面鉴于人民解放军快来，另一方面因受青帮排斥，乃至逃去（据说投陈明仁，在湖南二兵团后方医院子弟学校当教员）。胡信随〔遂〕成为唯一的反动的核心。

另一地方地主势力为谢姓，以谢远雁（党部书记长，四大金刚之一）、谢远湛（民社党书记）等为首。除王新元外，地方老势力以谢姓为最大。

## 2. 老苏区兴国县塘石村调查

《老苏区兴国县塘石村调查》现存于江西省档案馆，没有落款，推测为20世纪50年代初所写，现照录如下：

## 一、红军长征后，反动分子对群众的摧残

塘石村离兴国县城 12 里，苏维埃时属上社区——有名的模范区。

在苏区时，本村逃赣的有 20 多户，其中，大多数为地主富农，有个别中农和贫农（与地、富关系密切，或做过坏事的）。红军主力长征后，白匪重新统治兴国，逃赣的回来，成为国民党匪帮在农村统治的积极刽子手，疯狂地镇压革命，对农民进行残酷的镇压与任意掠夺。保办事处是镇压人民的执行机关，主要负责人有：谢远和、谢时珠、谢德伦、谢椿德、谢德均等人。除德均为地痞烟鬼外，其他都是逃赣的。在 1935 年，保事处即杀害了张英辉、谢持衔、谢持金、谢德森、谢持泮、谢邦仙、谢毓英、谢毓汉、王衍阶、曾成高、李正明（后两人为安置在本村的革命荣军，湖南人）等十一同志；对于过去稍做点事的，都不准行动，夜晚都派人来监视。在悠长的岁月里，广大群众都当作土匪，压迫得喘不过气来。

从赣州跑回来，地、富恶棍们，需要什么东西即可随意向群众掠夺。每回来一批，即向群众掠夺没收一次。他们随意敲诈罚钱财，卖掉人家的妻子，打死人命。

谢毓汉同志家被没收东西，据不完全统计有：谢德伦没收去 8 块银洋；谢远湛没收去蚊帐 1 床；谢远和没收去 1 床被子，挑了 3 石谷子；谢远干挑了 3 石谷子；谢德伦挑了 2 石；老子挑了 1 石；明洪没收去 1 石谷田，每年要量 3 箩租给他；德均没收去一把大茶壶（他卖得了 6 块钱）、2 个银手镯、1 个女人挂围裙的银练〔链〕子、1 件白挂〔褂〕子、3 丈青布。谢远涛媳妇和毓汉的儿子自由结婚，后病死了，远涛硬说打死的，要了 40 块钱。时珠、时村把祖先牌用刀砍坏后，诬赖是毓汉妻砍的，把他绑去带到桥会房前，强迫她进去，想把她打死，她知道他们的阴谋鬼〔诡〕计，死不进去，放声大叫，恰好他大叔经过，多方调解罚了 10 块钱。

谢毓贵同志家，即被没收 4 次，东西、箱子、衣服全被保办事

处没收外，谢毓鸾母把锅子拿去了，谢德均把被子拿去了，时珠压迫出了 50 块钱，远和母没收去 6 块钱。

谢明纬当红军去了，谢椿德叫远和把他兄弟明远全家东西都没收去了。

谢云海的哥哥当红军去了，嫂子被谢德伦嫁了，他还把谢邦倬（红军）的老婆也嫁了。

谢明垂两个叔叔当红军，谢远和的母压迫他出了 19 块银洋，还把明垂婶婶毒打一顿，把脑子打坏疯死了。

在这种血腥的疯狂的屠杀与掠夺下，反动地主阶级在政治上、经济上，重新又统治着人民。

## 二、各阶层典型

### 1. 地主

谢远湛：三代封建压迫，为本地最大的恶霸，曾当过南康、都昌等县长，萍乡税务局长。近年在家当民社党书记，兼本地中心小学校长。家有 8 口，除自己外，有一母、一妻、三子。大的在大学毕业，据说在南昌当农林处职员；二子在高中读书；三子在家。一女，一媳，一孙。每年能收一百五六十担田租。

他是本地反动头子，乡保长全在他指挥下，非常反动。1941年兴国地下党破坏时，谢名正同志被捕他加①上报告，明正妻去向他下跪求保，他说："这个人有什么保。"

今年，谢毓元、谢毓贵两同志跑到了永丰龙岗，他还摇电话去抓。

他要钱、收租子很利〔厉〕害是有名的，群众叫他"三过"主义，即搜过（没有就搜过，连种子都搜去）、晒过、车过。当一任县长，就在家盖成一栋很漂亮的房子。他盖房子时，强迫谢传林将靠近他的房地的两间半好房间调给他，不答应就强迫拆掉了，另又

---

① 疑有误，照录原文。

有传林的果树也变了他的。

他请谢友椿给他运谷子，布袋坏了一点，漏掉一些，即强迫赔了两石。

谢名惜借了他侄子的田（傅仁），不能交租，远湛就带些人去把他所有的谷子都搜光了。

谢名凤家喂了两只鹅，靠他侄儿传荣田，传荣妻诬赖说吃了他的东西，两家闹起来，传荣又诬说打了他，告诉远湛，远湛把明风抓去，说"你要死还是要活，要死你就打死你，要活就抓你去当壮丁。"明风苦苦哀求，才在：（1）出1箩谷子；（2）做3天工；（3）叫明风给传荣老婆下跪。3条都依了，才饶了他。

他又卖掉些公堂，修庙，唱大戏，半个月的赌钱的头子他全吃了①。私吞学产，刻薄巧骗，挑拨是非，包打官事〔司〕，无恶不作。

谢毓深：六口人，本人（48岁），半做田，妻做饭，子平川中学毕业作了两年田，媳做饭，孙、孙女。种有130多担谷田，借出20多石谷田。借入的是坡圳会的，每石秧田1石租；借出自己的则每石秧田要两石租。也是三过，搜过、晒过、车过；还大桶进小桶出。作田主要靠雇零工，专门给他做零工的有：谢名逵、谢明正妻、谢明牟、谢友鑫、谢毓逢、谢宝玉妻、谢明惜、老余等许多家。他趁着贫民挨饿时，借给一些粮，廉价订定做工条约。普通每做1月工2石谷至3石谷，他则1石谷，要做34工，最高的还做到44工，条件很苛刻，如谢明垂借他1石谷，条约上写明"借谷1石还工34个，割早禾4工，割迟禾两②，其他工28个，茶饭一并在内，如有误工罚谷2石"。这种工是随叫随到的。

他开着当铺，什么东西都当，早年当期1月至3月，有的近有3天的，如谢毓旭没钱买米，拿东西去他家当，毓深说：当可以当，但当期只可3天。当毓旭要求宽限几天，他不肯，没法只得当

---

① 此句不通顺，疑有误。

② 疑有漏字。

给他。到了第四天的上午，去赎，就不肯拿他赎了。遇着当价低的东西，时间一到就把它卖了；如当价高，即逼你去赎。当利是以银圆计，每月10%，利上滚利。

他借出的东西据不完全调查：

放茶油：借给日新乡保社340斤，第四保谢明廉75斤，萧家时200斤，谢明垂150斤，谢远椿100斤，每百斤年息36斤。

放谷：共有60多石，每石4斗利。

放银洋：共300多块，每元月息10%。复利。

借给许①要看他有东西，写凭据才借。

他经管着水圳会和桥会，这两个会有些借出的，由他经手，公私不分，凡收不到或不好收的账他都说是这两个会的，让大家伙帮助收；凡是好收的都归了自己，此外还管着好几个公堂。

政治上很反动。谢德森同志牺牲就是他带去捉的。这次解放时全家都跑了，只剩下一个老婆；一切东西、农具、牛都寄藏了。这次，他老婆怪谢明逵说借了他的油谷钱，声言"共产党要长久便罢，若是国民党有回来的日子，先要杀掉明逵"。

谢炳财：70多岁，有两子，4个孙，一妻一媳。能收一百五六十石田租，大儿子谢德刚在兴国国民党县党部多年，近在简师教书。油、谷、现洋都有出借，数目不详。谷利很高，每石4斗。两年前开暗当，今年只当金子，其他不当。据说金子很多，能有四五斤。现全家未跑，儿子德刚曾跑了，现已回来。

2. 中农

谢远嵊：34岁，家5口，妻35岁，女18岁，子10岁、4岁。哥哥当红军未回，早为中农，现自有早禾田9石半秧田，迟禾田3石多秧田，旱田六七石秧田。房3间半，老牛1只，喂两个猪（四五十斤），鸡8只，鸭2只，另借入9石秧田，每年10担租，不雇人，农忙时和人家换些工，雇少数零工。去年收入谷子50石，

---

① 原文如此，疑有误。

花生 20 多石，豆子 3 石，番薯 30 石，荞麦 5 斗，油菜 2.5 斗，养猪 1 只，捞了 80 斤肉，小孩病花光了。鸡过年待客用，去年到龙岗挑了七八回油。去年出捐税：田赋 250 斤，保仓谷 1 担，房捐 1 角，壮丁油 50 斤（2 石多谷），桥梁谷每人 2 斗，挑夫钱 5 个毫子，屯油屯谷，有些油借出，每年收支有余，这次借粮出了 3 石。

3. 贫农

谢邦洪：家 6 口，本人 29 岁，母 64 岁，兄 40 岁，妻 27 岁，子 3 岁，女 5 岁。

有房两间半，牛 1/3 条，养鸡两只，借 12 石秧田，计：借萧以钱 4 石秧田，去年打 13 石半谷，交租 6 石 4 斗。借吕善基 4 石半秧田，去年打 8 石半谷，交租 5 担。借谢世芳 1 石秧田，打 3 石 5 斗，交租 2 石。借义仓 3 石秧田，打 9 石谷，交租 4 石 8 斗（原 6 石）。去年收谷子 34 石，交 14.4 石，又 4 石要 3 斗利，还收了 1 石半豆子、4 石花生。

负债：

借萧以钱 1 石谷，去年 9 月借的，3 斗利。

借谢世芳 5 斗谷，去年 7 月借，1 斗 5 升利。

借水圳会 2 石谷，今年 2 月借，每石 3 斗利。

借义仓 3 石 4 斗谷，今年 3 月借，每石 3 斗利。

借合作社 2 石，今年 4 月借，每石 1 斗 5 升。

借合作社油 6 斤半。

去年出壮丁油 100 斤（合 11 石谷，共 4 次）。乡保仓谷九 9 斗 6 升，桥梁谷 6 斗，夫子钱 1 元，今年出壮丁费 8 元 1 角现洋。每年秋收，还了租子旧债就欠新债。每年每人须吃谷 5 石，其余用芋头、番薯等项。除作田外，还靠做零工，有 3 人做零工，每年约两个多月，每天大致能赚到 8 升谷，哥哥还打肩担，从永丰挑油来，从兴国挑盐去。

谢毓柯：4 口人，自己 33 岁，母 63 岁，妻 25 岁，女 7 岁，妻有病，是生孩子时起的。没房子，住姑母房 3 间。养猪一只重

50 斤，鸡 3 只，鸭 1 只。

借 13 石秧田，计：借姑母 6 石半秧田，能打 16 石谷，交租要 7 石。借公堂 6 石半秧田，能打 18 担谷，交租要 9 石。借人家牛使，牛租每石秧田两斗谷，共须 2 石 6 斗。

今年农作物的分配：

种旱谷 6 石半秧田，花生 1 石半秧田，迟谷 5 石秧田，番薯 2 石秧田，豆子 4 石秧田。

负债：

借义仓谷 2 石，没利（就只这东角义仓没利）。

借公堂谷 3 石，每石 3 斗利。

去年出壮丁费 20 斤油，修兴赣路费 4 斗谷。

有空就挑油挑盐，每年给人家做零工约 1 月。

谢邦涛：3 口人。自己（29 岁）、妻（26 岁）、女（7 岁），有房 4 间，喂猪 1 只，鸡 3 只，借 5 石秧田计：借黄作相 2 石半秧田，能打七—八石谷，要交租 4 石。借公堂 2 石半秧田，打 6 石谷，交租 4 石。田不够种没处借，靠做零工，打肩担来补充。

负债：借 120 斤油，每百斤利谷 3 石。

借谷 3 石 5 斗，每石利 4 斗。

借谢毓深 1 石谷，要还 34 个工。

谢明逯：家 9 口，3 个做田的（自己、妻、婶），叔叔做裁缝，另一个婶子卖果子做小生意。

有房 3 间，15 石谷田（已典给毓涤了）。

借田：借谢毓深 1 石秧田，能打 3 担谷，收 3 斗豆子，要交租 2 石。借黄家桂 2 石秧田，能打 5 石谷（迟禾），要交 2 石租。借十房神会 2 石半秧田，能打 7 石谷（好田），要交 4 石 4 斗租。

借汉有公堂 1 石半秧田，能打 4 石谷、8 斗豆，要交租 2 石 5 斗。借谢才林 3 石秧田，能打 8 石谷、8 斗豆，要交 4 石 4 斗租。借德成公堂 3 石秧田，能打 9 石谷，不能种豆，要交租 4 石 4 斗。田不够种，靠做零工。

194 年讨老婆，花了 8 石多油，还是便宜的。自己本来积有 2 石多油，卖了 3 石谷田，1 只猪，1 条牛，还借了谢毓深 50 多斤油，加上过去曾借毓深一些油，凑成 100 斤。当时没吃的，又向他借了 7 石谷为壮丁费，又借了他两块银洋。这样就把另 15 石谷田也典给谢毓深了。现在欠有 150 斤油、7 石谷，头年变成了 10 石，第二年度变成了 14 石。又凑了 3 石，共欠 17 石〔谷〕子了。银洋月息 10%，利上加利，现在算来欠有几十元了。

## 三、政治情况

在国民党统治时代，为塘石乡之三保、四保，三保保长为谢毓亮，四保保长谢邦倬，乡长谢毓泉也是本村人。谢毓泉苏区时曾参加革命，有动摇，活动过另一同志开小差；后有人说他是 AB 团，本该杀头的，因政策转变，判了徒刑。红军长征时[①]，据说李富春同志见他三年做苦工中，很勤劳，就救了他一命。归后坚决反共，开始当保长，后当乡长，除在本乡做乡长外，还在富田等地做过乡长。据说在富田时勒索了一籐盘子现洋。他做乡长主要是靠远湛和谢德刚。他原是泥水工人，现贪污敲诈，已刮了不少钱，仅在他野老婆处即有人发觉曾寄放 8 个金镏子、150 块现洋。

谢毓亮：本身是中农，他代表着谢毓深这房的利益，这一房是有钱有势，公堂又大（有几个大地主，有在外面做事的），横霸一方，毓亮常讲："全村人的生命财产都在我手里""王法整乾坤（原文如此）"。苏维埃时也加入革命工作，自由一个老婆，从前夫手上带来一枝手枪交给了他。但他几年中都未交出来，等白军一来，他就交给国民党了。这次又造谣说是"盘龙师武器好，人也多，要反攻"，他有个儿子在伪盘龙师。

谢邦倬：贫农，当了三年保长，现在好起来了。后台是谢远涛（富农），谢逸云（残废院的队长）、谢毓桂（富农，高利贷，开屠）。

---

① 原文如此。

## 四、阶级关系

本村共 309 户，1400 人口。

地富 5%。（此数不合一般规律，是否因经过土改之原因，待查）。

中农 15%。

贫农 80%。

土地分配计：

地主：60%（外村地主 30%，本村 30%）。

公堂：10%。

中农：22%。

贫农：8%。

注：曾经工作队调查一次，因方法不当，材料不能用，上述情况是经积极分子研究，估计的大致接近实际。

土地改革后，地主回来，多不置田了，尽搜刮和保存金子、银圆，各家地富都有不少。据说谢秉财有 5 斤多金子，谢楫德有 1 斤多金子，谢毓深走时带有五六百块大洋。谢远湛则更多。

公堂收入每年都花光，其用途是祭祖，有时隔一年、二年一次，分猪肉，分粮食，每到年底即分，不分贫富，男子有分，造谱也有〔由〕公堂。

公堂最大的是谢毓深他们这一个房的，每年从腊月二十四起分肉，到过年才能分完。要杀 10 多个猪，分 1000 多斤肉。此外，还分一些谷子。公堂不只是维持封建关系的经济上的纽带，而且常常是地主恶霸们做政治活动的资本。恶霸们常常挑拨是非，把个人阴谋打算造成姓与姓房与房之间的纠纷，文就打官事〔司〕，武就械斗。公堂出钱，他们不但可以造成自己在本族本房的地位，趁此还能刮到一笔大钱。

## 五、剥削关系

地租：自土地改革后，一般都减至原租的九成、八成，也有收七成五的。但这个租额仍占正产物的 50%，有的还占 60%。

利息：谷利最普通的是 1 石谷 4 斗利，3 斗利的也不少，个别还有要 5 斗的利，借谷是不问什么时候借的，到秋收就要归还本利，借条上就是把本利写在一起的。捡新谷钱，良善的是照谷价一半，如当时谷价两元，好的 1 元钱要还 1 石，坏的 8 角、9 角。

义仓借谷，普通的每石一斗利或二斗，也有三斗利。还有谷价还工的，每石谷 34 工到 44 工，还归〔规〕定割禾四个工至六个工，这种剥削很苛刻，普通做零工要八升谷一天，割禾三四天就可以赚到一斗。但贫民要救急也只好忍痛了。本村没有雇长工的，地富都用这种方式来雇零工。

油利：每石油利息为年利 3 石谷至 4 石谷，或每 100 斤油要 36 斤油利，检新油钱特别利〔厉〕害，如：王有伦同志借谢毓泉的钱，按当时高价只能买 25 斤油，却要还 70 斤油。

银圆：银圆借不到只能当，多为月利 10%、15%，也有 20% 的。

借谷油都很不易，要看人，有东西有凭据才会借，有的要〈人上〉托人来借〉。

牛租：每石秧田两斗牛租，群众中 70% 以上的户数都欠债，几乎全部贫雇都欠债。第三保七甲 11 户，只谢秉财一家不欠债。第四甲 11 户，家家都欠债。第四保四甲 12 户家家欠债。二甲 9 户有 8 户欠债，十甲 10 户有 7 户欠债，七甲 14 户有 11 户欠债。且有不少每年秋后把谷子（租谷）一交，债一还就没有什么了。个别还也还不尽，相当多是秋收后还了旧债就欠新债。

## 六、生产状况

本村土地大部是水田，旱田很少，分两种，一种秋泥田，种旱禾后能种豆子或番薯，然后再种肥田子；一种晚禾田，只能种一次迟禾，常遭水淹，不能种杂粮，也不能种肥田子，冬天整冬水。

作物种类：主要的是稻，其次花生、番薯、豆子、荞麦、油菜、肥田子。稻子除供吃外，有部分输出，花生榨油卖往广东，豆子也有部分出口，油菜很少，番薯、荞麦当杂粮吃，肥田子当肥料，花生田要轮种。

秋泥田轮种情形：

早禾→豆子（或番薯）→肥田子。

花生→荞麦→肥田子→（第二年）稻子。

今年小收，比早年种得多，〈那个〉贫农都准备多种杂粮，恐怕明年借不到要挨饿。

## 几户贫农杂粮种植比较表

| 姓名 | 番薯 | 荞麦 | 菀〔豌〕豆 | |
|------|------|------|------|------|
| 谢玉祥 | 去年 | 5 | 0 | 0 |
| | 今年 | 7 | 2 | 0 |
| 谢邦□ | 去年 | 5 | 2 | 0 |
| | 今年 | | 3 | 1 |
| 谢毓海 | 去年 | 3 | 2 | 0 |
| | 今年 | 5 | 2 | 0 |
| 谢毓达 | 去年 | 5 | 0 | |
| | 今年 | 8 | 6 | |
| 谢明守 | 去年 | 5 | 1 | |
| | 今年 | 8 | 2 | |

单位：石谷田

土地计算法：有三种单位，其换算如下：

1. 论"种"：以箩为单位，每箩种等于 30 石谷田。

2. 论"秧"：以石为单位，每石秧田等于 3 石谷田。

3. 论"谷"：以石为单位，如几石谷田，普通每石谷田能打 1 石谷，叫谷田。每石秧田能打 3 石谷左右。

迟禾每石秧田能打两石左右，每个劳动力能种 7 石秧田左右，如是车水田则只能种 5 石秧田，都是放水田则能种 9 石秧田，妇女几乎全部参加农业劳力，劳动本事不下男子，只是栽禾犁田，有的未学，贫农、中农大部感到田不够种，剩余劳动力一是作零工，一是打肩担。本村过去每年打肩担的有一百来条扁担，从兴国挑盐往永丰之龙岗一带，及从那里挑油回来。每年割完晚禾后，至一二月及青黄不接时最多，有本钱的自己作生意（很少），大多数贫农或则向地富商店借用本钱来做买卖，或则给商人挑脚，从兴国至龙岗来回四天，如挑 70 斤重的油 4 天可得 4 斤油的工资（伙食在外），今年因为雇的人少，也没处借本钱，打肩挑的少了很多。

注：兴国号称油米之乡，本地缺的是棉布、盐、火柴等，这种城乡勾〔沟〕通在兴国城至内地除少数地方能通一段竹排，主要是靠肩挑，县城附近农村过去有一千多扁担，兴国至赣州主要竹排过去有 200 多条，现只剩 70 多，每个竹排能载重 4000 斤。

## 七、婚姻问题

在国民党蹂躏下，又重新恢复了买卖婚姻。而且由于农村破产，童养媳特别多，有三种情况：

1. 女子 1 个月后即给人家的，女家须贴补二三石谷。

2. 女子三、四岁就给人家，女家即可要五六石谷，倘八九岁左右的可要到 1 石油，这种最普遍。

3. 成年妇女出嫁的，少的要七八石油，多的花 10 多石油。

## 八、在秩序安定后广大群众的基本要求

群众首先最迫切的要求是减租减息，这不单是由于租息苛重，把贫农压得喘不过气来，而最严重的威胁，则是自大军渡长江后，地富即不往外放债，如果今年把租息一偿清，又不能再借到，就会挨饿。所以群众一看到约法八章上有"先行减租减息"的话，就等着实行。本村所有佃户都只交到去年租额的一半或六成或七成，尚未发现一家交清了的。再就是清算恶霸，索回赃物报仇伸〔申〕冤，特别是过去受反革命摧残的烈属军属与过去曾参加过革命工作

回来后受到被压〔压迫〕的地方同志，及在国民党抓兵中受苦最深的贫农，有许多还希望抗租抗息，平分土地，对过去分田贫农都很满意，只是对作法上，评定产量上不民主，致大家不敢讲话，分配有些不公，认为不恰当，（中农及地富反映尚未能仔细了解），对我利用保甲人员，群众发生怀疑，怎么解放了，还是那班人当权，有许多不敢讲话，观望。

（关于自首及叛变分子情形与反霸斗争中的一些问题待续）。


## 3. 塘石乡土改初步总结

《塘石乡土改初步总结》现存于兴国县档案馆，执笔人为贺耀。新中国建立初塘石乡进行土地改革运动时，她是土改工作队员之一。当地老人回忆时说："贺耀是个南下干部，有文化，性格活泼。"现将该总结照录如下：

### 一、情况

（一）一般情况：塘石乡位于县城以北，离县城仅 12 里，土地质量很好，系全县产量最高地区之一，"塘石谷"在兴国是很出名的。全乡共有 7 个行政村，塘上、塘石、上甲 3 村土质最好，平均每亩亩产量446 斤，全乡共有 610 户，2701 人，土地 4755.078 亩。

### 塘石乡军干烈属统计表

1951 年 1 月　日

| 村别<br>数目<br>类别 | 塘石 | 塘上 | 上甲 | 寨江 | 白滩 | 河江坝 | 多鸟坪 | 共计 |
|---|---|---|---|---|---|---|---|---|
| 军属 | 7 | 10 | 1 | 2 | 5 | 15 | 2 | 42 |
| 烈属 | 30 | 34 | 19 | 12 | 26 | | 29 | 150 |

续表

| 村别 数目 类别 | 塘石 | 塘上 | 上甲 | 寨江 | 白滩 | 河江坝 | 多鸟坪 | 共计 |
|---|---|---|---|---|---|---|---|---|
| 干属 | | | | | | | 5 | 5 |
| 合计 | 37 | 44 | 20 | 14 | 31 | 15 | 36 | 197 |
| 备考 | 此表填的以有直系的为原则。附：全乡赶出大院地主有7户（白坑2户，塘上2户，塘石3户）。 | | | | | | | |

（二）社会情况：国民党恢复后残酷的镇压革命，逃赣的地主、富农及个别的中、贫农回来，对苏区干部家属及分得田地财产的农民进行残酷的报复，据统计，共嫁了4个红军妻子，杀了13个革命同志，被杀死后，还不准收尸，任意没收和敲诈勒索，群众被压迫得抬不起头来。该乡主要刽子手是谢远和、谢时珠、谢△德（已死了）、谢德伦（解放后逃亡在外，土改中自杀在外）、谢德均五人，其主要当权派翰林谢远涵地主，其次是谢远湛、谢炳才（恶霸地主），群众的生死权都掌握在他们手里。塘石、塘上、上甲村全是谢姓，该3村居住集中，不出1里地，封建势力极为集中，是全县有名的大封建堡垒，反共的大本营。现有15个国民党员和2个民社党员。

## 二、土地关系及阶级情况

### 塘石乡各阶层土地及生产资料统计表

| 类别 数目 阶级 | 户数 | 人口 | 土地（亩） | 房屋（间） | 耕牛（头） | 犁耙（付张） | 农具（件） |
|---|---|---|---|---|---|---|---|
| 地主 | 30 | 190 | 1222.44 | 244 | 14 | 34 | 197 |
| 富农 | 21 | 114 | 245.436 | 144 | 15 | 33 | 147 |
| 中农 | 140 | 688 | 1125.94 | 476 | 77 | 173 | 739 |

续表

| 阶级 \ 数目 \ 类别 | 户数 | 人口 | 土地（亩） | 房屋（间） | 耕牛（头） | 犁耙（付张） | 农具（件） |
|---|---|---|---|---|---|---|---|
| 贫农 | 416 | 1705 | 2025.045 | 1032 | 100 | 273 | 1326 |
| 雇农 | 1 | 4 | | | | | |
| 公堂神会 | | | 1046.605 | | | | |
| 桥田陂会 | | | | | | | |
| 小土地出租 | | | 84.612 | | | | |
| 合计 | 610 | 2701 | 4755.078 | 1896 | 206 | 513 | 2409 |
| 备考 | 土地有的按原来秋征的谷田，现不算确实。桥田陂会有的村计，有的不计。<br>1951 年 1 月 23 日 | | | | | | |

### 三、工作基础

（一）兴国解放后 1 个多月，工作队即到达该乡领导进行了反霸斗争，打倒了地主当权派的爪牙、乡保长，更打垮了当权派的统治。塘石、塘上、上甲村把三代封建地主谢远湛恶霸从赣州抓回，开了说理斗争大会。政府接受了群众的要求，判了 5 年徒刑（土改中已改造了），河江坝、多鸟坪村打倒了反共团团长吴义芳地主（斗争后即病死）。群众在政治上初步抬起头，被害者在经济上得到了一些补偿。

（二）群众组织：经过支前、反霸、减租、合理负担生产，初步提高了群众的阶级觉悟，建立了农民自己的组织农会、民兵、妇女会和乡政权，以塘石、塘上、上甲、白坑四村的基础较好。在去年秋征中较正确地划出了地主、富农，基本上执行了合理负担政策，无大偏差。塘石、塘上、上甲三村建立了青年团，后划到塘石乡的河江坝、多鸟坪、寨江三村群众基础较差，反霸都是反的小的（保长），合理负担未搞好。封建头子未打击，群众仍掌握在封建势力手中，一进行姓族斗争，一般讲全乡各种组织还不健全，且流于形式，很不纯洁，大致可分为二种情况：

1. 较好的，主要是农协，干部是劳而又苦，作风正派的老实农民掌握了领导，能起领导核心作用，组织上较纯洁，如上甲、白坑村。

2. 中农和流氓掌握领导，农会组织不纯，地富或其代理牙人等参加农会，群众有问题不给解决，干部本身有利自得，不负责任，嫖、赌、贪污，完成任务动摇，斗争上妥协，群众对领导成份不满，如塘石村的农会主席赌钱出身，斗争妥协，塘上村农会主席赌钱，游手好闲，光话不做，自私自利，村长是中农。河江坝村农会主席是中农，多鸟坪、寨江村的村长也是流氓，嫖、赌、贪污，农会主席不做事。

整个讲，该乡在各种运动中，未充分发动群众，及时整顿组织，并培养乡的农民领袖核心人物。

### 四、土改力量的配备与工作步骤

#### 参加土改干部情况

| 项目 | 参加干部职别 | | | | 参加干部质量 | | | 文化程度 | | | | 成份 | |
|---|---|---|---|---|---|---|---|---|---|---|---|---|---|
| 类别 | 区级 | 一般 | 千分之一 | 合计 | 党员 | 团员 | 非党团员 | 高中 | 初中 | 小学 | 文盲 | 中农 | 贫农 |
| 数目 | 1 | 2 | 8 | 11 | 1 | 5 | 5 | 1 | 2 | 6 | 2 | 3 | 8 |

（一）宣传酝酿，召开农代会：（和平土改阶段）

11月16进入土改阵地，了解情况，展开时事、大政宣传，召开乡农代会。

1. 宣传中的各阶层思想动态：

贫农：

（1）要求快点、快分田，有地亩，有人口，一总平均每人多少，选出十几个委员来，十工、八工就分好了，分了田好种菜子。

（2）等待分田，等分好了种菜籽，一般的不犁田，顾虑白搭功夫又分给了别人。塘石村农协生产委员动员挖禾根，谁也不去。

（3）听说分了田了很高兴，纷纷提出自己的要求，要分秧场、房子，要求撑腰做主，登记地主财产，整顿干部，提供划地主材料，生产上要求开水圳等，情绪很高，部分将领到的菜籽都种了。

（4）变天思想，"怕翻番薯藤"，干部不敢积极工作，怕国民党倒回来，再受打击，群众怕分了田却又被国民党收去，贫农德俊自己田很坏，顾虑再翻一下番薯藤，怕分了田又要收转去，说分田坏田也可。

（5）害怕打仗当兵，怀疑迟迟不分田是因为朝鲜打仗关系，看了朝鲜撤退消息，顾虑要去当兵。

中农：

一般都安心，大多数都种了菜籽，部分所升成份，有田在外不敢申报，让他没收好了。

富农：

一般安心，相信政府对富农政策，部分怀疑、观望，看是否和苏区一样。

地主：

（1）威胁恐吓群众、干部，寨江村地主陈厚贻公开说："不要这样积极，上海、南昌都是地富子弟读书做事。国民党回来，还是我们有钱人做事。"

（2）拉拢本房群众干部，帮助隐瞒、变卖、分散，谢炳才、谢珍成、谢德军成天挑谷下县出粜。

（3）公开反抗提出无余房，家里人多不够住，地主楣德老婆、媳妇公开提出。

2. 召开乡农民代表会，进行时事、阶级政策教育，初步打消了"变天"思想和要动富农财产思想，会上展开了诉苦并通过了决议以废债、退押、平复，结合整顿农民队伍。

（二）向封建堡垒进攻，突破房份观念

塘石、塘上、上甲三村封建势力集中，但以塘石村封建势力最大，主要是谢炳才地主的势力，这房人最多，占全村人口1/2以上，当权派家有200石谷田，全都出租，可收华利百余石开暗仓，放高利贷，苏区时逃赣，经济上基本上未受到严重打击，逃赣回来后，仍将埋藏的200多块银洋挖出来，田地财产全部收回。据群众说：他有底产千元银圆以上，1斤金子以上，有8口人，炳才（70多岁）自己两公婆，儿子德刚两公婆，3个孙子，1个孙媳妇，德刚在国民党县党部当常务委员，负责全县国民党和党纪，监察各级人员执行任务，并掌握全县财政开支。国民党退走时，布置人员组织全县姓氏反共同盟委员会，他是谢姓反共代表，过去曾得模范党员称号和奖励。在地方上做中人，本房与别房打官司，从中调处，使本房不吃亏。在将要解放时，曾给本房贫农分给一点米吃，施用小恩小惠麻痹群众，并与贫农毓萌父亲合伙开店，还借给毓萌秧场田作，关系很密切。群众只知道德刚在县党部做事，不知道做什么。同时在本村未直接杀害革命同志，故群众对其认识不足，说："炳才有谷不借给人，德刚蛮好，求他办事都能办到。"解放后，本房牙人、中农等炳才代理人出头话事，一直包庇。在支前借粮中不够负担率50%，只借30%（后纠正），秋征划阶级说炳才是富农，在全行政村群众讨论下才划上地主的。本房吃过他的亏的群众要诉炳才的压迫，牙人毓涵就制止了不让诉苦。度春荒时，别房贫雇农联合向他借谷，代理人领导一房包庇，说炳才没谷，不能强迫借粮，违反十大政策，结果一石也未借出来。

经常进行房份斗争，剥夺农会领导权，打击积极份子，如在行政村时别房贫农谢邦涛斗争积极份子当农会主席，炳才代理人谢毓涵活动本房群众向帮涛清算贪污农会果实，乘机打击，要开全村群众大会斗争邦涛，并要把他坐半年班房（经过数次教育才扭转以内部问题处理进行批评教育）。其次在秋征中，选举乡代表，炳才房选的是会算会话事的人，准备领公粮任务时讲价钱，本村领得少，负担轻，就不会吃亏。

这房群众在炳才、德刚的麻痹统治下，房份观念是很深的。在过去各种运动中，因发动群众不够，一直未突破这房的房份统治。这次土改领导思想着要以塘石为点突破房份统治，先攻垮这主要的封建堡垒，以推动全乡工作，在代表会后，工作队主要集中在塘石村。

（1）挖根诉苦，展开废债退押。首先召开了贫苦积极份子会，酝酿以他们为骨干召开村农协会员大会，向炳才进攻，展开诉苦，进行废债退押。谢毓彬废了20元银洋，谢名效妇娘退回了典当的金耳环1对（折钱退的），谢德修退回了典当衣服，他本房的贫农谢德广也废了利滚利的20元银洋，10多户贫农共向炳才退押废债，折谷66担，有票据8张，管业证6张，不话事的谢德德刚也完了。"没有共产党毛主席来，这个账也不晓得那个时间能完清。至今抗了债都是毛主席的恩"。在这个会上，并揭穿了炳才地主卖谷卖厨〔橱〕等分散变卖破坏土改的非法行为。群众当场指挥了炳才儿子谢德刚送交人民法庭。同时，就登记了他家的东西，攻堡垒的头炮打响了，取得初步胜利，提高了群众的斗争情绪。

（2）深入群众，掌握材料，发动后进群众。塘石村紧接着又召开了贫雇农大会，军烈属会，荣军、老关系会，展开了普遍的诉苦，炳才房的毓春是劳而又苦的贫农，平素开会总是坐在角落里，从来不话事发表半句意见。有时连会也不来开，春荒时别人利用了他的老实，把他的名字写在头一名保过恶霸谢远湛，大家公认的落后份子。这次我们了解了他在炳才这房是最受苦的，吃了炳才的亏，受了炳才的压迫剥削，我们访问他，启发他，动员他在贫雇农大会诉苦，他由巴巴结结诉到清楚有力，由不诉姓名而诉到指名炳才、德刚，骂他狼〔狼〕心，他说"我借炳才2石秧田，他要5担华利，炳才说：'我买的贵，你不种还有别人'。穷人没办法，只要有田作，华利贵一点也就只好吃着亏做下去，我娶了一个妇娘，说我没请他们吃饭，一定要请他们才行，我花了2石谷子，请了他们一桌客吃了，结果说不承认，逼着我娶的老婆改嫁。我不肯，还到县里去告我。我没钱没势，官司也打败了。在苏区自由个老婆，生了个儿子，德刚、德伦不承认是祖公的子孙，不准上谱，要有5担谷子，就可以上。我没5担谷子，就没上谱。公堂人家能分到猪肉，没上谱的崽就没分。还有我租2间公堂房子，年年要量谷5石，以后要6担，增加1石，我□不起利，德刚和德伦、毓溁就赶走了我。我自己打了点砖，准备围个矮墙盖个小屋，炳才不准，把我的砖也捶碎了。公产有些树，不准我买，而楣德地主可以买。唔！一个祖公传下来的，有钱就认得你，我吃了他这生世的亏，要和他清算。"由于他的诉苦，他这房的其他贫农也跟着诉起来，有的是诉德伦恶霸的（德伦也是炳才房）。部分贫农撕破了面情，激起了阶级仇恨。

（3）思想发动，提高觉悟。在普遍诉苦中，大多数农民争先诉苦挖穷根，但还有些农民对地主阶级的封建剥削认识还不够，塘石村谢名昌说："我从祖父以来没田没土，日子很困难，靠天光景到夜来吃，没地主阶级的剥削，我作的是公堂田，祖公我有份，交华利是自己剥削自己。"我们抓住了这个思想，即引导、启发大家讨论。谢才涛说："作公堂田也是受地主阶级的剥削，公堂有〈祭〉绅士肉（绅士才有份）、功名肉（高中毕业生和尉官以上的军官才有份）、管头肉（坐管公堂头子、地主才有份）、老人肉（60岁的老人有份），穷人都没份。"谢毓瑨说："每年分公堂谷子、猪肉，吃饭，有钱的地主绅士，他们要得8份，大多数穷人只能2份。谢毓春的儿子是苏区时代自由结婚的老婆生的儿子不能上谱，还没有份。"谢蔚德说："公堂收华利进每石要92斤老枰，借出只有90斤，还要3斗利，少一点都不行。谢名昌自己住的房子是公堂的，2家共住4间，每年租谷4担，少一点都不行。谢毓春租公堂房2间，年年量房租谷5担，后来加了1石，共6石，因□不起利，地主谢德刚和恶霸谢德伦把他赶出去了。他自己打点砖准备围个矮屋也给地主谢炳才打碎了。"经过群众诉出这些事实，自己教育自己，打通了糊涂思想，名昌也承认了是被地主剥削穷的，大家的阶级觉悟提高了一步，认识了公堂是地主阶级统治剥削农民的一种最毒辣的方式，利用公堂神会来麻痹统治农民，要我们永远受压迫的剥削。

（4）运用代表会力量向房份观念作斗争；在乡贫雇农代表会上提出炳才房毓兰等户，进行典型划阶级，炳才房代表（村乡妇女主任）刘华英及乡长毓海（贫农）包庇他弟弟毓兰地主的成份，争执有劳动不是地主，在全乡代表正确的划分下，全体通过了毓兰地主成份，刘华英一人未举手，领导上抓住了这个房份观念的明显暴露，引导代表展开检查划阶级中有无房份观念。谢毓海、刘华英、谢名昌都遭到尖锐的批评，"没有站稳阶级阶级立场"，代表会教育了房份观念者并给了警告。

（5）反隐瞒，向地主展开猛烈斗争

（1）揭破地主防空洞。在积极份子会上，贫雇农大会上交底，如何彻底摧毁封建势力，如何满足贫雇农的要求，组织村贫雇农主席团和贫雇农小组，事先掌控了材料，就在贫雇农大会上整狗腿子，给炳才藏东西的学习会组长谢德基和妇女主任刘华英当众捆绑起来，揭破了主要防空洞。其他替地主藏东西的贫农在会上顿时惊慌不安，会后有的送信给农会，有的还送给炳才，打乱了包庇的阵营。

（2）揭穿地主收买阴谋，号召自报，里应外合，对包庇阵营进行瓦解分化、教育，争取后进群众，外房进行带头向封建势力进攻，在民兵的监视下发现炳才、毓兰房绝大多数贫农，包括干部和最贫苦的军烈属，多少好坏的都藏有东西，即进行贫雇农小组讨论和自报，其中有两种做法：（一）号召自报为光荣，说明地主阴谋，贫雇农不要上骗，打消报出来就是狗腿子的顾虑，结果在小组会上由毓治母亲自动先报藏了2个箱子都拿了出来。大家拍手欢迎，"自报出来就好，光荣"。接着其他贫雇农也接着自报，在一夜的小组会上，就报出了9只木藤、皮箱子。炳才的长羊皮、衫裤满满的一箱子也搞出来了。（二）这种做法单纯追逼贫雇农自报，和每家去搜，这样虽然搞出不少东西，但引起了大家的恐慌，怕当狗腿子和农民的内部不团结。

（3）集中力量先打大头子，宣布政治罪恶，揭穿反动面目，塘石村共7个地主，几天来集中力量打击炳才、德刚，群众的视线力量也集中于他们，但收集群众对德刚的反映都很好，“炳才恶毒，德刚人老实，很好”。我们将德刚在县党部做的事，宣布并联系本村的被害事实与德刚职权的关系，有的说：“光晓得他在县党部做事，不晓得做国民党这大的官”“德刚罪恶不轻”。德刚在政治上从此破了产。

（4）说理斗争结合镇压，经过了一连串的发动群众，展开了算账，人证物证的说理斗争，经过六七夜的反复斗争，德刚、炳才将百块银洋、3两多金子，斤多银子，五六次零星的从猪萎里、鸡栅里、菜园里拿出来，顽强激发增加了群众的仇恨，全体群众挖了他1间房子、3块菜园，仅挖出来30元银洋，离群众要他赔偿500石谷子还差得很远，就是要财不要命。在政治上他反共反人民的罪恶上德刚也不承认，全乡的说理斗争大会上老关系控诉德刚破坏共产党地下组织、办自新手续、批准杀共产党员。复原〔员〕军人控诉德刚勾结乡保长抓他当兵，弄得妻离子散，烈属控诉红军老公被杀，求他保他不保，杀了不让收尸，被害者要求报仇，这些他都顽强不承认。在人民法庭公审会上仍然顽强不向人民低头，人民法庭根据谢德刚一贯反共反人民的罪恶，与人民翻身撑腰做主，直判就地执行枪决。

镇压了谢德刚后，塘石村即找了小地主谈判算账、赔偿。有的答应20担，18担，四、五石，并且在一二天中，都交齐了，很快地解决了问题。群众继续还斗了谢炳才说：“你不要以为枪毙了德刚就算了，你全家斩尽杀绝还要拿出来。”在人民法庭的镇压下，群众的大力下，又继续交出了八十几石谷。塘上村恶霸地主谢毓深也害怕了，答应了百廿石谷，其他村里的地主也都很快答应，而且自限日期就交齐了，整个地主阶级走向投降，再听不到顽强的话“把生人揍进棺材”了。如，塘上村的封建头子谢惠皆，几任县长的官僚，把他叫到会场来，群众一诉苦，他老老实实的承认了错，并答应赔偿被害者百石谷。

（三）没收征收

群众发动起来后，大多数参【加】了没收，尤其是妇女参加最多。连小孩也参加了。一都的都先查封后再行没收，先没收大地主的，后没收小地主的，全乡共没收地主30户，大地主7户，中地主5户，小地主18户，其中赶出大院扫地出门的有7户，在没收中有几种不同的做法与效果。

1. 全体群众经过思想酝酿教育后，都参加没收，大部分群众无顾虑，大胆的没收，不留情面。凡是贫雇农所需要的都通通没收，尤其是妇女没收得更彻底。

2. 未发动群众就进行没收，有的是少数干部积极份子领着部分群众去没收，没收完了过后对地主说："没办法，不是我一个人要搬的。"有的是几个少数干部去没收的，群众不敢进去搬东西，由几个干部搬出来后，群众再搬走，少数人碍于情面，或包庇，没收得不彻底，甚至连花种、豆子种等都留给地主了。

（四）分配（浮财）

1. 调剂：在全乡贫雇农代表会上进行"天下穷人是一家"的阶级教育，斗争果实最多的塘石、塘上、上甲三村调剂了60多件衣服和部分农具给其他4个自然村。之中塘上村表现最好，调剂的都是较好的，塘石村还存在本位思想。数量虽多，但质量较差。其他四村群众都很满意，不论东西多少好坏，有了调剂，这就是贫雇农有很好的认识了。

2. 分配方法有三种

（1）全部物件登记公布，群众自报，按填坑补缺原则民主评定分配，先照顾贫苦的军烈属。

（2）物件评价。先照顾贫苦军烈属，自报先挑选，再一般贫农，按照贫苦程度，依次自报，民主评定分配。

（3）物件评价，贫雇农分甲、乙、丙、丁四级，确定每等应分价值，再自报所需物件，按等级□序分配。

三种结果，第一种较好，群众无意见。第二、三种军烈属脱离群众，限制了群众，不能达到填坑补缺，人分等级，农民内部不团结闹意见。

### 塘石乡没收运动积极份子统计表

1951 年 1 月　日

| 成份＼村别＼数目 | 塘石 | 塘上 | 上甲 | 寨江 | 白滩 | 河江坝 | 多鸟坪 | 共计 |
|---|---|---|---|---|---|---|---|---|
| 中农 | 1 | 3 | | 2 | 1 | 1 | | 7 |
| 贫农 | 7 | 10 | 5 | 3 | 9 | 5 | 7 | 46 |
| 雇农 | 8 | 13 | 5 | 5 | 10 | 6 | 7 | 54 |
| 备考 | 内中在贫农积极分子中有妇女积极分子9个 | | | | | | | |

### 塘石乡斗争果实分配得益户统计表

| 成份＼村别＼数目 | 塘石 | 塘上 | 上甲 | 寨江 | 白滩 | 河江坝 | 多鸟坪 | 共计 |
|---|---|---|---|---|---|---|---|---|
| 中农 | | | 1 | 3 | 2 | 3 | 5 | 14 |
| 贫农 | 74 | 113 | 42 | 42 | 53 | 34 | 40 | 398 |
| 雇农 | 74 | 113 | 43 | 45 | 55 | 27 | 45 | 412 |
| 备考 | | | | | | | | |

### 五、运动中存在的几个问题

1. 依靠、团结与斗争问题：划清敌我界线、政策界线，明确依靠谁、团结谁、斗争谁，是确定土改胜败的关键，在这次运动中，未很好的贯彻。如河江坝村，直到将要分配斗争果实时还是中农当权，未依靠贫雇开贫雇农会议，把贫雇农组织起来，致阶级划不好，斗争不彻底。塘上村在发动了贫雇农之后，未吸收中农参加斗争，斗争果实中农也没有份。更主要的是大部分村有了贫雇农主席团之后，代替了农协会，而把中农一脚踢开，未建立反封建的统一战线。参加这次运动的人数占贫雇中农的总人口仅 50%，而是贫雇单独作战①。塘石村对群众性的隐瞒采取打击态度，甚至对某些积极份子说了几句缓和话也喊打狗腿子和责备他包庇，这些在运动的发展上影响很大，增加不少困难。

2. 点面结合问题：从始至终塘石村重点指导面起了一些作用，如各村立即展开了普遍诉苦、废债、退押、反隐瞒，白坑查出钟文菘地主分散了 2 间房子、7 石半秧田，拉拢贫农，写在贫农名下，塘上村佃中农谢传梓、传标指出楣德地主隐藏在他家的豆子、花生，不怕地主威胁，与地主作斗争，坚决将谷子、花生搬到农会，并召开了说理斗争会，当时追回分散农具 40 余件，粮食 41 石，家具 13 件。在反隐瞒中，民兵半夜去几次抓回了恶霸地主谢航深。寨江村抓回全村统治者陈厚贻地主，展开了斗争，4 天内交清了百石谷子，改变了寨江村运动前群众不敢抬头的面貌。但点和面的结合还很不够（点的力量不强，后才加强），不能及时突开和深入创造经验。

同时领导上陷在点里，未很【好】地照顾全面，致有的村放弃领导而形成自流，不能及时发现问题，及时纠正（如河江坝中农当权问题）。为了搞好一点，在展开面时，典〔点〕的力量还是应该适当配备加强，否则力量不够，不能把点搞好，即失去点的作用。

3. 干部作风问题。相当一部分土改干部，特别是千分之一干部，深入群众深不下去。每天到农会一坐，在少数干部中打圈子，什么情况也了解不出，如河江坝中农当权，群众起不来，也没发现这问题，致拖延很久才发现。其次是严重的包办、代替作风，如塘

---

① 此处不通顺，照录原文。

上村退押，工作队来判断应赔偿多少，赔少了引起群众不满，多鸟坪村工作队和几个干部去把地主家里没收，搬出来再叫群众去搬，代替群众，未发动群众向地主斗争。

## 六、偏差与检讨

甲、偏差

1.单纯地搞经济，产生肉刑、吊、踩扛子，失掉社会同情和增加地主的顽抗，如塘上村将地主婆吊昏过去，群众都吓得退出了会场，减低了斗争志气。

2.打击面宽，连隐藏地主东西的许多贫农也打击了，而起恐慌、害怕，不敢报出来。

3.对大、中、小地主无区别，一律查封、扣押和没收。

4.吃喝浪费，村政府起伙开了好几桌，闲人也参加吃，有的杀猪吃（以上偏差后都有了纠正）。

乙、领导上的检讨

1.敌情观念差，思想上麻痹，对地主普遍收买群众隐藏阴谋未及时揭穿，和教育群众。

2.缺乏思想发动。如（一）如何满足贫雇要求，向谁要，如何要等，酝酿、讨论不够，开始没收时，群众还有很多观望不向前，未形成普遍的发动群众。（二）斗争果实的分配如何填空补缺，打清平均思想，及内部团结等思想教育不够，在分配中有的村很多闹意见。（三）坚持合法斗争的教育不够，且领导思想认为左一点没关系，过后检讨一下就行了。有些助长强调是群众发动起来干的，没关系，放弃了领导和及时纠正。（四）对斗争果实的处理，全部用在生产上的教育不够，致发生大吃大喝浪费和民兵要求买鞋做帽等事情，经过说明不满意。

3.具体计划、布置、检查不够，使工作队某些工作摸不着门路。

贺耀　1951年1月29日

## 4. 兴国县人民政府塘石区白滩及张公村调查

中华人民共和国成立之初，塘石设乡，白滩为其下辖的一个村，为了更好地进行土改工作，土改工作人员在白滩和张公村进行了调研，并写下了调查报告。这份调查报告现存于兴国县档案局，为我们考察 1950 年前后白滩和张公村的地势与灾情、土地革命时期的历史、阶级关系、农户生产与生活、水利和春耕等情形提供了珍贵的一手资料。选取其中的白滩调研资料照录如下：

### 二区简况

本区共划成 9 个乡，区政府驻在塘石村，全区共有 6380 户，30780 人（男 14280 人，女 16500 人），耕牛 2650 头，可耕地面积 52085 亩，土质以塘石、坝南、榔木三村为最肥沃。全年全区能收稻谷 186524.5 担，花生八千余担，红糖 210 担，白糖 120 担，黄豆 1080 多担；其他产物，未经统计。已经登计〔记〕的荣军有 330 人，烈属 2534 户。其阶级情形，根据去年划分的结果，计有恶霸 1 户，地主 51 户，富农 136 户，中农（包括富裕中农）761 户，贫农 5731 户，现正进行调查，整理阶级，准备土改工作。

今年本区为响应政府大生产号召，领导群众，修建水利，鼓励开荒，减租退租，清查合理负担，清理公堂、义仓、神会，结合反霸，以度过春荒，资〔兹〕将上项工作的成果，分类列成下面三表：

### 第二区水利工程表

| 工程 | | | | | 费劳动工数 | 受益田亩 | 估计增产量 |
|---|---|---|---|---|---|---|---|
| 名称 | 陂头 | 修圳 | 开塘 | 挖水库 | 修堤 | 40515工 | 10335.5亩 | 3447担 |
| 数量 | 8 | 29 | 5 | 1 | 54 | | | |

### 第二区减租退租、清查合理负担、反霸、清算公堂义仓积谷统计表

| 项目 | 退租 | 反霸 | 清查合理负担 | 清理公堂、义仓 | 合计 |
|---|---|---|---|---|---|
| 数目 | 226担 | 30担 | 62担 | 531担 | 849担 |

### 第二区开荒统计表

| 面积 | | | 估计能生产粮食 | 备考 |
|---|---|---|---|---|
| 生荒 | 熟荒 | 合计 | 233.2担 | 此数字未经详细调查可能不确实 |
| 33亩 | 59亩 | 92亩 | | |

## （一）白滩村情况

1. 自然地势与灾情：本村位于涝水下游，南接上社，东邻农田，北界塘石。涝水恰流其西，地势低洼，河床高于村落，物产时受洪水冲害，所以成了一句"三年两不收"的俗话。民国三十七、三十八年，连遭水灾数次，禾苗被洪水浸后，继生乌烟，便枯萎而死，农作物受到极的度〔极度的〕损失，减少全年收获量50%。

2. 白滩村在苏维埃时，党团员甚多，工作极积〔积极〕，前经政府称〈为〉该村为模范村。现在参加工作的同志，如陈昌浪、王承芳等，关于去年的秋征和目前的生产、减租退租等工作，非常热烈，领导进行，所以工作又做得较好。

3. 人口、土地、生产情形：如下表

### 白滩村人口、土地、生产情形统计表

| 项目 | 户数 | 人口 | | | 劳动人数 | 耕牛 | | | 耕地面积 | | | 工程名称 | | 益受田亩 | 估计产量增 | 稻谷 | 花麦 | 蔗糖 | | | 面积 | | | 生产量 |
|---|---|---|---|---|---|---|---|---|---|---|---|---|---|---|---|---|---|---|---|---|---|---|---|---|
| | | 男人 | 女人 | 合计 | | 大牛 | 小牛 | 合计 | 水田 | 旱田 | 合计 | 修堤 | 修圳 | | | | | 红糖 | 白糖 | 合计 | 生荒 | 熟荒 | 合计 | |
| 数目 | 68 | 139 | 145 | 284 | 114 | 24 | 2 | 26 | | | 354亩 | 1处 | 2处 | 300亩 | 65担 | 860担 | 20担 | 2500斤 | 800斤 | 3300斤 | 4.25亩 | 18.50亩 | 22.75亩 | 63担 |

## （二）阶级关系及封建剥削

本村有钟文松（苏维埃时地主云祥①之子）是富农，有田 36.5 亩，自耕 34.57 亩，现任本县联中教务主任。钟文蓁是富裕中农，有田 13.45 亩，中农谢荣鐉、谢荣锦、陈承培、陈康氏、陈承桥、钟人㳘、陈昌浪、钟人祺、钟文泉、钟荣昌等 10 家，共有田 77.07 亩，其中钟文锦有田 20 亩。贫农 56 户，共有田 110 亩，全村有木匠 9 人，裁缝 3 人，泥水 1 人，篾匠 3 人，理发匠 1 人，收鹅鸭者 2 人。

本村土地，外方地主的田占 1/3。他们的收租，有的收七成，有的收六成，民众觉得负担很重，但是为了作田解决生活问题，虽属负担不均，亦无可奈何。可是在最近两年来，禾苗被水浸过几次后，继生鸟烟，因此收获量大减，而地富知道耕户除掉借他的田作外，更无旁的田可耕了。因此摆起格子，除特殊情形改照收获量一半收租外，便其余的均不肯减租。而耕户怕他起耕而陷入无田耕的痛苦，只有忍痛包利，像这样全无人道的剥削，使少数群众割禾后就缺粮的主要原因。例如，县城地主萧以荃有田在本村计 5 亩 2 分 5 厘，每年不问年成丰熟与否，固定要交他 10 担租谷，又有些破

---

① "云祥"应为"人祥"，在当地方言中，"云"与"人"音似。

坏份子，为了争田作的原因，故意向地主提高租额，从中挑拨地主调租，于是租额日益加高，老百姓的痛苦日益增多。受高利贷的剥削也很重，如塘石地主谢德节在民国二十八年借与钟仁俊法币100元，当典田3.75，采取典字耕借的方式，每年交华利谷5担，这样连交租两年。民国三十五年，钟文通借谢德节谷10担，交利谷5担，已交3年，共15担。

### （三）典型户调查（参考，因不够确实）

钟文松：成份富农，7人吃饭（男4女3），另有丫头1人，劳动力3人（男1女2），水牛半头，房屋半幢（8间），田36.5亩，自耕34.75亩，租出1.75亩，全年实收稻谷110担（内有租谷两担），收番薯15担，大豆两担，芋子3担，花麦3斗，养猪1只，鹅2只，鸡8只，全年食谷36担，油60斤，盐48斤，猪肉80斤，土布24丈（即每人制衣服1套）。

陈昌浪：成份中农，8人吃饭（男女各4），其中有1人在解放前两年，脱离生产，在工厂里做工，劳动力3人（男1女2），耕牛1头，水车1部，犁耙各1张，房屋1间半，田6.8亩，借刘大金公堂田1.125亩，全年收稻谷26担，交租谷1担，收番薯10担，芋子3担，蔗糖2担，养鸡5只，全年消费稻谷35担。1949年交公粮谷4.1担，油80斤（灯油在内），食盐60斤，猪肉35斤，制衣服的土蓝布21丈，在莳田后到泰和小龙挖钨砂，赚钱以度过春荒。

谢荣锦：成份中农，全家7人（男4女3），劳动力3人（男2女1），他妻子病脚已满5年，有耕牛1头，屋1幢，共5间，田15亩，耕借田4.28亩，年稻收谷43担还要交租谷3.5担，1949年交公粮谷7担，蔗糖120斤，花麦1.2担，花生4担，番薯5担，全年消费稻谷36担，油100斤，猪肉90斤，盐40斤，制衣服用的土布14丈。

谢有芳：成份贫农，全家5人吃饭，劳动力4人，耕牛1头，农具齐全，房子3间，自己有田4.25亩，借公堂田2亩，借谢远资田 6.5 亩，全年收稻谷 36.4 担，交华利谷 17 担，每年收蔗糖 320 斤，花生 6 担，番薯 8 担，花麦 8 斗，现在养猪 1 只，鸡 5 只，全年消费食谷 27 担，油 50 斤（灯油在内），盐 40 斤，肉 25 斤，鸡 6 只，到春荒时期，将蔗糖出卖，可能换得稻谷 12 担，又在莳田后去做肩担生意，每月做两次，每次可赚谷 4 斗。今作 3 个月计，共可赚回谷子 2 担 4 斗。

王承芳：成份贫农，全家 5 人，劳动力两人（男一女一），耕牛 1 头，房屋 3 间，水车 1 副，犁耙各 1 张，其他农具齐全，自己有田 3.75 亩，借耕田贰亩 1 分 5 厘，全年收稻谷 16 担，交华利 2 担，去年完公粮 1.32 担，收番薯 10 担，芋子 3 担，花生 6 担，花麦 7 斗 5 升，现在养猪 1 只，鸡 4 只，计算全年要消费谷 30 担，油 46 斤（灯油在内），盐 40 斤，猪肉 50 斤，鸡 5 只，鱼 10 斤，做衣服的土蓝布 20 丈，在莳田后去做贩谷卖的生产。凭此解决一切生活。

## （四）水利

甲、兴修水利与护堤：白滩村地势低洼，时遭水灾，减少农产品的收获量。□群为求解救痛苦，于本年 2 月 28 日起发动群众，自 15 岁至 55 岁，不论男女（除孕妇、乳娘、残废），一齐参加兴修水利，工具各人自备，并且由会议公议纪律两条：1. 挖土的人携带锄头 1 把，土箕 1 担，挑土的人携带土箕 1 担，钩担 1 条，违者以一天人工作半天计算。2. 如果无故不来参加工作，缺席 1 天，则罚 3 天土工。在 15 天中□堤长 1500 公尺，高 0.3 至 0.5 公尺，宽 1.2 至 1.5 公尺，填土 1650 公方，修水圳两条计长 2350 公尺，深 1 公尺至 1.5 公尺，宽 1.3 公尺至 2 尺。开陂圳两条，挖土 250 公方，发动劳动力 1422 工，受益田亩 300 亩，预计可增加粮食谷 65 担，同时组织护堤委员会，以儿童队为守望队。经会议决议，如有人砍伐河堤上的树木、竹子、茅草等，经发觉后，即罚稻谷二斗，如拿捉送来和来密报者，得罚谷一半，在天雨涨水时，各劳动力自备工具，由护堤委员负责人领导巡守堤埂，筑防缺堤。另一方面，加栽堤上树木，不准任何人放牛上堤，以免踏崩坏。

乙、水利工作完成后，群众对今后的意见：白滩村地势低洼，一经涨水，便有水灾可能，原因是条小河从村里经过，靠近农田边境，其水源很远，河面甚狭，涨起水来，水涌满段，所以现在河堤及水圳虽然修好，而小溪河的水灾之害尚未除清，村民还有些顾虑，故时常深叹道："假使三年不涨水，我们晚上起来吃，也还是吃不掉"。

### （五）春耕情形

1. 积肥：普通人家除深水田外，都种有肥田籽，也积有牛栏粪，大粪，花生枯，木枯，灰肥等粪。

2. 犁田与上粪：现在农民都正翻田上粪，普遍做好犁耙两次的工作，除放肥田籽外，每担谷田还要上牛栏粪两担，大粪两担，花生枯、木枯各两块，假使没有枯放，则须放大粪 4 担，现在已放了牛栏粪 520 担，大粪 2832 担，生枯 2478 块，木枯 2124 块。他们放木枯是为毒杀虫，已在上粪，翻田，做田塝，预备莳田。

3. 垦荒：自修堤后，拿十年前被水冲坏的砂坝都已各自开垦了，面积 4.25 亩，预计种芋子、番薯等，现在群众对生产情绪比较往年要热烈得多，种甘蔗 40 亩，比去年多一倍，估计每亩收糖 200 市斤，花生也多种了一些。

4. 生产互助：

A. 将全村劳动力分为五组，每组 8 人至 10 人，每组有组长 1 人，在春耕农忙，莳田，耘田，铲草时互助耕动① 帮助。

B. 无劳动力的军干烈属和荣军的田地，由互助组无代价的代耕，耕牛和秧苗，都由互助组设法解决。

〔附〕优待军干烈属 26 户，完全无劳动力而无田的只 1 户，在去年由公家优待稻谷两担。

---

① 此处不通顺，照录原文。

## （六）春荒情形的解决办法

甲、春荒情形：白滩村过去是很富裕的，自从国民党统治之下，经常强拿壮丁，滥派捐税，民不安生，加之地富乘机剥削，而且连年水灾，群众痛苦，一言难尽。计算缺少粮食的 25 户，其中中农 1 户，贫农 24 户，如下表计算本村共缺少米 7387.5 斤，折合稻谷 20 市担。

| 缺少粮食月数 | 户数 | 人数 | 每人每日米量 | 合计 | 说明 |
|---|---|---|---|---|---|
| 缺少一个月粮食 | 13 | 57 | 一斤四两 | 2137.5 斤 | 每月以三十日计算 |
| 少两个月粮食 | 6 | 23 | | 1725 斤 | |
| 少三个月粮食 | 1 | 6 | | 675 斤 | |
| 少四个月粮食 | 5 | 19 | | 2850 斤 | |
| 总计 | 25 | 105 | | 7387.5 斤 | 折谷 110825 担 |

乙、备荒办法

1. 多种早菜，如黄瓜、苋菜、豆角……等替代粮食，作为充饥资粮。

2. 莳田后组织男女劳动两组。男组有 15 人，由陈昌浪同志领到泰和小龙砂厂里去挖钨砂，如果有不会挖钨砂的，则为搬运钨砂的运输工作，估计每日每人最底〔低〕限度可赚谷 5 斗；以两个月计算，可赚谷子四、五担。妇女组可到城岗、崇贤、高兴等地做肩挑生意，或贩卖物品；以两个月计算，每月做 5 次，每次赚谷 1 斗，以 10 个人计，共可赚回谷子 10 担。又有缝匠 3 人，每人每天工资谷 8 升，以 1 个半月计算，合计可赚回谷子 10.8 担。

3. 节约：全村 284 人，每天每人节省米 2 两，以 3 个月计，共可节省米 3195 斤，折合稻谷 47.92 担。

4. 减租退租方面，目前正在响应政府号召，实行减租退租，以便接济春荒，发展生产，本村计退地租8户，共稻谷8担。

以上总计可赚回谷子121.72担，而缺少食谷只110担，这样计算，春荒当然可安度过。

一九五〇年四月十五日


## 5. 塘石乡烈士分田登记

兴国县档案馆藏有7册《塘石大队土地房屋登记册》，第2—7册中都有烈士分田的记录，记录了以下内容：户主，家属，填发土地证字号，所有土地（包括可耕地、非耕地）数量，房屋和地基数量，所分土地、房屋、地基的种类、坐落及小地名、坵数或间数、折合市亩数、四至。现辑录其中的户主、家属、填发土地证字号、所有土地（包括可耕地、非耕地）数量、房屋和地基数量如下：

### 建国初土改中塘石烈士分田记录

| 序号 | 户主 | 家属 | 所有土地 | | |
| --- | --- | --- | --- | --- | --- |
| | | | 可耕地 | 非耕地 | |
| 1 | 钟绪菘 | 福初、绪蔚、绪蕙、梧凤、谢观秀、户华春、（绪蔚、绪蕙烈士） | 20坵（块）15亩7分5厘0毫 | 1坵（块）1亩0分9厘0毫 | 房屋12间地基7块0亩2分7厘 |
| 2 | 廖名涛 | 红顺、谢斗秀、（红顺烈士） | 10坵（块）6亩5分6厘0毫 | | 房屋20间地基6块0亩3分6厘 |
| 3 | 谢持鉴 | 远崇、远崧、和元、和英、廖佩林、（远崧烈士） | 17坵（块）13亩5分2厘0毫 | 1坵（块）0亩2分6厘0毫 | 房屋7间地基5块0亩1分7厘 |

续表

| 序号 | 户主 | 家属 | 所有土地 | | |
| --- | --- | --- | --- | --- | --- |
| | | | 可耕地 | 非耕地 | |
| 4 | 谢大桓 | 和平、长秀、陈秀、叶四凤、谢刘氏、（大模、大标烈士） | 22垢（块）15亩7分9厘0毫 | 2垢（块）0亩9分7厘0毫 | 房屋16间地基9块0亩4分6厘0毫 |
| 5 | 谢远集 | 荷香、邵福兰、（持涵烈士） | 12垢（块）8亩4分6厘 | | 房屋15间地基5块0亩5分1厘0毫 |
| 6 | 王昌荣 | 柏寿、福寿、润秀、李元秀、（王昌华烈士） | 10垢（块）10亩5分8厘0毫 | | 房屋8间地基5块0亩1分6厘0毫 |
| 7 | 谢远槐 | 刘招云、（谢远梯烈士） | 9垢（块）8亩1分8厘0毫 | 2垢（块）1亩1分1厘0毫 | 房屋11间地基5块0亩3分5厘0毫 |
| 8 | 谢远嵊 | 大熙、大烈、元生、双玉、王招元、（谢远樽烈士） | 23垢（块）14亩7分9厘0毫 | 5垢（块）6亩3分3厘0毫 | 房屋11间地基5块1亩1分9厘0毫 |
| 9 | 刘冠美 | 持俊烈士 | 10垢（块）6亩5分5厘0毫 | 2垢（块）1亩2分9厘0毫 | 房屋14间地基4块0亩4分3厘0毫 |
| 10 | 谢远沄 | 玉金、荣秀、凤招、（持坚烈士）、钟衍全、刘持秀 | 22垢（块）24亩5分8厘0毫 | 4垢（块）1亩9分2厘0毫 | 房屋16间地基4块0亩6分6厘 |
| 11 | 谢观秀 | 谢持冲烈士 | 8垢（块）4亩5分1厘 | | |
| 12 | 谢持尧 | 远汾、远涼、专桂、观秀、青凤、谢蓝氏、李福英、（远溢烈士） | 22垢（块）22亩9分8厘0毫 | 2垢（块）0亩8分5厘0毫 | 房屋12间地基5块0亩5分2厘0毫 |

续表

| 序号 | 户主 | 家属 | 所有土地 | | |
|---|---|---|---|---|---|
| | | | 可耕地 | 非耕地 | |
| 13 | 谢有煌 | 育照、全秀、福秀、郑永秀、(谢德集、谢德业烈士二名) | 10坵(块)10亩7分0厘0毫 | 1坵(块)0亩0分2厘0毫 | 房屋13间地基6块0亩3分6厘0毫 |
| 14 | 谢邦惠 | 邦芯、兰英、刘东发圆塘前人、(谢名政、名敬、名钦烈士) | 15坵(块)14亩7分7厘0毫 | 7坵(块)1亩7分0厘0毫 | 房屋14间地基7块0亩9分8厘0毫 |
| 15 | 谢名贤 | 邱官凤、(谢名运烈士) | 7坵(块)6亩3分0厘0毫 | 0坵(块)0亩0分0厘0毫 | 房屋8间地基3块0亩2分9厘0毫 |
| 16 | 谢名祚 | 烈士邦仙、邦佐二名 | 4坵(块)6亩5分 | 0坵(块)0亩 | 房屋4间地基2块0亩 |
| 17 | 谢邦澡 | 名陶、国发、福英、林秀、雪英、范连秀、(烈士谢邦熹) | 13坵(块)14亩7分4厘 | 2坵(块)1亩5分4厘 | 房屋8间地基4块0亩1分8厘 |
| 18 | 谢名拒 | 赖抬凤、(谢名持烈士) | 9坵(块)5亩3分3厘 | 1坵(块)0亩0分2厘 | 房屋6间地基3块0亩1分5厘 |
| 19 | 谢名濂 | 邦遴、王财凤、秀英、钟满秀、(烈士谢毓焕、谢毓姚) | 8坵(块)11亩7分8厘0毫 | 0坵(块)0亩0分0厘0毫 | 房屋15间地基8块0亩3分5厘0毫 |
| 20 | 谢名挥 | 发元、廖六秀、刘斗秀、(烈士名招) | 16坵(块)7亩0分3厘 | 2坵(块)12亩0分3厘 | 房屋15间地基12块0亩9分6厘 |

续表

| 序号 | 户主 | 家属 | 所有土地 | | |
| --- | --- | --- | --- | --- | --- |
| | | | 可耕地 | 非耕地 | |
| 21 | 陈矮婆 | 赖氏、（烈士谢毓岱） | 8坵（块）5亩4分6厘 | 1坵（块）0亩1分6厘 | 房屋7间地基5块0亩2分4厘 |
| 22 | 谢德忻 | 子林、招贵、中福英、中瑞临、（烈士毓洙） | 11坵（块）10亩4分9厘 | 1坵（块）0亩7分5厘 | 房屋7间地基3块0亩3分8厘 |
| 23 | 谢王氏 | （烈士毓璠） | 5坵（块）3亩4分6厘 | | 房屋3间地基3块0亩1分0厘 |
| 24 | 谢名栋 | 名梁、名校、邦涵、邦滋、梅英、梅林、邦准、毛毛、谢石石、李九子、中招凤、中新屋、吴生秀、（烈士名椿） | 29坵（块）25亩8分9厘 | 13坵（块）2亩4分4厘 | 房屋32间地基23块1亩8分3厘0毫 |
| 25 | 谢毓渭 | 毓洋、树德、杨彩凤、方连凤、（烈士树德） | 17坵（块）9亩7分4厘 | | 房屋15间地基7块0亩3分5厘0毫 |
| 26 | 谢名垣 | 名埈、王氏、（谢毓佳烈士） | | | |
| 27 | 谢传锌 | 传锦、传锠、钟招弟、（谢远深烈士） | 14坵（块）9亩7分2厘0毫 | | 房屋15间地基11块0亩4分2厘 |
| 28 | 谢德仪 | 谢何氏、（德佩烈士） | | | |

续表

| 序号 | 户主 | 家属 | 所有土地 | | |
|---|---|---|---|---|---|
| | | | 可耕地 | 非耕地 | |
| 29 | 谢毓伙 | 程秀、谢王氏、谢李氏、（烈士毓條） | | | |
| 30 | 谢德琏 | 谢郭氏、（德修烈士） | 16坵（块）12亩3分9厘 | 1坵（块）0亩1分1厘 | 房屋7间地基8块0亩1分8厘 |
| 31 | 谢名峰 | 萧宝玉、（烈士毓汉） | 10坵（块）6亩7分3厘 | 1坵（块）0亩0分2厘 | 房屋12间地基8块0亩4分7厘 |
| 32 | 谢持铺 | 中明达、（烈士持城） | 9坵（块）5亩8分1厘 | | 房屋16间地基7块0亩3分1厘 |
| 33 | 陈发逑 | 陈祥林、谢喜秀、康抬发、刘六秀、（烈士贞玉、贞全） | 13坵（块）13亩6分6厘 | 1坵（块）0亩2分3厘 | 房屋6间地基2块0亩1分9厘 |
| 34 | 陈发亿 | 陈龙元、莲香、谢玉英、吕梅英、蓝桂香、烈士开儒 | 10坵（块）14亩6分7厘 | 1坵（块）0亩1分0厘 | 房屋8间地基7块0亩3分3厘 |
| 35 | 陈厚祥 | 发□、贞元、知香、李二凤、邱桂秀、烈士开迥 | 12坵（块）12亩4分2厘 | | 房屋7间地基5块0亩2分8厘 |
| 36 | 陈贞球 | 刘四秀、烈士发仁 | 8坵（块）6亩2分3厘 | | 房屋3间地基5块0亩0分9厘 |
| 37 | 陈发仪 | 贞财、捡秀、王招才刘池女、（烈士建元） | 14坵（块）11亩1分3厘 | | 房屋5间地基4块0亩0分9厘 |

续表

| 序号 | 户主 | 家属 | 所有土地 | | |
| --- | --- | --- | --- | --- | --- |
| | | | 可耕地 | 非耕地 | |
| 38 | 陈茂生 | 阙丙秀、烈士明生 | 8坵（块）6亩5分3厘 | | 房屋3间地基1块0亩0分7厘 |
| 39 | 吕□良 | 玉生、许才秀、肖招久、梁才禧、（烈士△蓬） | 16坵（块）16亩4分9厘 | | 房屋8间地基7块0亩1分8厘 |
| 40 | 吕倩良 | 梅生、云等、邱七秀、黄青凤、李秋梅、烈士信良 | 19坵（块）14亩2分4厘 | | 房屋7间地基7块0亩1分1厘 |
| 41 | 吕亿良 | 甫生、桂兰、谢美珍、王才凤、肖福英、（烈士贤生、佑良） | 24坵（块）17亩1分4厘 | | 房屋7间地基6块0亩1分2厘 |
| 42 | 吕贤荆 | 程发、春秀、谢石秀、谢方泉、陈甘秀、（烈士贤芃） | 17坵（块）15亩8分4厘 | 2坵（块）0亩2分6厘 | 房屋10间地基4块0亩5分2厘 |
| 43 | 谢毓元 | 名辉、王桂秀、邱普秀、（烈士毓逢） | 16坵（块）9亩5分7厘 | 1坵（块）0亩0分5厘 | 房屋5间地基6块0亩2分4厘 |
| 44 | 谢征东 | 名桂、吕金凤、（军士名根） | 17坵（块）8亩8分8厘 | | 房屋6间地基6块0亩1分5厘 |
| 45 | 谢德洵 | 毓芬、满秀、蓝三凤、李招香、（烈士毓堂） | 2坵（块）1亩2分7厘0毫 | | 房屋6间地基7块0亩2分1厘 |

续表

| 序号 | 户主 | 家属 | 所有土地 | | |
| --- | --- | --- | --- | --- | --- |
| | | | 可耕地 | 非耕地 | |
| 46 | 钟文蓮 | 兆法、源法、贵容、刘官秀、（钟人福烈士） | 9坵（块）9亩8分7厘 | 4坵（块）3亩10分2厘 | 房屋5间地基5块0亩5分1厘 |
| 47 | 钟人祇 | 钟招弟、吕信良、吴福春、陈瑞连、钟陈氏、（钟燔昌烈士） | 14坵（块）13亩6分4厘 | 3坵（块）0亩5分8厘 | 房屋15间地基3块0亩3分9厘 |
| 48 | 钟人祐 | 钟文林、钟文球、刘建秀、刘招弟、（钟熄昌烈士） | 11坵（块）11亩1分2厘 | | 房屋8间地基4块0亩1分9厘 |
| 49 | 钟人祊① | 小蛮、小羊、阎萍、刘起兴 | 11坵（块）6亩6分3厘 | | 房屋6间地基3块0亩1分5厘 |
| 50 | 钟柏林 | 来生、刘建华、（钟荣榛烈士） | 12坵（块）5亩8分6厘 | | 房屋9间地基2块0亩1分4厘 |
| 51 | 钟张氏 | 钟烽昌烈士 | 8坵（块）3亩9分9厘 | | 房屋2间地基1块0亩1分2厘 |
| 52 | 陈承达 | 积华、玉英、玉招、陈李氏、陈王氏、王维兰、（陈昌焜烈士） | 14坵（块）13亩0分9厘 | 7坵（块）1亩3分0厘 | 房屋12间地基9块0亩4分5厘 |
| 53 | 钟定润 | 定材、钟毛女、钟康氏、刘贞美、（钟士俊烈士） | 13坵（块）17亩2分1厘 | 1坵（块）0亩6分8厘 | 房屋7间地基11块0亩8分6厘 |

续表

| 序号 | 户主 | 家属 | 所有土地 | | |
| --- | --- | --- | --- | --- | --- |
| | | | 可耕地 | 非耕地 | |
| 54 | 谢荣钰 | 谢应祺、刘贞秀、刘干成、谢喜秀、（荣锡烈士） | | | |
| 55 | 谢应禄 | 钟月红、侯氏、刘氏、（有藻、荣赞烈士） | 16坵（块）14亩6分9厘 | 3坵（块）0亩5分9厘 | 房屋10间地基3块0亩3分6厘 |
| 56 | 陈承培 | 积金、积银、荣秀、华英、桂香、毛女、叶金辉、（陈昌碎烈士） | 20坵（块）16亩6分0厘 | 2坵（块）0亩4分9厘 | 房屋9间地基6块0亩5分6厘 |
| 57 | 谢王氏 | 谢荣铭烈士 | 7坵（块）4亩5分0厘 | | 房屋1间地基1块0亩0分5厘 |
| 58 | 王维钊 | 善濂、连凤、连平、连元、王钟氏、王朱氏、（王维锡烈士） | 19坵（块）14亩2分8厘 | 7坵（块）2亩5分0厘 | 房屋11间地基9块0亩1分9厘 |
| 59 | 王氏红 | 邓飞、邓文、邓武、邓英、邓富辉、邓谢氏、周描素、钟连秀、（邓昌明烈士） | 17坵（块）14亩6分9厘 | 6坵（块）10亩3分3厘 | 房屋11间地基9块0亩2分6厘 |
| 60 | 谢毓燕 | 名遐、福英、桂英、钟新秀、李长秀、（毓椿、毓松、毓△烈士） | 18坵（块）17亩0分6厘0毫 | 2坵（块）0亩2分4厘0毫 | 房屋16间地基11块0亩4分6厘0毫 |

续表

| 序号 | 户主 | 家属 | 所有土地 | | |
|---|---|---|---|---|---|
| | | | 可耕地 | 非耕地 | |
| 61 | 谢毓彬 | 名述、名道、名通、名达、官秀、刘九秀、（烈士毓栋） | 17坵（块）17亩1分3厘0毫 | 1坵（块）0亩7分1厘0毫 | 房屋15间地基7块0亩3分0厘0毫 |
| 62 | 谢毓楫 | 名迳、（烈士刘才秀） | 10坵（块）5亩7分8厘0毫 | | 房屋7间地基2块0亩1分5厘0毫 |
| 63 | 谢德俤 | 毓梧、毓桐、小雄、谷香、长秀、张招喜、钟秀金、（烈士德伏） | 18坵（块）16亩9分8厘0毫 | | 房屋14间地基6块0亩3分0厘0毫 |
| 64 | 谢名锭 | 王新秀、（烈士毓滋） | | | |
| 65 | 谢毓治 | 钟人凤、刘招发、（烈士毓波） | 10坵（块）7亩1分7厘 | | 房屋9间地基5块0亩2分7厘0毫 |
| 66 | 谢烘德 | 毓基、黄家玉、雷春秀、（烈士焌德） | 13坵（块）9亩5分0厘0毫 | 7坵（块）2亩6分6厘0毫 | 房屋7间地基6块0亩1分8厘0毫 |
| 67 | 谢焜德 | 毓垠、游五凤、王竹英、（烈士炎德） | 14坵（块）9亩5分3厘0毫 | | 房屋9间地基5块0亩1分7厘0毫 |
| 68 | 谢毓祚 | 德禄、毓智、仁秀、刘华英、康澄渡、（烈士毓沦、毓河） | 15坵（块）15亩1分3厘0毫 | 3坵（块）0亩4分7厘0毫 | 房屋15间地基10块0亩4分5厘0毫 |

续表

| 序号 | 户主 | 家属 | 所有土地 | | |
|---|---|---|---|---|---|
| | | | 可耕地 | 非耕地 | |
| 69 | 谢毓海 | 名森、保定、正秀、秀英、刘吉祥、钟义秀、（烈士毓昊、名春） | 18 坵（块）17 亩 2 分 3 厘 0 毫 | 4 坵（块）0 亩 5 分 7 厘 0 毫 | 房屋 25 间地基 15 块 1 亩 1 分 5 厘 0 毫 |
| 70 | 谢毓沣 | 谢良、名包、名荷、名业、新生、连英、建新、爱平、中文英、孙惠卿、刘玉英、刘冬秀、（烈士毓樟） | 21 坵（块）25 亩 7 分 4 厘 0 毫 | 2 坵（块）0 亩 3 分 0 厘 0 毫 | 房屋 21 间地基 7 块 0 亩 8 分 7 厘 0 毫 |
| 71 | 谢芹德 | 刘福秀、（烈士芳德） | 8 坵（块）7 亩 5 分 5 厘 0 毫 | 1 坵（块）0 亩 4 分 7 厘 0 毫 | 房屋 5 间地基 3 块 0 亩 2 分 2 厘 0 毫 |
| 72 | 谢毓明 | 名梧、名桐、娄喜秀、刘乙凤、张新秀、王招庆、（烈士毓晃） | 17 坵（块）19 亩 5 分 4 厘 0 毫 | | 房屋 11 间地基 6 块 0 亩 3 分 0 厘 0 毫 |
| 73 | 谢邦佳 | 王满秀、（烈士名芳） | 5 坵（块）3 亩 8 分 5 厘 0 毫 | | 房屋 5 间地基 4 块 1 亩 1 分 4 厘 0 毫 |
| 74 | 谢德逢 | 胡荣秀、姚兰香、（烈士毓福） | 10 坵（块）7 亩 7 分 5 厘 0 毫 | | 房屋 9 间地基 4 块 0 亩 1 分 9 厘 0 毫 |
| 75 | 谢德章 | 刘福秀、（烈士德茂） | 9 坵（块）5 亩 6 分 8 厘 0 毫 | 1 坵（块）0 亩 1 分 5 厘 0 毫 | 房屋 9 间地基 5 块 0 亩 1 分 1 厘 0 毫 |

续表

| 序号 | 户主 | 家属 | 所有土地 | | |
|------|------|------|----------|---|---|
| | | | 可耕地 | 非耕地 | |
| 76 | 谢萌德 | △生、招弟、刘之秀、陈茂秀、陈连秀、（烈士化才） | 20坵（块）11亩1分9厘0毫 | | 房屋20间地基11块0亩4分6厘0毫 |
| 77 | 谢僖才 | 茂德、全秀、郑石秀、刘秀英、（烈士俸才） | 16坵（块）11亩2分7厘0毫 | 6坵（块）2亩0分0厘0毫 | 房屋12间地基5块0亩1分7厘0毫 |
| 78 | 谢才涛 | 德桂、桂香、冬秀、钟桂清、（烈士才浦） | 16坵（块）13亩4分8厘0毫 | 2坵（块）0亩2分0厘0毫 | 房屋10间地基4块0亩1分4厘0毫 |
| 79 | 谢德广 | 毓瑨、毓珉、毓琅、毓琅、凤秀、九凤、刘招发、陈肇辉、（烈士德序） | 18坵（块）15亩2分6厘0毫 | 2坵（块）0亩6分8厘 | 房屋15间地基6块0亩5分2厘0毫 |
| 80 | 谢名昌 | △泉、秋华、叶名英、王招△、（烈士毓俊） | 19坵（块）10亩3分4厘0毫 | 2坵（块）1亩5分6厘0毫 | 房屋9间地基4块0亩2分5厘0毫 |
| 81 | 谢邦祯 | 刘秀荣、熊茂秀、（邦祥、邦禄烈士） | 13坵（块）10亩0分9厘 | 1坵（块）0亩0分8厘0毫 | 房屋14间地基4块0亩3分6厘0毫 |
| 82 | 谢名岐 | 德敷、文桂、文章、刘运秀、（烈士毓坤） | 10坵（块）9亩4分9厘0毫 | | 房屋9间地基4块0亩6分3厘0毫 |

注：上表中的空白处，并非没有分得土地。核查表中的其他项内容可知，无论是可耕地还是非耕地，都有分配，但原表格中未加以统计，此处尊重原文。

## 6.陈奇涵：关于编写兴国人民革命史应注意的问题

1957 年，陈奇涵写作了《兴国县前期革命史资料》（现存于兴国县党史办），并随后给曾任兴国县县长、县委书记的李贻树写了一封信，即《关于编写兴国人民革命史应注意的问题》，其中谈及在兴国早期革命斗争中，塘石白滩的钟人祥、钟人禄的特殊身份和为革命所做的贡献。这封信现存于兴国县党史办，全文照录如下：

贻树同志：

八月廿一日的信今日收到了。兴国的初期革命斗【争】这篇文章是为解放军卅年编辑部写的；那时候他们要得很急，没有花更多的时间去修改，内中可能有很多要斟酌的。这篇文章与"兴国县前期革命史资料"比较，在内容上是没有什么变动的，只有词句上作了些修改，以后他们会登出来，"兴国党史资料"如果要刊登，请你要注意几个问题：

一、基本情况是这样，不会有多大变动，但是在细节上，各地群众革命斗争的实际情况，可能有遗漏之处，那就必须加上去，才能符合革命运动的情况。原文太简单了，兴国县人民看了之后，会感到革命劲头不足，难免有顾此失彼的地方，因此，在对正革命史实的时候，请多多充实这个内容。

二、但是，知道当时真实情况的人太少了，如当日家中住过县委机关的谢益珊，他都不知道真实底细，其他的人就更难说了。但我相信也还完全不是没有人知道的。比如我回去（1954），在佛祖岭的陈 XX（章霭，党史办公室注），在作战中他就当过响〔向〕导；肖以俊是兴国县革命委员会的老交通（是个泥工），他们是一定知道的，可能这样的人还不少，请注意调查。张佐△现在上海防疫研究局，知道更多。

三、在历史资料中，可以看到兴国革命运动不是一帆风顺的，经过公开、秘密和反敌人围剿的阶段，要特别注意的是：在秘密这个时期，很可能不能被人们原谅和了解的，就是秘密工作的技术问题，很多假象〔相〕会被人们看成是真象〔相〕，比如鼎龙区的侯海帆，他的身份是个律师；崇贤区的谢式初当过反动县长，是前清秀才；城岗区的余弗田、余石生、凌浦东都是当时的大绅士；上社区的钟人禄、钟人祥都是兴国县的有名人物，是地主，钟人祥家是两层洋楼；江背洞的邹子邦是军门的后裔，大地主；肖以儒是兴国县政府的秘书（共产党兴国县委书记），陈璧和是国民党县党部的常委，邱会培、鄢一心、胡灿是平川中学教员，这些同志都是当时参加革命的共产党员。有这样一回事：陈毅同志在上海告诉我，干南特委 1930 年给过胡灿同志一个警告，原因就是他在这个时期是反革命的。我知道他对胡谦的关系是有很大的矛盾，胡谦要他的地皮作房子，他不肯，另外作了三间房子，门上题了"也是居"三个字，侧边画了一个螃蟹，题了几个字"看你横行到几时"，与胡谦的颐养轩尖锐对立。这个房子 1929 年就被反动派烧了。兴国暴动的时候，他起了内应的作用。鼎龙区暴动，是他去指挥的，收缴了他鼎龙靖卫团的枪械 20 余支，打死了反动团长兰祥祺，不是什么反革命的问题，假使当时我在兴国，就可以证明他有革命的表现，可以不必给予处分的。这不是莫大的误会吗？以后又谈过数次，杀掉是更不应该的。像这种人是很多很多的，这不过是举几个典型而已。如果从假象〔相〕看来，都是阶级异己分子，都有杀头之罪，其实他们对兴国革命是有功的，请你注意在调查当中，不要因为他们长袍马褂、出入公门，经常与反动派往来接近的假象〔相〕所迷惑，因为那样就不容易看出他们的真象〔相〕是为革命而不是为反革命的。

四、在肃反当中，有不少的领导肃反的同志是杀错了人的，这当然肯定是错误的。但是，是工作上的错误呢？还是政治上的错误？就需要很好分别清楚，也有在肃反运动的发展中，本身也被杀了。这怎么办呢？看成是革命呢？是反革命？我的意见是：应该参照中央六届七中全会的精神去作判断；应该根据江西省委在土改中规定的，没有反革命活动的就不应算作反革命（刘俊秀在土改运动中的报告）。当时真正反革命的头子是刘文斋、兰宝田、李世鉴、谢远雁、谢△炳、马如章等……当然是很多的。为什么几大地主——四大金刚，又没有出头露面出来反革命呢？因为他们都有子弟在共产党里，如肖以钱的儿子肖正清、钟发佳的儿子钟菁、黄象垣的儿子黄XX都是共产党员；也还有一批地主的子弟是共产党员，这就要有更多的人来证明他们所作的事迹是革命呢？还是反革命？

总之，时间过去很久了，情况是很复杂的，真象〔相〕和假象〔相〕，必须注意到在写党史的今天，使革命史实力求得到公正的评判。以上意见是否妥当，请你考虑。这个信仅供你和县委在处理兴国革命运动历史问题，不外传。

此致
敬礼

陈奇涵
9.10
可能为 1957 年交出。[1]

## 7. 兴国县 1936 年—1941 年的地下党的资料

《兴国县 1936 年—1941 年的地下党的资料》现存于兴国县党史办，没有落款，其中提到的地下斗争时期的中国共产党兴国县委书记钟梅生、谢湖南都是塘石人。现照录如下：

兴国县党的组织，自红军北上后在国民党的严重摧残下，就由

---

[1] 推测这行字为党史办工作人员所加。

公开的活动，转为地下的活动了。不过在国民党反动派的残酷的镇压下，有些党员光荣的牺牲了，有些则可耻的叛了变，因此兴国的县委就不存在了，但红军北上时则留下了，周正芳（爱民）等同志在兴国搞党的工作，当时周正芳等同志都被反动派捕捉入狱，可是坚决的共产党员都没有忘记自己的事业，因此周爱民同志就在牢里进行了党的工作，当时坐牢的有中效钧、中英芳等几个同志，因此就联合了，讨论了怎样活动，于是就想方设法，准备出去活动，当时的办法就以愿劳动为名，找到了店保，反动派就允许周正芳（周爱民）同志白天出去挑水，乘此之机会开始进行活动，首先是找到了谢远勋、梅春芳等进行活动，加上牢内的钟效钧、钟英芳等就组织了一个工作组（即支部），负责人是周正芳（周爱民），这就是在1936年11月成立的。当时提出的任务是，（1）收集党员（老党员好的），（2）与上级党组织要取得联系等等。党内就决定派谢远勋去持江与赣南西特委取得联系，结果取得了联系，同时还带回了很多文件，杨尚奎同志还作了指示；首要任务是收集好的党员要扩大到农村中去，可以成立临时县委；经过几个月的【工】作就已收集了有100多党员，就在1937年的3月成立了临时县委，书记是周正芳，组织部钟昌顺，宣传部长肖仁。

1937年缪敏，毛泽覃的爱人，和一个男的×××，到兴国来（住在梅家祠侧片）在一个晚上召开了一个县委成员会，在会上缪敏同志还唱了一个"九一八"的歌子，会上布置的任务是：（1）收集党员工作要散到农村去，（2）全力抗日要宣传反对日本帝国主义，协助政府作抗日工作。

1937年12月项英、曾山同志来兴国，来兴国的原因是：第一是检查兴国党的工作，检查国民党对国共合作的执行情况，第二是因为兴国县委于1937年11月初旬，地下的共产党组织了刘曹章、吕良柱等同志进行写了很多抗日反帝的标语，所落的单位，是"中国共产党"，（国民党他们也会贴，但没有我们提的坚决）写好后县委就布置各支部（如街道支部、船筏支部等）在晚上进行贴，贴在街上，丢进店内的柜台内，汽车内，参加贴的很多，如肖大全、吕修汉等等，可是吕修汉同志在大街上贴时，同时也将标语丢在敌的汽车上，（因敌人的汽车停在大街上）时就被警察发现了，当时就抓，同时高声叫喊有共产党，当时吕同志尽力争〔挣〕扎（可是吕同志腿上有伤力差），可是尽被敌人搂在下面，当时在□同楼店内的陈建元（党员）同志听到了，就下去看见四周很多群众，只见吕同志与敌人搂做一团，当时陈建元同志就去拉起了吕同志就逃，可是一逃到南门因腿不便就跌交〔跤〕，被敌人捉到了，送到县政府，当时的县长是邹光亚的，国民党县党部书记是中祥清的，立即县长就进行审问：你是不是共产党？吕回答：我是光明正大的共产党，问：你们有多少人？有哪些组织？答：是我一个人，没有其他什么组织，问：你的标语那里来的？答：标语是陈毅同志走时留下的叫我以后要贴起来的，我贴抗日标语是不是犯了法。邹光亚说：不会犯法的，为什么你们不白天贴。答：你们不同情我们哪！你不要啰唆，要杀你就杀！当时审得没办法，就亭〔停〕止了审问，邹光亚就与伪县党部书记中祥清等商量，还是押呢？也是不押呢，（这时正是国共合作时期）如真是共产党就押不得，如是假的就押得，管它，还是押起来。如果是真的它们组织内就会有人来保或来公事。结果押起来了，吕被押后，县委就派县委交通李逵应送信到持江特委去了，叫上面派人来交涉，（当时县委是保持秘密的，所以不直接与保）过几天特委就派了钟荣清同志上来了。

　　1937年12月，项英同志与曾山同志果然来到兴国，带了20支手枪，和一挺花机关，项英同志戴的是八角帽，穿的是灰色大衣，帽上还有青天白日的国徽，住在梅春芳（党员）开的芳园旅馆内，曾山、刘□大带了12支短枪，当项英同志就布置，除一挺花机关跟我外，其余的均住在楼上不准下来，次日曾山同志等就去街上玩，一到西街就很多同志，围到面前问长问短，（因曾山在苏区时当过省主席，在兴国【驻】扎过，所以很多人都认识）项英同志就去县政府找邹光亚，一走到大井头钟效钧就在挑水，钟认到了，就走前去问候，项英同志就叫钟带路，走到县政府门口有走围的（留〔流〕动哨），站围的（站岗）看到钟是犯人走在先行，后面的像军官，又有一挺花机关，因此敬了个礼，项英同志问县长在家吗，答应在里面，走进去所有的职员都大惊小怪，难道这个就是项英吗，中效钧一直带去找邹光亚，等项英同志去进时，全体职员都一齐跑光了，只是邹在内面的房里，找到后项同志拿张明〔名〕片给邹看，邹则吓死里，又不敢走，只好招呼，谈后就走了，当天邹等就请饭，在吃饭时谈了些合作的事，问他们做得如何等等，抗日的事等等，吃饭回来时召集了县委会，在项英同志的指示下，正式成立了县委，书记是周爱民，组织部长钟昌顺，宣传部长肖仁，会上还布置任务：1，继续收集党员，成立区委，训练干部。2，全力转向抗日，暗中动员群众去当兵打日本（当时国民党征兵不动），第二天项英、曾山等就走了，还说了我们在圩州一带就编了新四军，可能会走兴国过，当时周正芳坚决要求同到项英同志去，项英同志不肯，不肯也要去，最后项英同志答应要去就要等我走了以后来，你再来持江就是，以免影响不好，同时还布置肖仁负担城内的工作。项英同志走后不久，周正芳同志就偷〔偷〕走了，到持江去了，因此，以1938年2月延安就派中梅生同志（长征干部）到持江，再派到兴国来当县委书记，中梅生同志是打埋伏到兴国的，当时没有在家住，（他家在塘石）住在他的亲戚家（坑上），不过交带〔代〕其父，如有肖、中、谢来就可会见。但首先联系上的是谢远勋，但谢则不告诉其他的县委同志，就企图搞过几个人当县委，交名单与中梅生同志，中梅生同志接到名单则不对头，后来才访到梅春芳、肖仁等，因此中梅生同志就召集了中、肖开会了解情况，结果被谢远勋知道了没有叫他，谢则放言，他们不要志兴（即带劲意思），我要告诉我的谢县长来，（因当时反动政府的县长是与他更亲的谢世修）你们一起都还是死的，这样一来，县委就又开会研究要解决他，就请示特委，特委来信说可以召开会名誉〔义〕，叫到持江解决他，但会是召了他，但还在开会时又来信要在本县解决，县委决议解决他，待他回来时就以开会为名在塘石的屙尿坪把他活埋在深砂坝内去了，一直没有哪个知道，在解放后才说出来它是叛徒被处。

1937 年 3 月，陈毅同志曾经到过一次兴国，交涉放所谓"政治犯"的共产党员，因国共合作时的条件之一是，我们就要国民党放所谓"政治犯"，国民党就要我们停止打土豪分田地，我们照做了，国民党则不做，所以来交涉。

1938 年 8 月中梅生同志走后就由中昌顺任书记，组织是郭振贵，宣传是肖仁担任。

在 1938 年 9 月，中昌顺就有叛变的行动，因此特委就派了钟荣清同志来兴，整顿县委，开了会就把中昌顺的党籍开除了，同时中荣清同志还与肖仁同志说了，对姚步云（党员）也要注意，党内的重要文件不要给他看，因姚与钟昌顺的关系是最密切的，县委书记就改给谢湖南了，组织部长郭振贵，宣传部长肖仁，这时有 6 个区委，即高兴、崇贤、桥下、江背、埠头，有党员 800 多。

在 1938 年，赣西南特委就迁移了，就成为粤赣特委了，杨上〔尚〕奎同志来兴，整顿党的组织，因党内出现了不止一次的叛变，因此在杨上〔尚〕奎同志家里的坪上，进去的一个坑子上开了一次党员干部会议，到会的有 100 多人，尚奎同【志】作了报告，以后清洗了一批不纯份子。

1939 年 4 月间成立了赣、泰、兴的中心县委，中心县委扎在泰和的马家村，书记是林绍元，组织是罗梦〔孟〕文同志，宣传xx，当时兴国县是属于中心县委管，但兴国没有去开过会，没有正常的联系，直到 1940 年中心县委书记林绍元就叛变了（罗梦〔孟〕文同志逃走了），泰和的党组织全部出卖了，当时刘启耀同志是特委另派到泰和工作的（他原是苏区省副主席，保卫局长等职），刘同志知道林叛变了就到兴通知肖仁等，要注意可能林会来兴捉我们共产党人，可是县委的人认林不到，过几天林果然来兴配合反动政府捉人，好得林只知兴国有很多党员，有县委，而不知道具体的人，搞得他无法，可是刘启耀同志打听了林到兴国来了，刘也要兴国来，与兴国县委人员说林已到了兴国，是住在肖同德旅店，当天晚还开了会，说设法刺死林绍元，但想了很多办法，如用毒芽等都未实现，林在兴国住了二天，就到高兴去了，但芽又送到高兴去了，因林都是同伪乡长同住吃饭，结果未成，他人也未捉到，但当时国民党的特务活动很多了，形势最恶劣了。

在 1940 年 7 月县委开会，讨论进入绝密而阮<sup>①</sup>闭阶段，同时决议县委成员暂时疏散，因此肖仁就往于都马安石、桥头一带当刨烟工人（因早是刨烟工人）。

在 1940 年 12 月中昌顺捉起来了（是假捉的，这是反动派的花招），这时中昌顺已是〈特别〉出卖了组织、党员。

在 1941 年 2 月由叛徒曾广祥（崇贤人）带到特务中世全、罗文华到马安石抓肖仁同志，经过审讯，说成是脱了党，结果坐了很久班房，被脱离了共产党而放了，在审讯过程中知道了敌人了解了我党一些线索，出来〈是〉就告诉其他同志要注意。

在 1930〔1940〕年 7 月肖仁走了后，县委还是阮闭<sup>②</sup>的进行工作，书记是谢湖南，组织（原文如此），宣传（原文如此）。

除上述活动外党还开启了如下活动：

党对抗日的工作做了很多，曾在 1937 年 2 月以打狮子灯为名，深入到各级党的组织进行活动，打狮子灯招到了肖仁（另身）做领导，下乡搞灯，可是党内早已送〔通〕知了各地支部，所到之处招呼很好，都是吃酒，可是吃酒时党的干部到偏僻之地去吃，进行活动开会，宣传抗日，指示工作，【汇】报工作等，在这个难□召开党员，干部大会的形势下，利用了这个形式终于胜过了集中召会，所布置的任务是利用□天的形式宣传反帝，动员群众当兵抗日（因国民党征不到），经常收集反动派的情况及时往上报。

---

① 此字疑有误，照录原文。
② 此处疑有误，照录原文。

当时伪县政府成立了"兴国县抗敌后援委员会"，可是我们党就派了严舒容任指导员，可是国民党不晓得他是共产党员〈就是〉，因此经常地与县委取【得】联系，在 1937 年严同志还到当时在兴国的豫章中学去活动，结果参军的很多，反帝热潮高涨，同时还组织起来深入农协去进行反帝宣传。

1937 年 11 月，项英同志来兴时，反动县党部书记和县长，曾经要求派个党员（共产党）干部来兴工作更搞得通，结果在同年 11 月下旬，项英同志即派了刘伟文同志（兴国人，原在宁都工作）来工作，到时住在商会的门上，但是兴国县的绅士则说，上面合作，我下面不合作，刘同志要他们签字，他们又不敢签，但结果绅士们勾结反动政府搞到两名警察押送刘伟文同志出兴国〈到〉送到赣州，当时县委怕反动派在路上会把刘同志打了，就先布置了交通李逵应同志与刘挑东西，一直送到了赣州。

另外，还经常地利用□天的形式宣传反帝，如宣传"日本人在我们背打两下，我们就要驼起背来它打，使我们当牛马做日本人的骆驼"等等。积极的动员起人民群众去参军抗日，如城里的肖茂全同志就是我们动员去的，宣传他去后要当人民的兵，家里的事我们会照顾好。

领导工人运动反对老板减工人的工资；在 1937 年 6 月所有烟店的老板联合了，商量要减工人的工资，它们想了个法子开茶话会，买了好多果品企图用小恩小惠收买工人之心，我们工会的党员同志知道了，（因当时我们组织了工会理事长，是姚在生的——不是我们的同志，组织、宣传是中友铺、廖庆玉是党员，因在成立时我党在工人中酝酿了而选出的）就与我街道支部联系了想办法，当时我党就决定晚上的果子大家不要客气，要吃过〔个〕光，另外，我党决定要推出肖仁同志与他们辩理，但当时肖不是干部怎样好说呢，就决定由工人中选举，作为工人代表，那就好说话了，晚上果然吃了个光，大辨〔辩〕了一场，工人大家都轰动一起，一齐都走了。还罢了两天工。结果老板无法，没减到工薪而吃的又吃了，反而二天不生产，损失很大。

同时资本家对工人很苛刻，在搬运上过量地强迫工人挑，但党就组织工人抗挑的办法，要挑重就要加费，另外在挑油等重放不得的货物时就故意摇动、放重，使其损失，资本家会说，工人就合口同起的说过重挑不起，搞得资本家无办法。

在 1935 年 4 月，兴国县委举办了一期干部训练班，地点是在洪门，对象是各区支部的领导人，到会人有 20 多人，时间有 3、4 天，由县委干部负责讲课，内容是：对做地下工作如何与敌人作斗争，反对日本帝国主义，全力抗日等等。

在 1938 年 2 月间，在高兴的阳光召开了一次党员大会，这次会是选中梅生为书记，组织部长中昌顺，宣传部肖仁，（又说李春生也是宣传）会上还具体分了工；中昌顺在城岗片，李春生在龙口片，罗××在高兴，李龙怀、李逵应在杰村、江背，中梅生在县城。去收集党员，当会的决定是，要实行减租减息等。

这次地下党的工作是采取单独联系的，县委、区委是统一做法，统一领导，但传区执行则是单独贯彻，但到 1941 年的 2、3 月间就停止了有县委领导的活动了。

地下党的消失后，党员们还是坚持斗争。

1. 反对老板不给工钱。工人的作法：如工人吕良汉与老板黄邦法做工，黄则把吕的工钱自己用不给吕，当时吕就与党员肖大全同志说，大全同志则叫他去拿他的斧头，结果拿到了，黄则不肯，肖大全同志就与他讲理，"工钱工钱只有攻当前，那有做了工没工钱的道理"，结果只好给了工钱。

2. 反对国民党捉工人当兵。工人钟××和肖大全同志一起做术〔木〕工，但肖逢全①保部就来抓要中去当兵，肖大全同志就说要去我来去，与他吵，这样中听到了就逃了〈里〉，没抓到。

3. 反对派伕子不合理。国民党时有钱的则免去劳役，有一回

---

① 肖逢全与肖大全，疑应为同一人。

保长要肖大全同志去当佚子，肖就问保长，我这次去挑，会不会担死，保长说那就不会唉，肖就说不会就对你不利，你家二兄弟，你□都比我更年青，我今年 40 岁都要去，你家的就不去，我回来，我就要杀你二兄弟呀，保长则说不要作大口，不去就算了，不要影响人家。

4. 抗地主的租。集瑞的大地主马仁发，收得一千多担（一担 100 斤）地租到，罗睦大地主钟发亿，收得几千担地租到，因为他们的土地都从贫户〔雇〕农手中夺回去了，借回贫户〔雇〕农耕就要收地租，（50% 的地租）本来借耕要写借耕字往往规定，"三年华利不清，就将田起耕另借别人耕种"，可是地下党员则团结贫雇农，采取拖欠说好话，如他要起耕，则大家都不要耕它的田，又不与他做工，这样逼得地主还是得田不能起耕，但每年也会交一点租给他，只是无形中就实行了减租减息就是。

# 8. 塘石村革命烈士名册

在兴国县民政局藏有《兴国县长岗公社革命烈士英名册》（1981年 12 月编）一册，以下是从中摘录的塘石村革命烈士情况统计。

**塘石村革命烈士情况统计表**

| 序号 | 姓名 | 性别 | 年龄 | 家庭住址 | 是否党团员 | 参加革命年月 | 单位及职务 | 牺牲时间及地点原因 | 直系亲属 | | | 备注 |
| | | | | | | | | | 是烈士什么人 | 姓名 | 出生年月 | |
|---|---|---|---|---|---|---|---|---|---|---|---|---|
| 1 | 叶杨文 | 男 | 18 | 长岗公社塘石大队 | | 1931 | 兴国县模范师战士 | 参军后无音讯 | | | | 绝户 |
| 2 | 赖路长 | 男 | 26 | 同上 | 党员 | 1929 | 红五军团排长 | 参军后无音讯 | | | | 绝户 |

续表

| 序号 | 姓名 | 性别 | 年龄 | 家庭住址 | 是否党团员 | 参加革命年月 | 单位及职务 | 牺牲时间及地点原因 | 直系亲属 | | | 备注 |
|---|---|---|---|---|---|---|---|---|---|---|---|---|
| | | | | | | | | | 是烈士什么人 | 姓名 | 出生年月 | |
| 3 | 谢毓瑶 | 男 | 35 | 同上 | | 1930 | 红三军团战士 | 1935 年长征至雪山后无音讯 | | | | 绝户 |
| 4 | 谢名鹍 | 男 | 22 | 同上 | | 1930 | 红三十五军战士 | 1930 年在赣县作战牺牲 | | | | 绝户 |
| 5 | 谢毓镰 | 男 | 25 | 同上 | 党员 | 1930 | 兴国县游击队司务长 | 1934 年在于都县作战牺牲 | | | | 绝户 |
| 6 | 谢邦姚 | 男 | 19 | 同上 | | 1930 | 红三军团战士 | 1931 年在兴国县被敌杀害 | 继子 | 谢忠华 | | 1959 年册，1978 年□ |
| 7 | 陈贞玉 | 男 | 21 | 寨溪生产队 | | 1930 | 红三军团战士 | 1932 年在宁都县赤面寨作战牺牲 | 父继子 | 陈发述陈祥林 | 1978 年表 36 岁 | 1959 年□ |
| 8 | 陈贞全 | 男 | 22 | 寨溪生产队 | | 1930 | 红三军团战士 | 北上无音讯 | 父继子 | 陈发述陈△林 | 1978 年表 36 岁 | |
| 9 | 陈发俩 | 男 | 18 | 寨溪生产队 | | 1930 | 红一军团战士 | 1932 年在兴国县均村作战牺牲 | 母子改嫁妻 | 兰金华陈隆元谢玉英 | 1948 年生 191□ 年生 | |

续表

| 序号 | 姓名 | 性别 | 年龄 | 家庭住址 | 是否党团员 | 参加革命年月 | 单位及职务 | 牺牲时间及地点原因 | 直系亲属 | | | 备注 |
|---|---|---|---|---|---|---|---|---|---|---|---|---|
| | | | | | | | | | 是烈士什么人 | 姓名 | 出生年月 | |
| 10 | 谢毓峰 | 男 | 28 | 和平生产队 | | 1929 | 红一军团战士 | 北上无音讯 | 母继子 | 邱普秀谢名△ | | |
| 11 | 吕佑良 | 男 | 17 | 长岗公社塘石大队 | 团员 | 1932 | 红一军团排长 | 北上无音讯 | 改嫁母 | 肖友秀 | | 1959年册，1972年后绝户 |
| 12 | 谢毓堂 | 男 | 18 | 同上 | | 1932 | 红三军团战士 | 1933年在湖南省作战牺牲 | 母 | 兰三凤 | | 1959年册，1978年表绝户 |
| 13 | 谢远溢 | 男 | 20 | 上甲生产队 | 团员 | 1929 | 红三十五军排长 | 北上无音讯 | 父弟 | 谢持尧谢远流 | 1978年表40岁 | 1958年册 |
| 14 | 谢远澄 | 男 | 35 | 上升生产队 | | 1934 | 红三军团战士 | 北上无音讯 | 母弟 | 叶澜秀谢远珠 | 1978年表40岁 | 1959年册 |
| 15 | 谢持暄 | 男 | 18 | 上升生产队 | | 1930 | 红二、四团战士 | 北上无音讯 | 父弟 | 谢儴才谢持昭 | 1978年表54岁 | 1959年册 |
| 16 | 廖红盛 | 男 | 24 | 联中生产队 | | 1928 | 红二、四团战士 | 1931年在于都县作战牺牲 | 子妻 | 廖名椿谢斗秀 | 1931年生 | 1959年册 |
| 17 | 陈发仁 | 男 | 33 | 寨溪生产队 | | 1929 | 红三军团战士 | 北上无音讯 | 子妻 | 陈贞球刘四秀 | 1912年生 | 1959年册 |
| 18 | 陈发速 | 男 | 33 | 寨溪生产队 | | 1931 | 红一军团战士 | 北上无音讯 | 子妻 | 陈贞良谢仁沅 | 1911年生1898年生 | |

续表

| 序号 | 姓名 | 性别 | 年龄 | 家庭住址 | 是否党团员 | 参加革命年月 | 单位及职务 | 牺牲时间及地点原因 | 直系亲属 | | | 备注 |
|---|---|---|---|---|---|---|---|---|---|---|---|---|
| | | | | | | | | | 是烈士什么人 | 姓名 | 出生年月 | |
| 19 | 陈发迪 | 男 | 32 | 寨溪生产队 | | 1933 | 红三军团战士 | 北上无音讯 | 子妻 | 陈贞元 李义凤 | 1929年生 1978年表67岁 | |
| 20 | △△△ | 男 | — | 寨溪生产队 | | 1933 | 红三军团战士 | 北上无音讯 | 子妻 | 陈侥华 肖凤全 | 1932年生 1904年生 | |
| 21 | 吕贤逢 | 男 | 19 | 长岗公社塘石大队 | 光明生产队 | 1929 | 兴国县独立团文书 | 北上无音讯 | 妻 | 肖招元 | 1908年生 | |
| 22 | 吕德良 | 男 | 26 | 和平生产队 | | 1930 | 红三军团战士 | 1931年在会昌县作战牺牲 | 继子继子 | 吕方嵊 吕方亦 | 1978年表32岁 | 1959年册 |
| 23 | 曹仲文 | 男 | 23 | 和平生产队 | | 1930 | 红三军团战士 | 北上无音讯 | 继子 | 曹章棋 | 1978年表38岁 | 1959年册,现在画矿保卫科工作 |
| 24 | 陈明生 | 男 | 25 | 和平组 | | 1931 | 红一军团战士 | 北上无音讯 | 继子继子 | 陈茂生 陈贞湘 | 1978年表26岁 | 1959年册,乳名茂生 |
| 25 | 吕贤生 | 男 | 30 | 和平生产队 | | 1929 | 红三军团文书 | 1929年在宁都县作战牺牲 | 子妻 | 吕亿良 谢美珍 | 1928年生 1904年生 | |

续表

| 序号 | 姓名 | 性别 | 年龄 | 家庭住址 | 是否党团员 | 参加革命年月 | 单位及职务 | 牺牲时间及地点原因 | 直系亲属 | | | 备注 |
|---|---|---|---|---|---|---|---|---|---|---|---|---|
| | | | | | | | | | 是烈士什么人 | 姓名 | 出生年月 | |
| 26 | 陈发琰 | 男 | 19 | 寨溪生产队 | | 1931 | 红一军团书记 | 北上无音讯 | 继子 | 陈贞连 | 1978年表55岁 | |
| 27 | 谢持浚 | 男 | 25 | 寨溪生产队 | 党员 | 1929 | 兴国县城区区委书记 | 1930年在兴国县被左倾路线迫害 | 妻 | 刘甘英 | 1978年表73岁 | 绝户 |
| 28 | 谢持铿 | 男 | 38 | 上升生产队 | | 1934 | 红三军团战士 | 北上无音讯 | 子妻 | 谢远法刘桂风 | 1919年生1897年生 | |
| 29 | 谢大杰 | 男 | 18 | 上升生产队 | | 1931 | 红三军团战士 | 北上无音讯 | 子妻 | 谢衍接康志云 | 1933年生1913年生 | |
| 30 | 谢远宗 | 男 | 35 | 上升生产队 | | 1930 | 兴国县赤卫队队员 | 1930年在兴国县作战牺牲 | 妻 | 钟招发 | | 1959年册，1978年表绝户 |
| 31 | 谢远崧 | 男 | 26 | 长岗公社塘石大队 | 党员 | 1927 | 兴国县模范师任政委 | 1935年在陕北作战牺牲 | 父弟继子 | 谢持铿谢远崇谢大△ | 1978年表60岁83年32岁 | 1959年册 |
| 32 | 谢远梯 | 男 | 15 | 上升生产队 | | 1930 | 茶岭医院井卫连战士 | 北上无音讯 | 母弟 | 刘群秀谢远桂 | 1978年表67岁 | 1959年册 |

续表

| 序号 | 姓名 | 性别 | 年龄 | 家庭住址 | 是否党团员 | 参加革命年月 | 单位及职务 | 牺牲时间及地点原因 | 直系亲属 | | | 备注 |
|---|---|---|---|---|---|---|---|---|---|---|---|---|
| | | | | | | | | | 是烈士什么人 | 姓名 | 出生年月 | |
| 33 | 谢邦祥 | 男 | 22 | 新华生产队 | | 1930 | 红三军团战士 | 北上无音讯 | 母弟 | 熊茂秀谢帮祯 | 1978年表55岁 | 1959年册 |
| 34 | 谢邦禄 | 男 | 19 | 新华生产队 | | 1933 | 红一军团战士 | 1933年在兴国县高兴作战牺牲 | 母弟 | 熊茂秀谢帮祯 | 1978年表55岁 | 1959年册 |
| 35 | 谢德茂 | 男 | 18 | 新华生产队 | | 1930 | 红一军团战士 | 北上无音讯 | 母继子 | 刘福秀谢德漳 | 1978年表44岁 | 1959年册 |
| 36 | 谢华才 | 男 | 35 | 新华生产队 | | 1932 | 兴国县补充师战士 | 北上无音讯 | 妻继子 | 谢运秀谢萌德 | | 1959年册，1978年表绝户 |
| 37 | 谢名芳 | 男 | 36 | 新华生产队 | 党员 | 1929 | 兴国县游击队队长 | 1929年在兴国县被靖卫团杀害 | 子 | 谢帮佳 | 1926年生 | |
| 38 | 钟才秀 | 女 | 22 | 东角生产队 | | 1933 | 红四分院洗衣队队员 | 北上无音讯 | 夫子 | 谢育楫谢名俪 | 1918年生 1942年生 | |
| 39 | 谢毓坤 | 男 | 32 | 新华生产队 | | 1933 | 红三军团战士 | 北上无音讯 | 子 | 谢名岐 | 1926年生 | |

续表

| 序号 | 姓名 | 性别 | 年龄 | 家庭住址 | 是否党团员 | 参加革命年月 | 单位及职务 | 牺牲时间及地点原因 | 直系亲属 | | | 备注 |
|---|---|---|---|---|---|---|---|---|---|---|---|---|
| | | | | | | | | | 是烈士什么人 | 姓名 | 出生年月 | |
| 40 | 谢毓漳 | 男 | 24 | 幸福生产队 | 党员 | 1930 | 红三军团任连指导员 | 北上无音讯 | 母弟继子 | 刘冬秀谢毓洋谢名华 | 1978年表55岁86年35岁 | 1959年册 |
| 41 | 谢毓亨 | 男 | 35 | 长岗公社塘石大队 | 东角生产队 | 1934 | 红三军团战士 | 北上无音讯 | 继子 | 谢名俪 | 1978年表46岁 | |
| 42 | 谢芳德 | 男 | 16 | 新华生产队 | | 1930 | 兴国县游击队队员 | 1931年在兴国县诬AB团错杀 | 母弟 | 刘福秀谢芳德 | 1978年表57岁 | 1959年册 |
| 43 | 谢毓伦 | 男 | 23 | 新华生产队 | 党员 | 1929 | 兴国县苏县委书记 | 1930年在兴国县被国民党杀害 | 父 | 谢德禄 | | 1959年册，1978年表绝户 |
| 44 | 谢毓河 | 男 | 19 | 新华生产队 | | 1929 | 红三军团战士 | 北上无音讯 | 父 | 谢德禄 | | 1959年册，1978年表绝户 |
| 45 | 谢德錕 | 男 | 43 | 塘石生产队 | 党员 | 1932 | 兴国县长岗塘石乡苏副主席 | 1934年在兴国县崇贤被敌提去九江杀害 | 子妻 | 谢毓通谢毓达钟运招 | 1915年生1925年生 | 1959年册 |

续表

| 序号 | 姓名 | 性别 | 年龄 | 家庭住址 | 是否党团员 | 参加革命年月 | 单位及职务 | 牺牲时间及地点原因 | 直系亲属 | | | 备注 |
|---|---|---|---|---|---|---|---|---|---|---|---|---|
| | | | | | | | | | 是烈士什么人 | 姓名 | 出生年月 | |
| 46 | 谢毓桩 | 男 | 19 | 塘石生产队 | | 1929 | 红一军团战士 | 北上无音讯 | 母继子 | 钟运招 谢名淼 | 1978年表21岁 | 1959年册 |
| 47 | 谢毓松 | 男 | 23 | 东角生产队 | | 1930 | 红三军团战士 | 1932年在吉安县作战牺牲 | 母侄 | 李长秀 谢名延 | 1978年表36岁 | 1959年册 |
| 48 | 谢毓波 | 男 | 17 | 东角生产队 | | 1933 | 红三军团战士 | 北上无音讯 | 母弟 | 刘招秀 谢毓治 | 1979年表49岁 | 1959年册 |
| 49 | 谢毓椿 | 男 | 16 | 东角生产队 | | 1930 | 红三军团战士 | 1931年在湖南省作战牺牲 | 母侄 | 李长秀 谢名延 | 1978年表36岁 | 1959年册 |
| 50 | 谢荣德 | 男 | 15 | 东角生产队 | | 1930 | 红三军团战士 | 1930年在兴国县良村作战牺牲 | 母继子 | 钟四秀 谢延林 | 1978年表29岁 | 1959年册 |
| 51 | 谢毓滋 | 男 | 20 | 长岗公社塘石大队东角生产队 | | 1930 | 红三军团战士 | 1930年在吉安县作战牺牲 | 子妻 | 谢名忠 王新秀 | 1930年生 | 1959年册 |
| 52 | 谢毓俊 | 男 | 37 | 新华生产队 | | 1934 | 兴国县补充师战士 | 北上无音讯 | 继子妻 | 谢名昌 王招娣 | 1895年生 | 1959年册 |

续表

| 序号 | 姓名 | 性别 | 年龄 | 家庭住址 | 是否党团员 | 参加革命年月 | 单位及职务 | 牺牲时间及地点原因 | 是烈士什么人 | 姓名 | 出生年月 | 备注 |
|---|---|---|---|---|---|---|---|---|---|---|---|---|
|  |  |  |  |  |  |  |  |  | 直系亲属 | | |  |
| 53 | 谢毓佳 | 男 | 41 | 红星生产队 |  | 1932 | 红三军团战士 | 1933年在宁都县作战牺牲 | 子妻子 | 谢名俊王喜秀谢名垣 | 1934年生1898年生1932年生 |  |
| 54 | 谢名招 | 男 | 15 | 上屋生产队 |  | 1933 | 红三军团战士 | 1933年在于都县作战牺牲 | 母弟媳改嫁妻 | 刘斗秀廖栋沅刘俊英 | 1978年表48岁1915年生 | 1959年册,住联中队 |
| 55 | 谢德修 | 男 | 23 | 塘上生产队 |  | 1930 | 红三军团任号兵 | 北上无音讯 | 母弟 | 郭素兰谢法连 | 1978年表35岁 | 1959年册 |
| 56 | 谢名椿 | 男 | 20 | 塘上生产队 | 团员 | 1930 | 宁广石县青年团书记 | 北上无音讯 | 母改嫁妻 | 钟新风陈喜秀 | 1916年生 | 1959年册,1978年表绝户,住五里亭公社和睦大队高圻人,和618页同名 |
| 57 | 谢毓條 | 男 | 26 | 塘上生产队 |  | 1930 | 红三军团战士 | 1933年在福建省作战牺牲 | 母侄 | 黄李秀谢路生 | 1978年表10岁 | 1959年册 |

续表

| 序号 | 姓名 | 性别 | 年龄 | 家庭住址 | 是否党团员 | 参加革命年月 | 单位及职务 | 牺牲时间及地点原因 | 直系亲属 | | | 备注 |
|---|---|---|---|---|---|---|---|---|---|---|---|---|
| | | | | | | | | | 是烈士什么人 | 姓名 | 出生年月 | |
| 58 | 谢名仁 | 男 | 24 | 塘上生产队 | 党员 | 1933 | 中华苏维埃政府中央执行委员 | 1935年在南昌市被敌杀害 | 母改嫁 妻 | 曾招子 曾桂秀 | | 1959年册，1978年表绝户 |
| 59 | 谢远深 | 男 | 31 | 红星生产队 | | 1930 | 红六师战士 | 1933年在兴国县老营盘作战牺牲 | 妻 | 钟招娣 | 1904年生 | |
| 60 | 谢持城 | 男 | 20 | 红星生产队 | | 1930 | 红三军团战士 | 北上无音讯 | 母 | 钟明达 | | 1959年册，1978年表绝户 |
| 61 | 谢毓汗 | 男 | 32 | 长岗公社塘石大队上屋生产队 | 党员 | 1929 | 兴国县长岗塘石乡苏主席 | 1935年在兴国县长岗塘石被国民党杀害 | 子 妻 | 谢名峰 肖金玉 | 1978表48岁 | 1959年册 |
| 62 | 钟文兰 | 男 | 17 | 同上 | 团员 | 1930 | 红三军团宣传员 | 北上无音讯 | 母 继子 | 侯家玉 钟定武 | 88年40岁 | 1959年册，1978年表绝户 |
| 63 | 陈昌昆 | 男 | 45 | 白塘生产队 | 党员 | 1930 | 兴国县苏财政科科长 | 1930年在兴国县诬AB团错杀 | 子 妻 | 陈承达 王有香 | 1925年生，食品公司退休 | 1959年册 |

续表

| 序号 | 姓名 | 性别 | 年龄 | 家庭住址 | 是否党团员 | 参加革命年月 | 单位及职务 | 牺牲时间及地点原因 | 直系亲属 | | | 备注 |
|---|---|---|---|---|---|---|---|---|---|---|---|---|
| | | | | | | | | | 是烈士什么人 | 姓名 | 出生年月 | |
| 64 | 谢荣铭 | 男 | 25 | 州田生产队 | 团员 | 1930 | 红三军团副班长 | 1933年在湖南省作战牺牲 | 母继子 | 王承风谢应洪 | 1978年表44岁 | 1959年册 |
| 65 | 钟炘昌 | 男 | 29 | 白坑生产队 | 党员 | 1930 | 兴国县游击队队长 | 1933年在兴国县教场岗被敌杀害 | 父妻 | 钟人佐王述腾 | 1978年表73岁 | 1959年册 |
| 66 | 钟人禔 | 男 | 25 | 白坑生产队 | | 1933 | 兴国县工人师战士 | 北上无音讯 | 妻子 | 黄菊香钟人董 | 1906年生1918年生 | |
| 67 | 王维锦 | 男 | 20 | 富胜生产队 | | 1933 | 红三军团战士 | 1934年在广西作战牺牲 | 母继子 | 钟荣华王善法 | 1978年表28岁 | 1959年册 |
| 68 | 谢菊红 | 女 | 25 | 富胜生产队 | 团员 | 1932 | 地方工作任宣传员 | 1933年在兴国县被敌杀害 | 夫 | 邓昌旺 | 1978年表71岁 | |
| 69 | 钟遂昌 | 男 | 39 | 白坑生产队 | | 1933 | 红三军团战士 | 北上无音讯 | 妻子 | 曾彩莲钟人重 | 1978年表83岁1919年生 | 1959年册 |
| 70 | 钟人禠 | 男 | 17 | 白坑生产队 | | 1932 | 红六师战士 | 北上无音讯 | 子妻 | 钟文薯刘梅香 | 1927年生1910年生 | |

续表

| 序号 | 姓名 | 性别 | 年龄 | 家庭住址 | 是否党团员 | 参加革命年月 | 单位及职务 | 牺牲时间及地点原因 | 直系亲属 | | | 备注 |
|---|---|---|---|---|---|---|---|---|---|---|---|---|
| | | | | | | | | | 是烈士什么人 | 姓名 | 出生年月 | |
| 71 | 钟人禓 | 男 | 26 | 长岗公社塘石大队白坑生产队 | 党员 | 1930 | 兴国县总工会秘书 | 1932年在兴国县诬AB团错杀 | 母继子 | 肖毓顺钟文沅 | 1978年表38岁 | 1959年册 |
| 72 | 钟人椿 | 男 | 21 | 白坑生产队 | | 1930 | 红三军团战士 | 北上无音讯 | 子妻 | 钟文遂王月香 | 1931年生1909年生 | |
| 73 | 钟逢昌 | 男 | 16 | 白坑生产队 | | 1930 | 红二十军战士 | 北上无音讯 | 母 | 张风桂 | | 1959年册，1978年表绝户 |
| 74 | 钟燔昌 | 男 | 28 | 白坑生产队 | 党员 | 1931 | 红六师连长 | 北上无音讯 | 妻 | 陈瑞连 | 1978年表64岁 | |
| 75 | 钟文模 | 男 | 23 | 白坑生产队 | 团员 | 1930 | 地方工作，任少共书记 | 1933年在兴国县诬AB团错杀 | 母继子 | 王友洪钟定清 | 1978年表31岁 | 1959年册 |
| 76 | 谢邦仙 | 男 | 26 | 金星生产队 | 党员 | 1934 | 兴国县长冈游击队队长 | 1935年在兴国县长岗塘石被国民党杀害 | 父继子 | 谢招祚谢忠清 | 1978年表26岁 | 1959年册 |
| 77 | 谢邦喜 | 男 | 21 | 金星生产队 | | 1929 | 红六师战士 | 北上无音讯 | 父继子 | 谢名裪谢忠华 | 1978年表29岁 | 1959年册 |

续表

| 序号 | 姓名 | 性别 | 年龄 | 家庭住址 | 是否党团员 | 参加革命年月 | 单位及职务 | 牺牲时间及地点原因 | 直系亲属 | | | 备注 |
|---|---|---|---|---|---|---|---|---|---|---|---|---|
| | | | | | | | | | 是烈士什么人 | 姓名 | 出生年月 | |
| 78 | 谢邦佐 | 男 | 18 | 金星生产队 | | 1930 | 红三军团战士 | 北上无音讯 | 父改嫁妻 | 谢名徇 刘关凤 | 85岁 71岁 | 1959年册,现住仁塘村仁田组 |
| 79 | 谢庭荣 | 男 | 20 | 联中生产队 | | 1930 | 红十二军战士 | 1930年在兴国县诬AB团错杀 | 母 | 钟招发 | 1893年生 | 1959年册 |
| 80 | 谢名持 | 男 | 20 | 福星生产队 | | 1932 | 红一军团战士 | 北上无音讯 | 母弟 | 何义秀 谢名柱 | 1978年表53岁 | 1959年册 |
| 81 | 谢邦倍 | 男 | 18 | 长岗公社塘石大队 | | 1930 | 红一军团战士 | 北上无音讯 | 父 | 谢名祐 | | 1959年册,1978年绝户 |
| 82 | 谢名优 | 男 | 20 | 塘溪生产队 | | 1930 | 红四军团战士 | 1930年在峡江县作战牺牲 | 父弟继子 | 谢毓煜 谢名敷 谢林春 | 1978年表61岁 83岁 34岁 | 1959年册 |
| 83 | 谢德叶 | 男 | 28 | 塘溪生产队 | | 1933 | 兴国县游击队队员 | 1935年在兴国县被敌杀害 | 子子 | 谢毓煌 谢均文 | 1925年生 1932年生 | |

续表

| 序号 | 姓名 | 性别 | 年龄 | 家庭住址 | 是否党团员 | 参加革命年月 | 单位及职务 | 牺牲时间及地点原因 | 直系亲属 | | | 备注 |
|---|---|---|---|---|---|---|---|---|---|---|---|---|
| | | | | | | | | | 是烈士什么人 | 姓名 | 出生年月 | |
| 84 | 谢名政 | 男 | 36 | 塘溪生产队 | 党员 | 1928 | 兴国县委书记 | 1941年在兴国县被国民党杀害 | 子子妻 | 谢邦惠谢帮芯刘冬发 | 1927年生1935年生1946年生 | |
| 85 | 谢名敬 | 男 | 23 | 塘溪生产队 | 党员 | 1933 | 红二十二军任师长 | 1948年在上海作战牺牲 | 母子 | 钟华仁谢帮惠 | 1927年生 | 1959年册,现住广昌县钨矿 |
| 86 | 谢名绪 | 男 | 20 | 塘溪生产队 | | 1933 | 红三军团战士 | 北上无音讯 | 母 | 钟华仁 | | 1959年册,1978年表绝户 |
| 87 | 谢邦贵 | 男 | 29 | 新福生产队 | | 1930 | 红一军团战士 | 北上无音讯 | 子 | 谢忠福 | 1934年生 | |
| 88 | 谢邦仕 | 男 | 23 | 金星生产队 | | 1929 | 红一军团战士 | 北上无音讯 | 妻弟 | 刘水玉谢帮优 | 1978年表71岁 | 1959年册 |
| 89 | 谢毓煐 | 男 | 22 | 塘溪生产队 | 党员 | 1931 | 地方工作,任工会主任 | 1935年在兴国县被国民党杀害 | 母 | 钟满秀 | | 1959年册,1978年表绝户 |
| 90 | 谢名运 | 男 | 20 | 塘溪生产队 | | 1933 | 红三军团战士 | 北上无音讯 | 母弟 | 邱官秀谢名贤 | 1978年表37岁 | 1959年册 |

续表

| 序号 | 姓名 | 性别 | 年龄 | 家庭住址 | 是否党团员 | 参加革命年月 | 单位及职务 | 牺牲时间及地点原因 | 直系亲属 | | | 备注 |
|---|---|---|---|---|---|---|---|---|---|---|---|---|
| | | | | | | | | | 是烈士什么人 | 姓名 | 出生年月 | |
| 91 | 谢玉兴 | 女 | 23 | 长岗公社塘石大队河兴生产队 | 党员 | 1932 | 红军洗衣队队长 | 北上无音讯 | 夫 | 黄沅有 | 1906年生 | |
| 92 | 钟林昌 | 男 | 16 | 河兴生产队 | 党员 | 1930 | 江西省军区宣传员 | 北上无音讯 | 母侄 | 陈抬弟 钟人清 | 1978年表49岁 | 1959年册 |
| 93 | 叶家善 | 男 | 25 | 河兴生产队 | | 1932 | 红五军团战士 | 北上无音讯 | 继子 | 叶名显 | 1978年表28岁 | |
| 94 | 叶宏善 | 男 | 19 | 河兴生产队 | | 1929 | 兴国县游击队队员 | 1931年在兴国县长岗寨子岽作战牺牲 | 改嫁妻 继子 | 谢传金 叶明显 | 85年74岁 1978年表28岁 | 1959年册 |
| 95 | 叶善荃 | 男 | 21 | 河兴生产队 | | 1930 | 红三军团战士 | 1933年在兴国县龙岗作战牺牲 | 子 妻 | 叶显景 黎效新 | 1928年生 1899年生 | |
| 96 | 叶善薯 | 男 | 26 | 河兴生产队 | 党员 | 1933 | 红三军团连长 | 北上无音讯 | 子 | 叶显持 | 1932年生 | |
| 97 | 叶杨万 | 男 | 15 | 河兴生产队 | | 1930 | 红二十军战士 | 北上无音讯 | | | | 绝户 |

续表

| 序号 | 姓名 | 性别 | 年龄 | 家庭住址 | 是否党团员 | 参加革命年月 | 单位及职务 | 牺牲时间及地点原因 | 直系亲属 | | | 备注 |
|---|---|---|---|---|---|---|---|---|---|---|---|---|
| | | | | | | | | | 是烈士什么人 | 姓名 | 出生年月 | |
| 98 | 叶名松 | 男 | 30 | 河坪高塅生产队 | 党员 | 1930 | 兴国县特务连司务长 | 1931年在兴国县龙岗蜈蚣山作战牺牲 | 继子 | 叶爱国 | 1978年23岁 | 1959年册 |
| 99 | 张振煌 | 男 | 28 | 河坪高塅生产队 | | 1932 | 兴国县模范师战士 | 1933年在吉安县富田作战牺牲 | 妻 | 谢三凤 | | 1959年册，1978年表绝户 |
| 100 | 张振钿 | 男 | 24 | 联和生产队 | | 1932 | 红三军团战士 | 1932年在永丰县沙圩作战牺牲 | 妻嫂 | 谢有发邱明通 | 1978年表75岁 | 1959年册 |
| 101 | 张振链 | 男 | 25 | 长岗公社河坪村联河组 | | 1932 | 红三军团战士 | 1932年在瑞金县作战牺牲 | 妻继子 | 谢有兴张昌藻 | 85年51岁 | 1959年册，1978年表绝户 |
| 102 | 谢树德 | 男 | 33 | 塘上生产队 | 党员 | 1928 | 兴国县鼎龙任区委a书记 | 1934年在兴国县鼎龙作战牺牲 | 妻子子 | 方连凤谢毓渭谢毓□ | 1931年生1926年生 | 1959年册 |
| 103 | 谢德培 | 男 | 23 | 塘上生产队 | | 1932 | 红三军团号兵 | 北上无音讯 | 弟 | 谢德仪 | 1978年表38岁 | |

续表

| 序号 | 姓名 | 性别 | 年龄 | 家庭住址 | 是否党团员 | 参加革命年月 | 单位及职务 | 牺牲时间及地点原因 | 直系亲属 | | | 备注 |
|---|---|---|---|---|---|---|---|---|---|---|---|---|
| | | | | | | | | | 是烈士什么人 | 姓名 | 出生年月 | |
| 104 | 陈发珠 | 男 | 19 | 寨溪生产队 | | 1933 | 红三军团战士 | 北上无音讯 | 子继子 | 陈贞明陈祥纹 | 1978年表19岁 | 1959年册 |
| 105 | 钟文潘 | 男 | 21 | 寨溪生产队 | | 1931 | 红军学校任学员 | 北上无音讯 | 继子 | 钟定鸥 | 88年42岁 | 1959年册 |
| 106 | 叶佩德 | 男 | 33 | 寨溪生产队 | | 1933 | 红三军团战士 | 北上无音讯 | 妻改嫁子 | 张招弟叶善岐 | | 1959年册，1978年表绝户 |
| 107 | 邓昌明 | 男 | 29 | 富胜生产队 | | 1933 | 红三军团战士 | 北上无音讯 | 子妻 | 邓富恢王世红 | 1933年生1898年生 | |
| 108 | 叶仁显 | 男 | 35 | 富胜生产队 | | 1930 | 兴国县赤卫队队员 | 1931年2月在兴国县圆塘作战牺牲 | 妻 | 钟厚林 | | 1959年册，1978年表绝户 |
| 109 | 叶显迎 | 男 | 33 | 高墩生产队 | | 1933 | 红三军团炊事员 | 北上无音讯 | 子子妻 | 叶名仪叶名任钟桂英 | 1917年生1924年生1978年表74岁 | |

续表

| 序号 | 姓名 | 性别 | 年龄 | 家庭住址 | 是否党团员 | 参加革命年月 | 单位及职务 | 牺牲时间及地点原因 | 直系亲属 | | | 备注 |
|---|---|---|---|---|---|---|---|---|---|---|---|---|
| | | | | | | | | | 是烈士什么人 | 姓名 | 出生年月 | |
| 110 | 李发礽 | 女 | 22 | 高塅生产队 | 党员 | 1931 | 1931年兴国县长岗妇女队长 | 1935年在兴国县长岗被敌杀害 | | | | 绝户 |
| 111 | 谢桂昌 | 男 | 17 | 长岗公社河坪河兴生产队 | | 1932 | 红三军团战士 | 北上无音讯 | 父继子 | 钟荣锦钟人俩 | 85年58岁 | 1959年册,烈士乳名(钟兰芳) |
| 112 | 谢显仁 | 男 | 24 | 长岗公社河坪河兴生产队 | | 1933 | 红三军团战士 | 北上无音讯 | 母 | 钟竹英 | | 1959年册,1978年表绝户 |
| 113 | 吴义棚 | 男 | 36 | 联坪生产队 | 党员 | 1932 | 红五军团司务长 | 1935年在贵州省被国民党杀害 | 子妻 | 吴楷让王福秀 | 1924年生1899年生 | |
| 114 | 吴义宾 | 男 | 23 | 多鸟坪生产队 | 党员 | 1933 | 红三军团连长 | 1933年在福建省将乐县作战牺牲 | 母嫂 | 刘有胜刘官秀 | 1978年表55岁 | 1959年册 |
| 115 | 吴义鹄 | 男 | 32 | 多鸟坪生产队 | | 1933 | 红三军团战士 | 北上无音讯 | 子 | 吴兴让 | 1939年生 | |

续表

| 序号 | 姓名 | 性别 | 年龄 | 家庭住址 | 是否党团员 | 参加革命年月 | 单位及职务 | 牺牲时间及地点原因 | 是烈士什么人 | 姓名 | 出生年月 | 备注 |
|---|---|---|---|---|---|---|---|---|---|---|---|---|
| | | | | | | | | | 直系亲属 | | | |
| 116 | 吴祖汗 | 男 | 23 | 多鸟坪生产队 | | 1933 | 红三军团战士 | 1934年在兴国县龙岗作战牺牲 | 继子 | 吴义浩 | 1978年表29岁 | |
| 117 | 吕贤芫 | 男 | 30 | 光明生产队 | 党员 | 1929 | 红一军团连长 | 北上无音讯 | 继子继子 | 吕陈发吕定卫 | （即吕定卫）1978年表32岁 | 1959年册 |
| 118 | 吕信良 | 男 | 27 | 和平生产队 | | 1930 | 红一军团战士 | 北上无音讯 | 继子 | 吕其嵴 | 1978年表30岁 | |
| 119 | 吕杰良 | 男 | 19 | 和平生产队 | | 1932 | 红一军团战士 | 1933年在兴国县作战牺牲 | 继子改嫁妻 | 吕方荣谢桂秀 | 1978年表60岁 | 1959年册吕方荣系谢桂秀改嫁后所生 |
| 120 | 钟绪蕙 | 男 | 33 | 联中生产队 | | 1930 | 红三军团战士 | 1934年在广昌县作战牺牲 | 继子 | 钟福初 | 1978年表45岁 | |
| 121 | 谢才浦 | 男 | 26 | 长岗公社塘石大队新华生产队 | | 1930 | 红四军团战士 | 1931年在广西作战牺牲 | 继子 | 谢德贵 | 1978年表43岁 | |

续表

| 序号 | 姓名 | 性别 | 年龄 | 家庭住址 | 是否党团员 | 参加革命年月 | 单位及职务 | 牺牲时间及地点原因 | 直系亲属 | | | 备注 |
|---|---|---|---|---|---|---|---|---|---|---|---|---|
| | | | | | | | | | 是烈士什么人 | 姓名 | 出生年月 | |
| 122 | 谢毓栋 | 男 | 37 | 东角生产队 | 党员 | 1932 | 兴国县长岗塘石乡主席 | 1934年在吉安县东固桥头岗作战牺牲 | 继子 | 谢名通 | 1978年表27岁 | |
| 123 | 谢俸才 | 男 | 27 | 新华生产队 | | 1933 | 红三军团班长 | 北上无音讯 | 继子 | 谢茂德 | 1978年表41岁 | |
| 124 | 谢毓浩 | 男 | 32 | 新福生产队 | | 1929 | 红军班长 | 1929年在于都县上堡作战牺牲 | 继子妻 | 谢保定娄喜秀 | 1897年生 | 1959年册 |
| 125 | 谢毓淮 | 男 | 21 | 新华生产队 | | 1930 | 红六师战士 | 北上无音讯 | 继子 | 谢名志 | 1978年表42岁 | |
| 126 | 谢德序 | 男 | 28 | 新华生产队 | | 1930 | 红六师班长 | 1933年在泰和县作战牺牲 | 继子 | 谢毓珉 | 1978年表38岁 | （已故）绝户 |
| 127 | 谢德伏 | 男 | 26 | 东角生产队 | | 1930 | 红三军团班长 | 北上无音讯 | 继子 | 谢毓桐 | 1978年表27岁 | |
| 128 | 钟士俊 | 男 | 34 | 州田生产队 | | 1932 | 红六师战士 | 北上无音讯 | 继子 | 钟定财 | 1978年表48岁 | |

续表

| 序号 | 姓名 | 性别 | 年龄 | 家庭住址 | 是否党团员 | 参加革命年月 | 单位及职务 | 牺牲时间及地点原因 | 直系亲属 | | | 备注 |
|---|---|---|---|---|---|---|---|---|---|---|---|---|
| | | | | | | | | | 是烈士什么人 | 姓名 | 出生年月 | |
| 129 | 钟熄昌 | 男 | 29 | 州田生产队 | 党员 | 1930 | 洛口县任县主席 | 1934年在洛口县被敌杀害 | 继子 | 钟人祚 | | 1959年册,1978年表绝户 |
| 130 | 钟荣榛 | 男 | 45 | 白坑生产队 | | 1930 | 兴国县游击队队员 | 北上无音讯 | 继子 | 钟柏林 | 1978年表58岁 | |
| 131 | 谢德集 | 男 | 19 | 长岗公社塘石大队塘溪生产队 | | 1930 | 红三军团文书 | 北上无音讯 | 继子 | 谢均文 | 1978年表46岁 | |
| 132 | 谢邦修 | 男 | 19 | 福星生产队 | | 1930 | 红三军团战士 | 北上无音讯 | 继子 | 谢良润 | 1978年表24岁 | |
| 133 | 谢毓煇 | 男 | 31 | 塘溪生产队 | 党员 | 1930 | 兴国县独立团指导员 | 北上无音讯 | 继子 | 谢名浦 | 1978年表53岁 | |
| 134 | 谢毓澄 | 男 | 37 | 塘上生产队 | | 1933 | 红三军团战士 | 1934年在吉安县富田作战牺牲 | 继子 | 谢名遥 | 1978年表29岁 | |
| 135 | 谢毓晁 | 男 | 36 | 新福生产队 | | 1930 | 红四军团战士 | 北上无音讯 | 继子 | 谢名桐 | 1978年表40岁 | |

续表

| 序号 | 姓名 | 性别 | 年龄 | 家庭住址 | 是否党团员 | 参加革命年月 | 单位及职务 | 牺牲时间及地点原因 | 直系亲属 | | | 备注 |
|---|---|---|---|---|---|---|---|---|---|---|---|---|
| | | | | | | | | | 是烈士什么人 | 姓名 | 出生年月 | |
| 136 | 谢毓湛 | 男 | 17 | 新福生产队 | 团员 | 1930 | 兴国县团委任团委书记 | 1932年在兴国县诬AB团错杀 | 继子继子兄 | 谢名俊 谢名森 谢毓海 | 82年51岁 1978年表49岁 | 1959年册 现住宁都县长胜公社 1978年表,现住新福生产队 |
| 137 | 谢炎德 | 男 | 18 | 东角生产队 | | 1930 | 红四军团战士 | 1931年在宁都县车桥作战牺牲 | 继子 | 谢毓垠 | 1978年表30岁 | |
| 138 | 谢俊德 | 男 | 20 | 东角生产队 | | 1930 | 红三军团战士 | 北上无音讯 | 继子嫂 | 谢毓基 黄家玉 | 1978年表70岁 | 1959年册 |
| 139 | 钟绪蔚 | 男 | 18 | 联中生产队 | | 1930 | 红三军团战士 | 1931年在兴国县老营盘作战牺牲 | 继子 | 钟福初 | 1978年表44岁 | |
| 140 | 谢大模 | 男 | 25 | 上甲生产队 | | 1930 | 红三军团战士 | 北上无音讯 | 继子继子 | 谢石洋 谢远杉 | 1978年表28岁 | |
| 141 | 谢大权 | 男 | 25 | 长岗公社塘石大队上升生产队 | 党员 | 1928 | 红三军团排长 | 北上无音讯 | 继子继子 | 谢石洋 谢远杉 | 1978年表28岁 | |

续表

| 序号 | 姓名 | 性别 | 年龄 | 家庭住址 | 是否党团员 | 参加革命年月 | 单位及职务 | 牺牲时间及地点原因 | 直系亲属 | | | 备注 |
|---|---|---|---|---|---|---|---|---|---|---|---|---|
| | | | | | | | | | 是烈士什么人 | 姓名 | 出生年月 | |
| 142 | 谢大标 | 男 | 20 | 上甲生产队 | 党员 | 1930 | 红三军团排长 | 1934年在吉安县作战牺牲 | 继子 | 谢衍明 | 1978年表22岁 | 1959年绝户 |
| 143 | 钟人福 | 男 | 17 | 白坑生产队 | | 1930 | 兴国县工人师民工 | 北上无音讯 | 侄子 | 钟文通钟祥道 | 1978年表52岁1931年生 | 据85.8.19长冈乡调查，钟祥道就是烈士亲生子，现住□□乡□□村 |
| 144 | 谢荣錫 | 男 | 21 | 洲田生产队 | | 1930 | 红二、四团战士 | 1932年在湖南省作战牺牲 | 继子 | 谢应棋 | 1978年表42岁 | |
| 145 | 谢荣鑽 | 男 | 35 | 洲田生产队 | | 1932 | 兴国县预备队战士 | 北上无音讯 | 继子 | 谢应禄 | 1978年表43岁 | |
| 146 | 谢持梁 | 男 | 28 | 护林生产队 | | 1930 | 红三军团战士 | 北上无音讯 | 继子 | 谢远沛 | 1978年表36岁 | |
| 147 | 王友仁 | 男 | 16 | 河兴生产队 | | 1930 | 兴国县游击队战士 | 1932年在兴国县大坝上被国民党杀害 | 继子 | 王地长 | 1978年表25岁 | |

续表

| 序号 | 姓名 | 性别 | 年龄 | 家庭住址 | 是否党团员 | 参加革命年月 | 单位及职务 | 牺牲时间及地点原因 | 直系亲属 | | | 备注 |
|---|---|---|---|---|---|---|---|---|---|---|---|---|
| | | | | | | | | | 是烈士什么人 | 姓名 | 出生年月 | |
| 148 | 谢远靖 | 男 | 21 | 上甲生产队 | 党员 | 1930 | 红三军团连长 | 北上无音讯 | 继子继子 | 谢大烈谢大照 | 1941年生1978年表34岁 | 1959年册 |
| 149 | 叶风德 | 男 | 34 | 上甲生产队 | | 1933 | 红三军团战士 | 北上无音讯 | 妻 | 张招子 | | 1959年册,1978年表绝户 |
| 150 | 谢持衔 | 男 | 33 | 上甲生产队 | 党员 | 1930 | 兴国县长冈游击队队长 | 1934年在兴国县长岗塘石桥头下被敌杀害 | 出嫁女 | 谢招子 | | 1959年册,绝户 |
| 151 | 张英辉 | 男 | 30 | 长岗公社塘石大队 | 党员 | 1929 | 兴国县长岗塘石乡没收委员会主任 | 1934年在兴国县塘石被国民党杀害 | | | | 绝户 |
| 152 | 谢毓浦 | 男 | 32 | 长岗公社塘石大队 | | 1933 | 红三军团战士 | 北上无音讯 | 妻 | 谢明英 | | 1959年册,1978年表绝户 |
| 153 | 谢毓福 | 男 | 18 | 塘石生产队 | | 1932 | 红军司令部战士 | 北上无音讯 | 继子 | 谢培开 | 1978年表21岁 | 1959年册绝户 |
| 154 | 谢邦信 | 男 | 34 | 金星生产队 | | 1933 | 红一军团战士 | 北上无音讯 | 出嫁女侄 | 谢忠发谢忠福 | 1978年表42岁 | 1959年册 |

续表

| 序号 | 姓名 | 性别 | 年龄 | 家庭住址 | 是否党团员 | 参加革命年月 | 单位及职务 | 牺牲时间及地点原因 | 直系亲属 | | | 备注 |
|---|---|---|---|---|---|---|---|---|---|---|---|---|
| | | | | | | | | | 是烈士什么人 | 姓名 | 出生年月 | |
| 155 | 李士富 | 男 | 24 | 河兴生产队 | 团员 | 1931 | 红五军团副班长 | 北上无音讯 | 抚养（兄）侄（孙） | 李士荣 李周俊 | | 1978年表（已故） 1978年表 |
| 156 | 李士贵 | 男 | 23 | 河兴生产队 | | 1932 | 红五军团战士 | 1934年在会昌县作战牺牲 | 抚养（兄）嫂 | 李士荣 刘白发 | 1978年表74岁 | 1959年册 |
| 157 | 谢毓珠 | 男 | 19 | 上屋生产队 | | 1930 | 红三军团战士 | 1931年在兴国县高兴作战牺牲 | 抚养（伯父）继子 | 谢德芹 谢名广 | 1978年表41岁 | 1959年册 |
| 158 | 谢有澡 | 男 | 43 | 上屋生产队 | | 1933 | 红三军团战士 | 北上无音讯 | | | | 绝户 |
| 159 | 钟人祯 | 男 | 44 | 白坑生产队 | 党员 | 1931 | 兴国县鼎龙区委书记 | 1931年在兴国县诬AB团错杀 | 继子 | 钟文菁 | 1978年表41岁 | |
| 160 | 吕贤昆 | 男 | 35 | 白坑生产队 | 党员 | 1931 | 红军连长 | 1931年在兴国县诬AB团错杀 | 出嫁女 | 吕秀英 | 1978年表54岁 | 绝户 |
| 161 | 谢毓俭 | 男 | 32 | 长岗公社塘石大队 | 党员 | 1930 | 兴国县预备队排长 | 1932年在兴国县被敌杀害 | 继子 | 谢名堎 | | 1959年册，1978年表绝户 |

续表

| 序号 | 姓名 | 性别 | 年龄 | 家庭住址 | 是否党团员 | 参加革命年月 | 单位及职务 | 牺牲时间及地点原因 | 是烈士什么人 | 姓名 | 出生年月 | 备注 |
|---|---|---|---|---|---|---|---|---|---|---|---|---|
| 162 | 谢持泮 | 男 | 28 | 上升生产队 | 党员 | 1929 | 兴泰游击队队长 | 1935年2月在兴国县被联保杀害 | 继子 | 谢远集 | 1978年表46岁 | |
| 163 | 吴义才 | 男 | 34 | 多鸟坪生产队 | | 1930 | 兴国县赤卫队队员 | 1934年在兴国县被国民党杀害 | 继子继子 | 吴让森 吴让柏 | 1978年表21岁 | 1959年册 |
| 164 | 吴祖兴 | 男 | 37 | 多鸟坪生产队 | | 1933 | 红三军团战士 | 北上无音讯 | 继子 | 吴义芬 | 1978年表53岁 | |
| 165 | 谢毓绅 | 男 | 30 | 东祥生产队 | | 1931 | 红一军团战士 | 1934年在家养病被国民党抓去杀害 | 继子 侄 继子 | 谢名建 谢名延 谢名霞 | 1978年表36岁 85年表48岁 | 1959年册 |
| 166 | 谢藻德 | 男 | 20 | 东祥生产队 | 团员 | 1929 | 红四军团班长 | 北上无音讯 | 母 | 刘福秀 | | 1959年册，1978年表年表绝户 |
| 167 | 谢持涵 | 男 | 21 | 上升生产队 | 党员 | 1929 | 地下工作任通信员 | 1930年在兴国县被国民党杀害 | 子 | 谢远集 | 1928年生 | 现退休住赣州市 |

续表

| 序号 | 姓名 | 性别 | 年龄 | 家庭住址 | 是否党团员 | 参加革命年月 | 单位及职务 | 牺牲时间及地点原因 | 直系亲属 | | | 备注 |
|---|---|---|---|---|---|---|---|---|---|---|---|---|
| | | | | | | | | | 是烈士什么人 | 姓名 | 出生年月 | |
| 168 | 谢毓麟 | 男 | 29 | 塘溪生产队 | | 1931 | 红三军团战士 | 北上无音讯 | 子妻 | 谢名海刘厚春 | 1930年生1906年生 | |
| 169 | 王昌华 | 男 | 20 | 上中生产队 | | 1930 | 红三军团战士 | 北上无音讯 | 继子兄 | 王福寿王占荣 | 85年38岁1978年表70岁 | 1959年册 |
| 170 | 谢毓姚 | 男 | 36 | 塘溪生产队 | | 1930 | 兴国运输队队员 | 1931年在合作社挑物资则后方,路途中被敌杀害 | 子子妻 | 谢名连谢名渫黄衍招 | 1921年生1892年生 | 1959年册,证书持证人为:子谢名著 |
| 171 | 谢毓炜 | 男 | 37 | 长岗公社塘石大队塘□生产队 | | 1930 | 兴国县运输队队员 | 1931年在合作社挑物资到后方,途中被敌杀害 | 子 | 谢名汶 | 1978年表60岁 | |
| 172 | 谢毓烜 | 男 | 36 | 塘溪生产队 | | 1930 | 兴国县运输队队员 | 同上 | 继子 | 谢名海 | 1978年表46岁 | |
| 173 | 吴义金 | 男 | 21 | 白坑生产队 | | 1930 | 红四军团战士 | 1931年在宁都县黄陂诬诬AB团错杀 | 继子 | 吴建平 | | 1959年册,1978年表绝户 |

续表

| 序号 | 姓名 | 性别 | 年龄 | 家庭住址 | 是否党团员 | 参加革命年月 | 单位及职务 | 牺牲时间及地点原因 | 直系亲属 | | | 备注 |
|---|---|---|---|---|---|---|---|---|---|---|---|---|
| | | | | | | | | | 是烈士什么人 | 姓名 | 出生年月 | |
| 174 | 钟人祥 | 男 | 46 | 白坑生产队 | 党员 | 1930 | 兴国县鼎龙区任文化部长 | 1931年在兴国县龙岗被国民党杀害 | 子妻孙 | 钟文松谢红娥钟定鸥 | 1978年表56岁 1978年表76岁 1978年表31岁 | 编英名录71面 |
| 175 | 谢毓岱 | 男 | 28 | 上屋生产队 | 党员 | 1928 | 兴国县苏检查委员会主任 | 1931年在本县第三次围剿战斗中牺牲 | 母妻 | 陈三秀赖招风 | 1902年生 | 1959年册,省英名录71页 |
| 176 | 吴祖汉 | 男 | 22 | 上屋生产队 | 党员 | 1930 | 兴国县邮电局局长 | 1930年在宁都县黄陂被敌杀害 | 母 | 刘风发 | | 1959年册,1978年表绝户,编英录71面。 |
| 177 | 吴义松 | 男 | 28 | 多鸟坪生产队 | | 1933 | 红三军团战士 | 1934年在兴国县龙岗作战牺牲 | 父子 | 吴民桂吴让桂 | 1978年表45岁 | 1959年册(已故)绝户 |
| 178 | 谢名椿 | 男 | 22 | 上屋生产队 | | 1933 | 红五军团通信员 | 北上无音讯 | 弟改嫁妻 | 谢名栋陈喜秀 | 1978年表58岁 | 编英名录第3面,与第6页同名 |

续表

| 序号 | 姓名 | 性别 | 年龄 | 家庭住址 | 是否党团员 | 参加革命年月 | 单位及职务 | 牺牲时间及地点原因 | 直系亲属 | | | 备注 |
|---|---|---|---|---|---|---|---|---|---|---|---|---|
| | | | | | | | | | 是烈士什么人 | 姓名 | 出生年月 | |
| 179 | 谢世森 | 男 | 23 | 上屋生产队 | | 1933 | 红三军团六师战士 | 北上无音讯 | 子改嫁妻 | 谢远滨刘桂秀 | 1933年生 | 1959年册 |
| 180 | 吴祖杰 | 男 | 23 | 多鸟坪生产队 | | 1930 | 兴国县赤卫队队员 | 1930年在兴国县作战牺牲 | 继子 | 吴义茂 | 1978年表45岁 | |
| 181 | 谢远法 | 男 | 20 | 长岗公社塘石大队 | 团员 | 1929 | 红三军团排长 | 1930年在兴国县诬AB团错杀 | | | | 绝户 |
| 182 | 谢名伟 | 男 | 24 | 长岗公社塘石大队 | 党员 | 1930 | 宁、瑞、石军分任司令员 | 1932年在福建省作战牺牲 | | | | 绝户 |
| 183 | 陈贞琳 | 男 | 22 | 长岗公社塘石大队 | 党员 | 1929 | 红二、四团排长 | 1930年在兴国县城被敌杀害 | | | | 绝户 |
| 184 | 钟人祊 | 男 | 60 | 长岗公社塘石大队 | 党员 | 1930 | 中央军委装甲兵副司令员 | 1975年10月在北京市逝世 | | | | 编英名录16页 |

# 致　谢

　　本书是国家社科基金重大项目"中央苏区民间史料收集、整理与研究"的主要成果。在研究进程中，课题组得到了众多机构和专家学者的关心和支持。全国哲学社会科学工作办公室、中共江西省委党史研究室、江西省档案馆、江西省社会科学界联合会、南昌大学、江西师范大学等单位为项目顺利实施提供了大力帮助；张宪文、陈谦平、陈红民、张生、汪朝光、黄道炫、张连红、叶美兰、李玉、蒋伯英、郭若平、路育松、户华为、吴志军等知名专家学者，余伯流、何友良、温锐、匡胜、张芳霖、汤水清、凌步机、严帆、曹春荣、万振凡、钟小武等师友同道，或在项目论证与申请阶段，对选题和研究旨趣提供具体指导，或在项目实施过程中对研究工作给予热情支持，或在项目总结阶段对结题成果予以把关审评，对项目的拓展研究提出意见建议。

　　吃水不忘挖井人！我们特别铭记的是：1958 年 12 月至 1959年 1 月，由中共江西省委领导、由中共江西省委党史研究室及江西师范学院（江西师范大学前身）组织历史系老师和三、四年级学生共 150 人组成的"赣东南中央苏区革命史料调查工作队"，前往第二次国内革命战争时期中央苏区所属的瑞金、广昌、兴国、宁都、石城、赣县、宜黄、乐安、崇仁、永丰等 10 个县进行调查访问和史料收集。正因为有"调查队"大范围的田野调查和辛勤付出，才留下一批弥足珍贵的文献史料。江西省档案馆方维华馆长、谭荣鹏副馆长等领导高位推动，有关职能处室的同仁们科学指导与周到服务，使课题组成员入馆工作三年始终如沐春风。在档案资料的收集、整理和校勘过程中，已是耄耋之年的"工作队"队员许怀林教授、江西财经大学原党委书记伍世安教授，赣州市党史办原主任胡日旺、黎川县党史和地方志研究中心江建华主任等同志不吝赐教。课题组深入赣州、抚州、吉安等县区实地调访过程中，得到了当地档案馆、史志办、博物馆、纪念馆等部门领导及文史工作者的大力支持。如课题组实地收集闽赣省革命史料，得到黎川县委县政府、县档案馆的大力支持与配合；在收集长溪村资料过程中，石城县图书馆原馆长刘敏、环保局原局长赖德亮以及村中耆老给予无私帮助；在收集塘石村资料时，兴国县六中王晓玲老师、兴国县党史办副主任钟宗亮以及村中耆老给予课题组悉心指导。

课题组成员深稽博考，拔丁抽楔，在寒暑易节中潜心问学，耕耘收获。除各卷注明的主编参编人员之外，江西师范大学张宏卿教授、曾绍东副教授，江西财经大学孙伟教授，江西农业大学胡军华教授等参与了课题论证和相关研究工作；江西师范大学研究生陈华、封真真、余莉、黄秀、李小丽、林秀云、黄楚莹、万志薇分别参与了课题组在赣州、抚州和吉安等原中央苏区县的实地调查和资料收集工作。特别是子课题负责人黄伟英教授，利用2019年8月至2020年8月在美国访学的宝贵时机，在北卡罗莱纳大学威尔明顿分校历史系陈意新老师的大力帮助下，收集了一批有关土地革命时期的中英文资料，为丛书汇编提供了有益补充。

本书的编辑出版，得到了国家社科基金、国家出版基金和南昌大学人文学院学科建设经费的资助。江西出版集团总经理助理、江西人民出版社社长张德意，江西人民出版社总编辑梁菁、副总编辑王一木以及魏如祥等同志为本书编辑倾注了大量的心血和汗水，高质量地保障了出版工作。

　　本书编撰研究历时五载，值此付梓之际，谨向所有给予帮助和
指导的机构及专家学者，致以诚挚谢意！

编者

2022 年 10 月